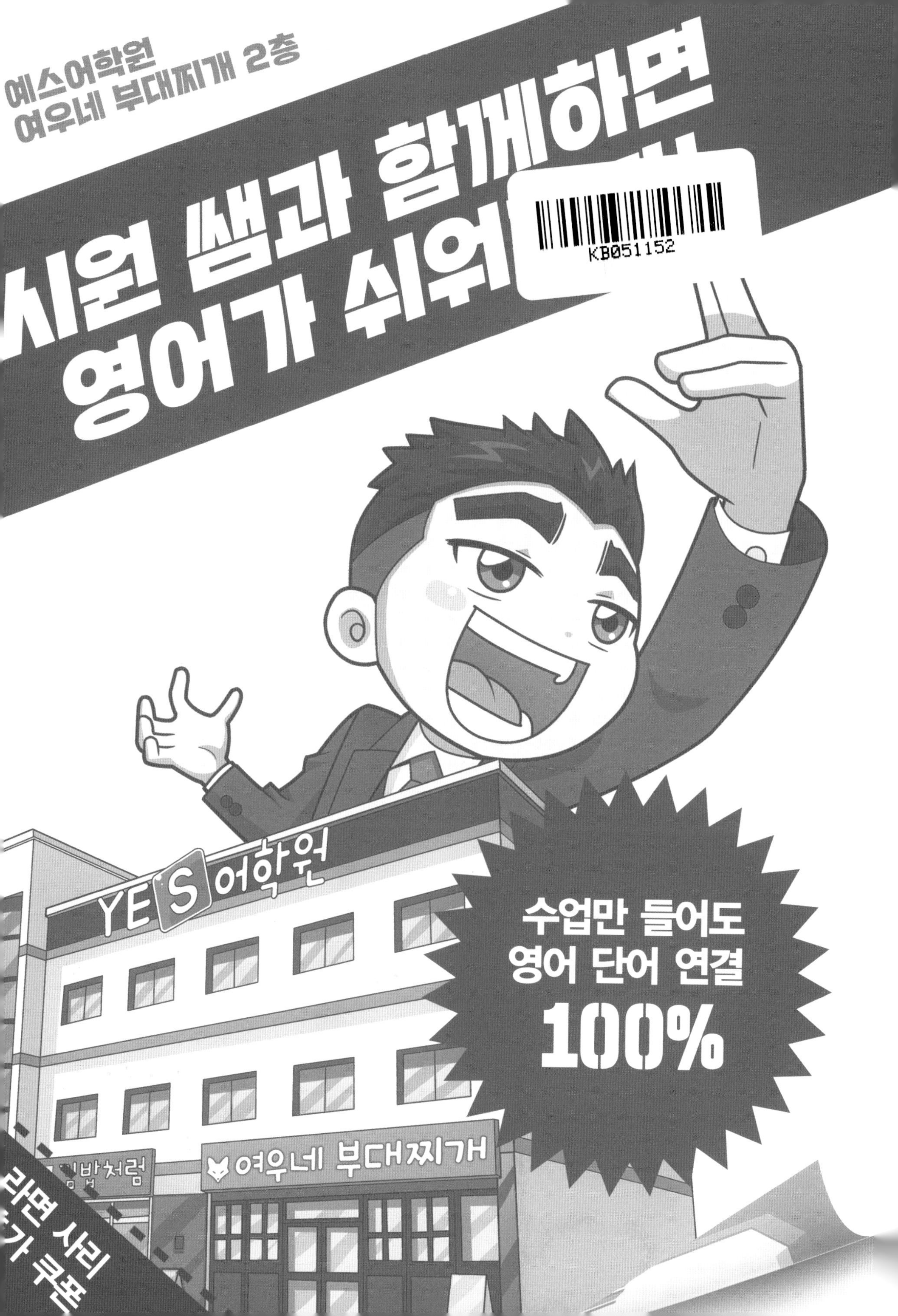

예스어학원
여우네 부대찌개 2층
시원 쌤과 함께하면
영어가 쉬워
YES 어학원
수업만 들어도
영어 단어 연결
100%
여우네 부대찌개
라면 사리
쿠폰

예스잉글리시
신입 단원 모집

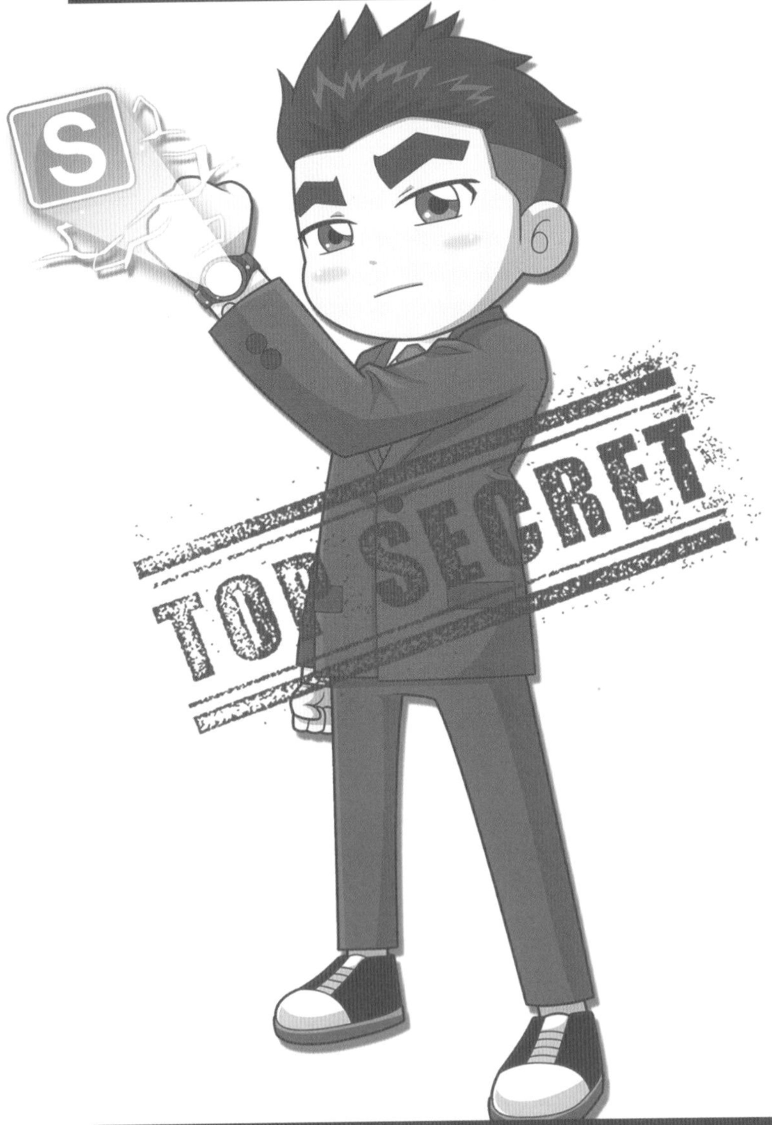
S
TOP SECRET

**코드 네임 : 에스원 요원과
영어 유니버스를 구하라!**

English Adventure

이시원의 영어 대모험

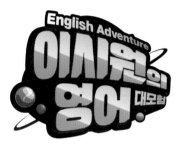

일러두기

이 책의 만화에 나오는 영어 문장 중 일부는 이야기의 자연스러운 이해를 위해 의역했습니다.
그 외의 영어 문장은 학습적인 이해를 돕기 위해 직역했습니다.

이시원의 영어 대모험 ⑪
부사

기획 시원스쿨 | **글** 박시연 | **그림** 이태영

1판 1쇄 인쇄 | 2021년 9월 7일
1판 1쇄 발행 | 2021년 9월 15일

펴낸이 | 김영곤
마천사업본부 이사 | 은지영
신화팀장 | 김지은 **기획개발** | 윤지윤 고아라 서은영 조하나
마케팅본부장 | 변유경 **아동마케팅1팀** | 김영남 문윤정 구세희 이규림 고아라
아동마케팅2팀 | 이해림 최예슬 황혜선
영업본부장 | 민안기 **아동영업팀** | 이경학 오다은 김소연
디자인 | 리처드파커 이미지웍스 **윤문** | 이선지

펴낸곳 | (주)북이십일 아울북
등록번호 | 제406-2003-061호
등록일자 | 2000년 5월 6일
주소 | 경기도 파주시 회동길 201(문발동) (우 10881)
전화 | 031-955-2155(기획개발), 031-955-2100(마케팅·영업·독자문의)
브랜드 사업 문의 | license21@book21.co.kr
팩시밀리 | 031-955-2177
홈페이지 | www.book21.com

ISBN 978-89-509-8502-8
ISBN 978-89-509-8491-5(세트)

Copyright©Book21 아울북·(주)에스제이더블유인터내셔널 2021
이 책을 무단 복사·복제·전재하는 것은 저작권법에 저촉됩니다.

만화로 시작하는 이시원표 초등영어

English Adventure
이시원의 영어 대모험 11

기획 시원스쿨
글 박시연
그림 이태영

부사

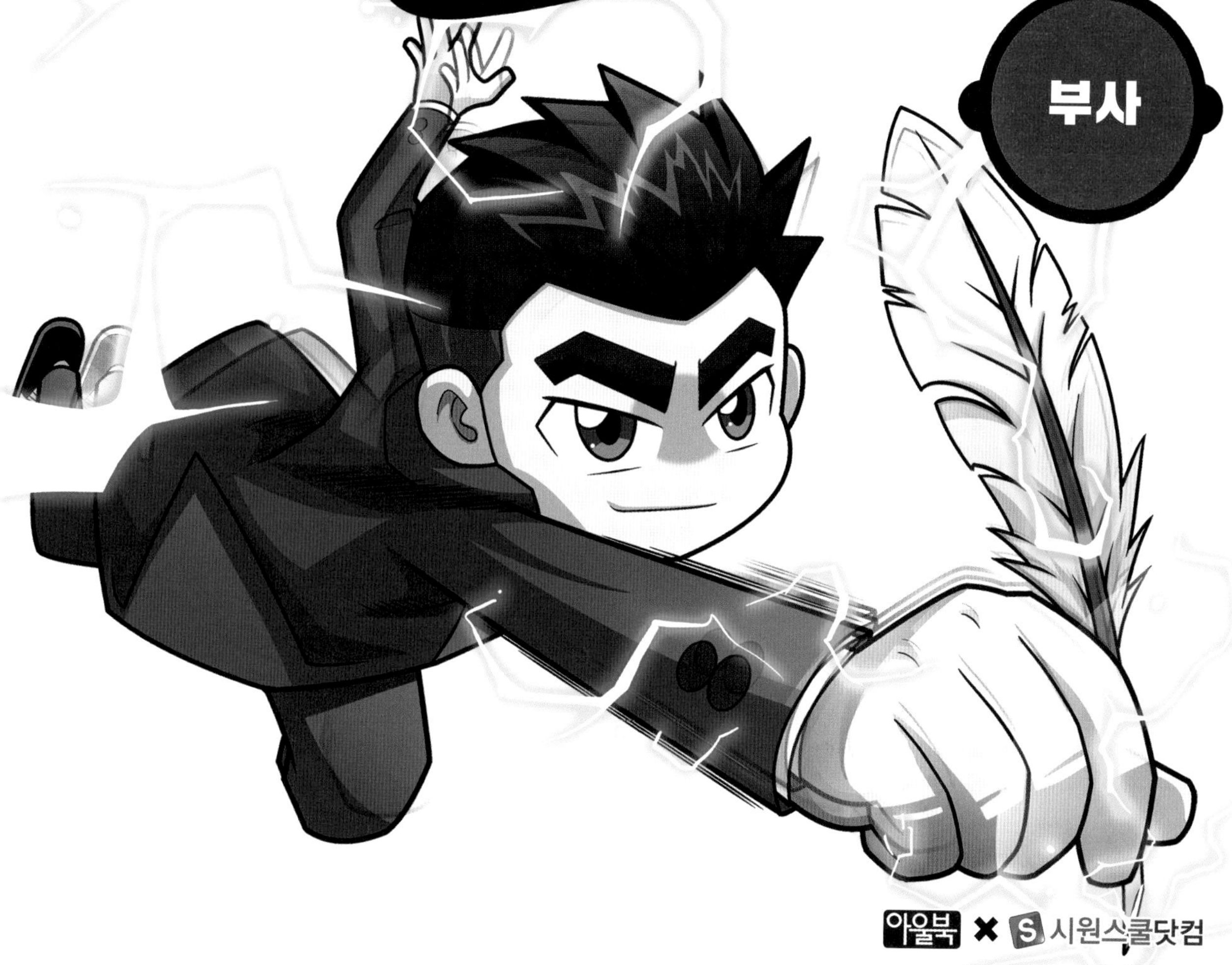

아울북 × S 시원스쿨닷컴

작가의 말

안녕하세요? 시원스쿨 대표 강사 이시원 선생님이에요. 여러분은 영어를 좋아하나요? 아니면 영어가 어렵고 두려운가요? 혹시 영어만 생각하면 속이 울렁거리고 머리가 아프진 않나요? 만약 그렇다면 지금부터 선생님이 영어와 친해지는 방법을 가르쳐 줄게요.

하나, 지금까지 배운 방식과 지식을 모두 지워요!

보기만 해도 스트레스를 받고, 나를 힘들게 만드는 영어는 이제 잊어버려요. 선생님과 함께 새로운 마음으로 영어를 다시 시작해 봐요.

둘, 하나를 배우더라도 정확하게 습득해 나가요!

눈으로만 배우고 지나가는 영어는 급할 때 절대로 입에서 나오지 않아요. 하나를 배우더라도 완벽하게 습득해야 어디서든 자신 있게 영어로 말할 수 있어요.

셋, 생활 속에서 자주 쓰이는 표현을 배워요!

우리 생활에서 쓸 일이 별로 없는 단어를 오래 기억할 수 있을까요? 자주 사용하는 단어 위주로 영어를 배워야 쓰기도 쉽고 잊어버리지도 않겠죠? 자연스럽게 영어가 튀어나올 수 있도록 여러 번 말하고, 써 보면서 잊지 않게 하는 것이 중요해요.

이 세 가지만 지키면 어느새 영어가 정말 쉽고, 재밌게 느껴질 거예요. 그리고 이 세 가지를 충족시키는 힘이 바로 이 책에 숨어 있어요. 여러분이 〈이시원의 영어 대모험〉을 읽는 것만으로도 최소한 영어 한 문장을 습득할 수 있어요.

단어와 단어를 연결하는 방법도 자연스럽게 익히게 될 거예요. 게다가 영어에 관련된 흥미로운 이야기들을 알게 되면 영어가 좀 더 친숙하고 재미있게 다가올 거라 믿어요!

자, 그럼 만화 속 '시원 쌤'과 신나는 영어 훈련을 하면서 모두 함께 영어의 세계로 떠나 볼까요?

시원스쿨 기초영어 대표 강사 **이시원**

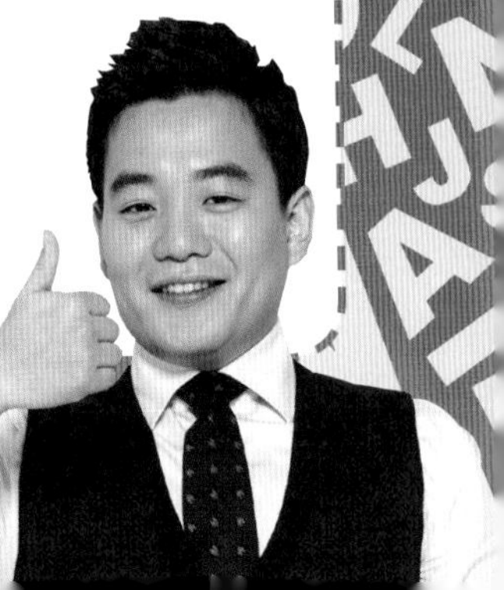

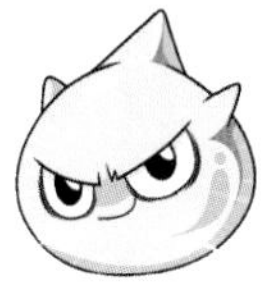

영어와 친해지는 영어학습만화

영어는 이 자리에 오기까지 수많은 경쟁과 위험을 물리쳤답니다. 영어에는 다른 언어와 부딪치고 합쳐지며 발전해 나간 강력한 힘이 숨겨져 있어요. 섬나라인 영국 땅에서 시작된 이 언어가 어느 나라에서든 통하는 세계 공용어가 되기까지는 마치 멋진 히어로의 성장 과정처럼 드라마틱하고 매력적인 모험담이 있었답니다. 이 모험담을 듣게 되는 것만으로도 우리 어린이들은 영어를 좀 더 좋아하게 될지도 몰라요.

영어는 이렇듯 강력하고 매력적인 언어지만 친해지기는 쉽지 않아요. 우리 어린이들에게 영어는 어렵고 힘든 시험 문제를 연상시키지요. 영어를 잘하면 장점이 많다는 것은 알지만 영어를 공부하는 과정은 어렵고 힘들어요. 이 책에서 시원 쌤은 우리 어린이 주인공들과 영어 유니버스라는 새로운 세계로 신나는 모험을 떠난답니다.

여러분도 엄청난 비밀을 지닌 시원 쌤과 미지의 영어 유니버스로 모험을 떠나 보지 않을래요? 영어 유니버스의 어디에선가 영어를 좋아하게 된 자신의 모습을 발견하게 될지도 몰라요.

글 작가 **박시연**

영어의 세계에 빠져드는 만화

영어 공부를 시작하는 어린이들은 모두 자기만의 목표를 가지고 있을 거예요. 영어를 잘해서 선생님께 칭찬받는 모습부터 외국 친구들과 자유롭게 영어로 소통하는 모습, 세계적인 유명인이 되어서 영어로 멋지게 인터뷰하는 꿈까지도요.

이 책에서는 어린이들이 공감할 수 있도록 영어를 배우며 느끼는 기분, 상상한 모습들을 귀엽고 발랄한 만화로 표현했어요. 이 책을 손에 든 어린이들은 만화 속 인물들에게 무한히 공감하며 이야기에 빠져들 수 있을 거예요. 마치 내가 시원 쌤과 함께 멋진 모험을 떠나는 것 같은 기분을 느낄 수 있도록요.

보는 재미와 읽는 재미를 함께 느낄 수 있는 만화를 통해 영어의 재미도 발견하기를 바라요!

그림 작가 **이태영**

차례

Good job!

등장인물

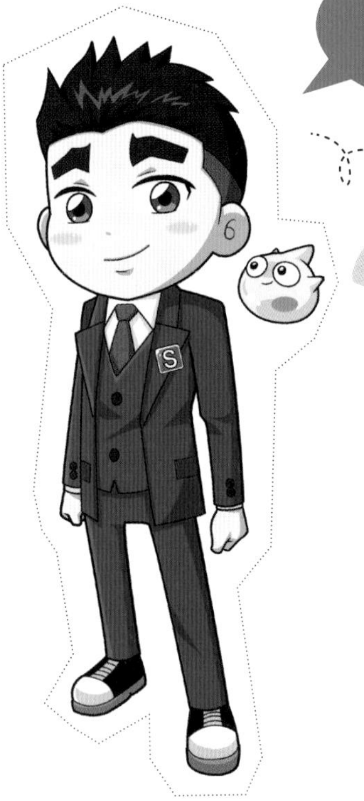
영어를 싫어하는 자,
모두 나에게로 오라!
굿 잡!

시원 쌤

비밀 요원명 에스원(S1)
직업 영어 선생님
좋아하는 것 영어, 늦잠, 힙합
싫어하는 것 노잉글리시단
취미 영어 강의하기
특기 아재 개그, 친구 자랑하기
성격 귀차니스트 같지만 완벽주의자
좌우명 영어는 내 인생!

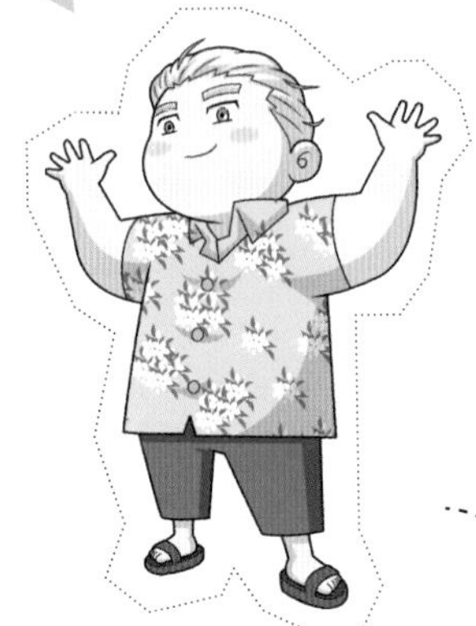
부대찌개 먹으러
우리 가게에 와용,
오케이?

폭스

비밀 요원명 에프원(F1)
직업 여우네 부대찌개 사장님

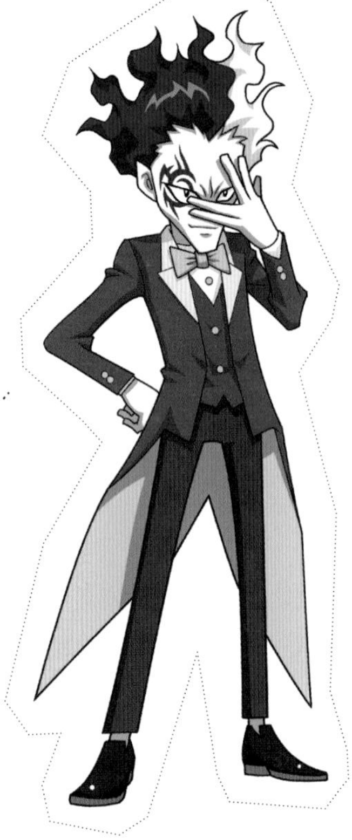
영어가 싫다고?!
내가 더더더 싫어지게
만들어 주마!

트릭커

직업 한두 개가 아님
좋아하는 것 영어 싫어하는 아이들
싫어하는 것 영어, 예스잉글리시단
취미 금화 뿌리기
특기 이간질하기, 변장하기
성격 우기기 대마왕
좌우명 영어 없는 세상을 위하여!

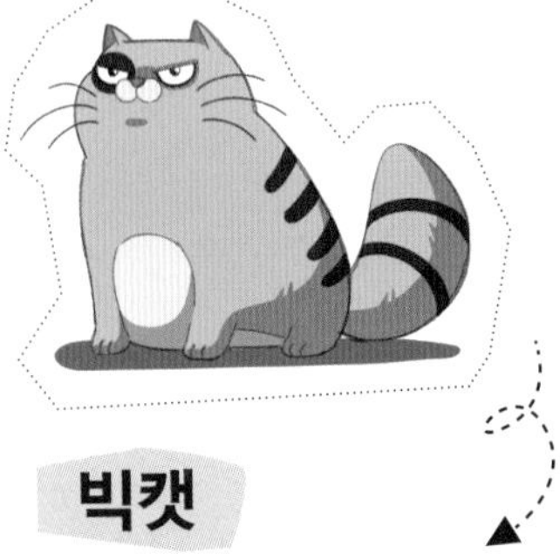
냥냥라이드에 태워 줄 테니
쭈루 하나만 줄래냥~!

빅캣

좋아하는 것 쭈루, 고양이 어묵 꼬치
싫어하는 것 예스잉글리시단

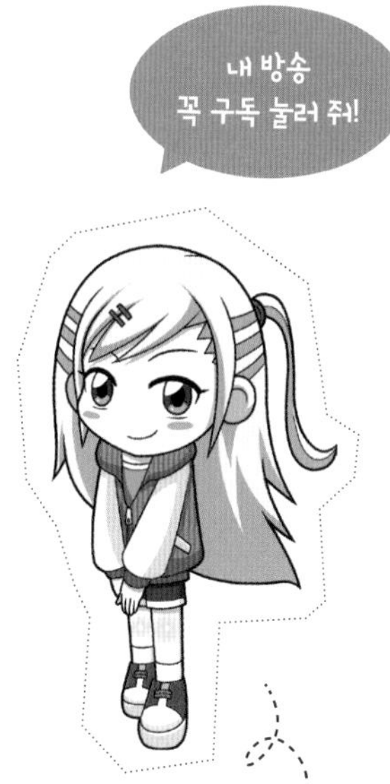
내 방송
꼭 구독 눌러 줘!

루시

좋아하는 것 너튜브 방송
싫어하는 것 딱딱한 대사
좌우명 일단 찍고 보자!

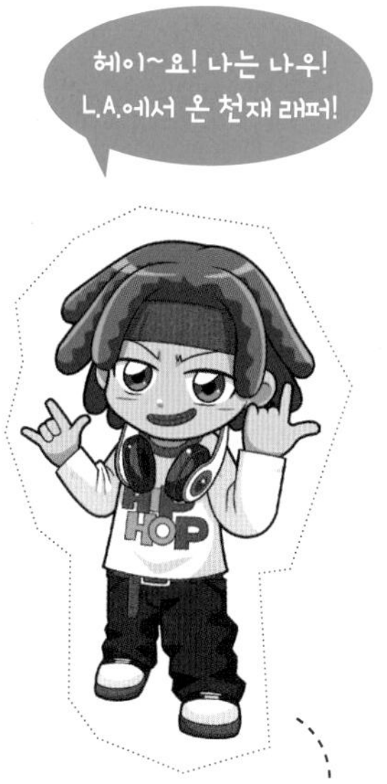
헤이~요! 나는 나우!
L.A.에서 온 천재 래퍼!

나우

좋아하는 것 랩, 힙합, 동물
싫어하는 것 영어로 말하기,
혼자 놀기
좌우명 인생은 오로지 힙합!

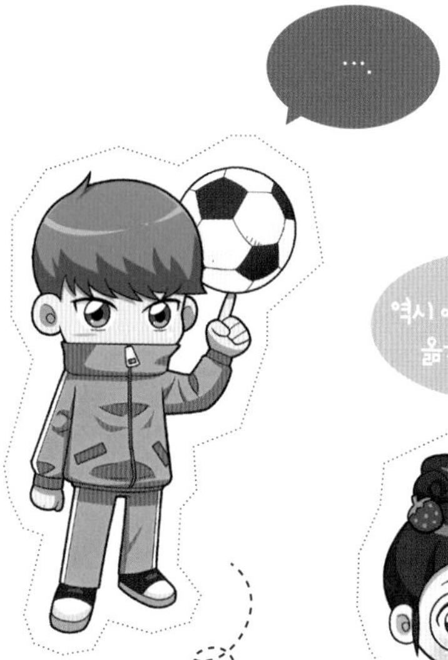
….

후

좋아하는 것 축구
싫어하는 것 말하기
좌우명 침묵은 금이다!

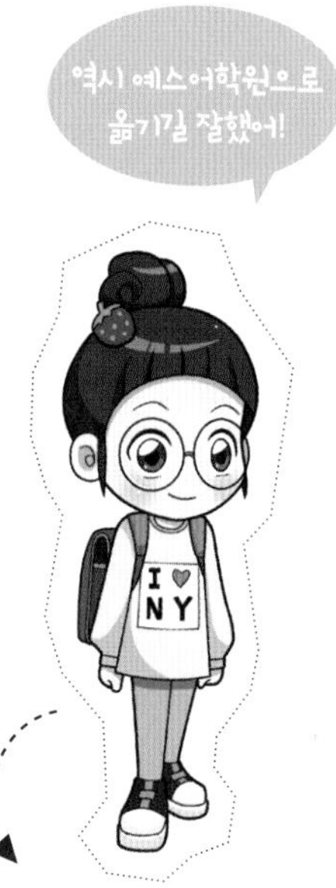
역시 예스어학원으로
옮기길 잘했어!

리아

좋아하는 것 시원 쌤 응원하기
싫어하는 것 빅캣 타임
좌우명 최선을 다하자!

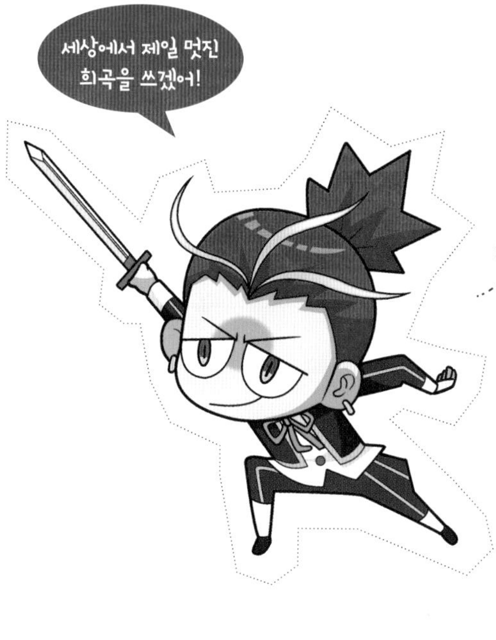
세상에서 제일 멋진
희곡을 쓰겠어!

셰익스피어

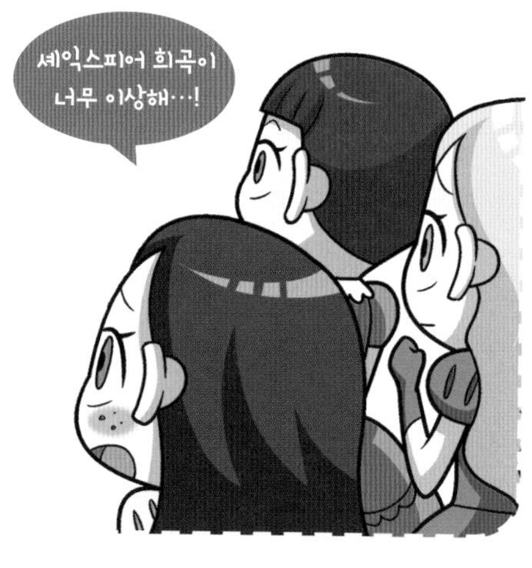
셰익스피어 희곡이
너무 이상해…!

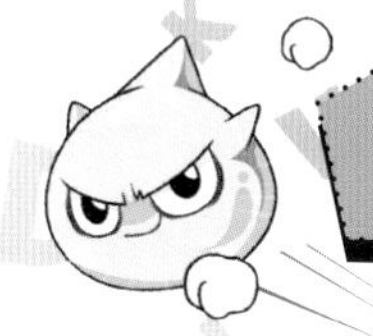

Chapter 1

천재 극작가 셰익스피어

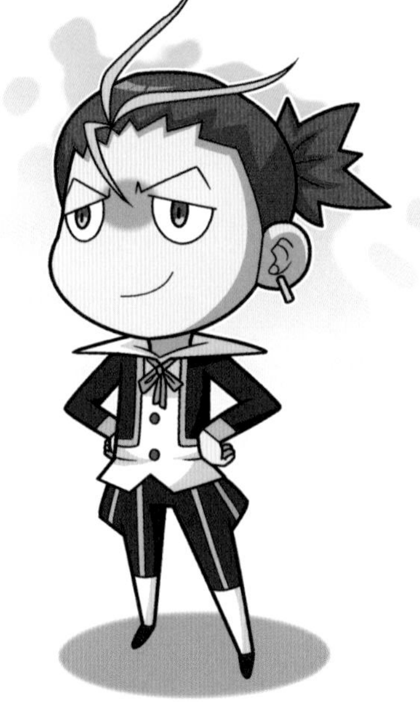

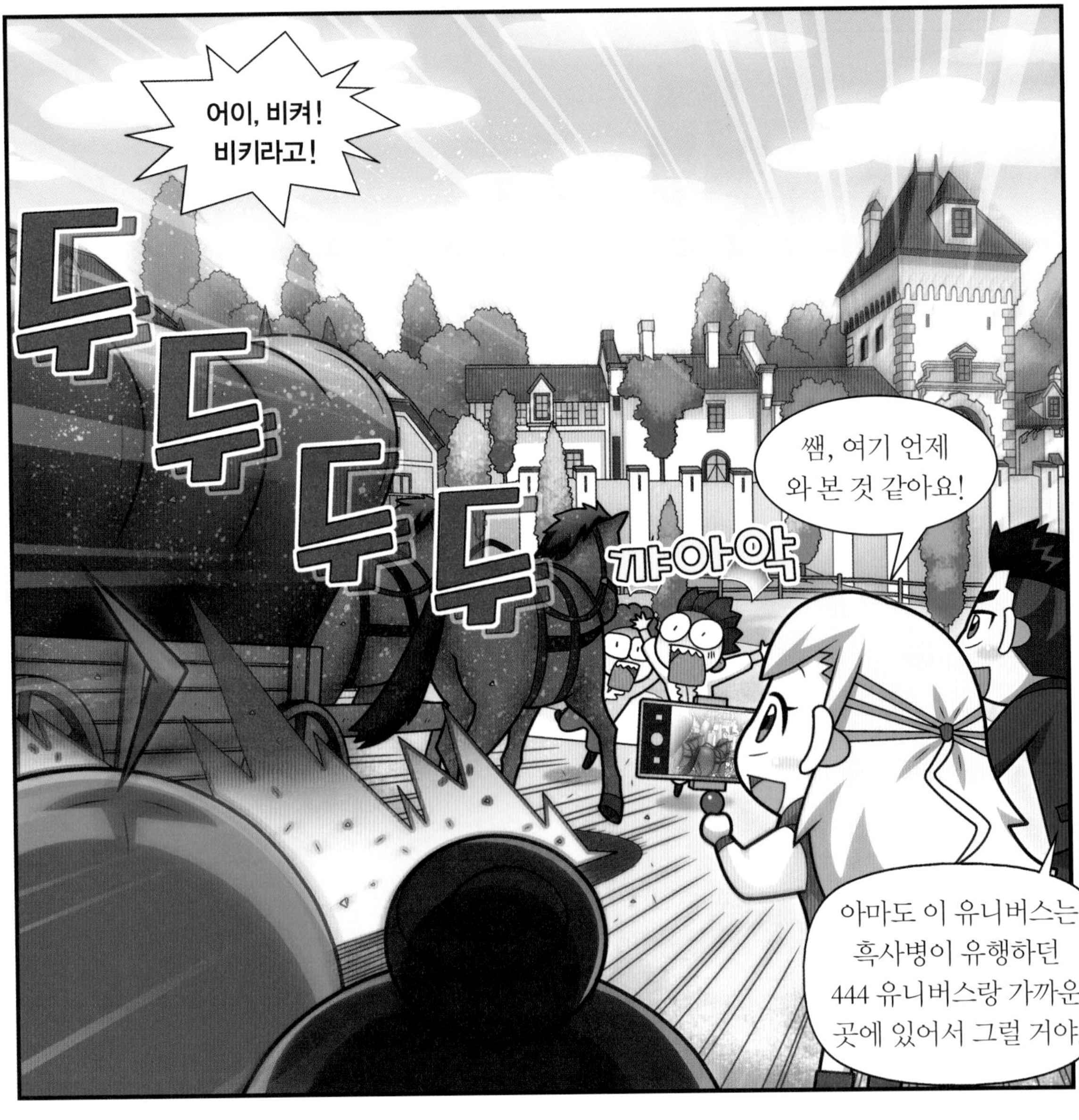

어이, 비켜! 비키라고!
두두두두
꺄아악
쌤, 여기 언제 와 본 것 같아요!
아마도 이 유니버스는 흑사병이 유행하던 444 유니버스랑 가까운 곳에 있어서 그럴 거야.

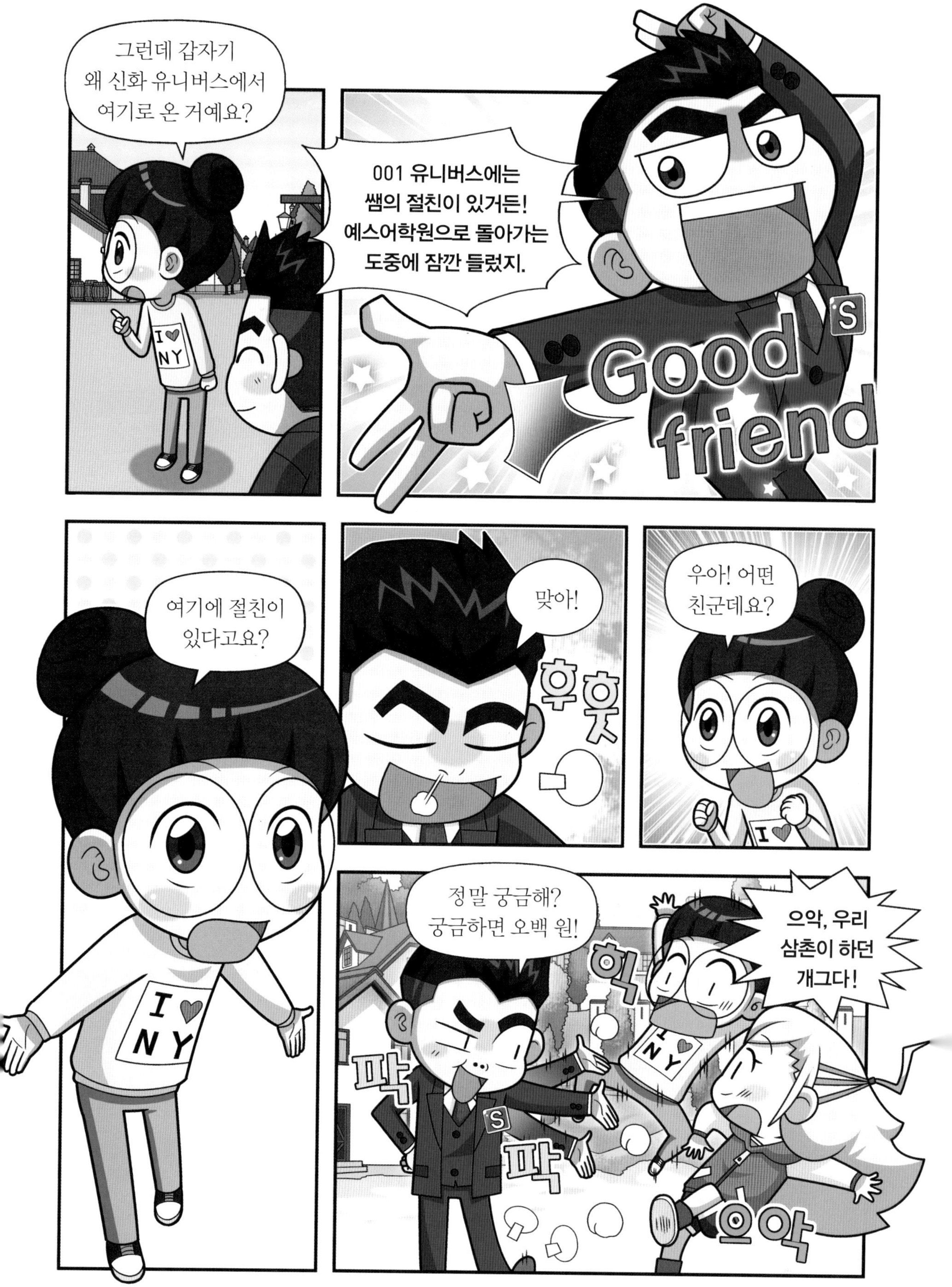
그런데 갑자기
왜 신화 유니버스에서
여기로 온 거예요?
001 유니버스에는
쌤의 절친이 있거든!
예스어학원으로 돌아가는
도중에 잠깐 들렀지.
Good friends
여기에 절친이
있다고요?
맞아!
후훗
우아! 어떤
친군데요?
정말 궁금해?
궁금하면 오백 원!
헉
으악, 우리
삼촌이 하던
개그다!
팍
팍
으악

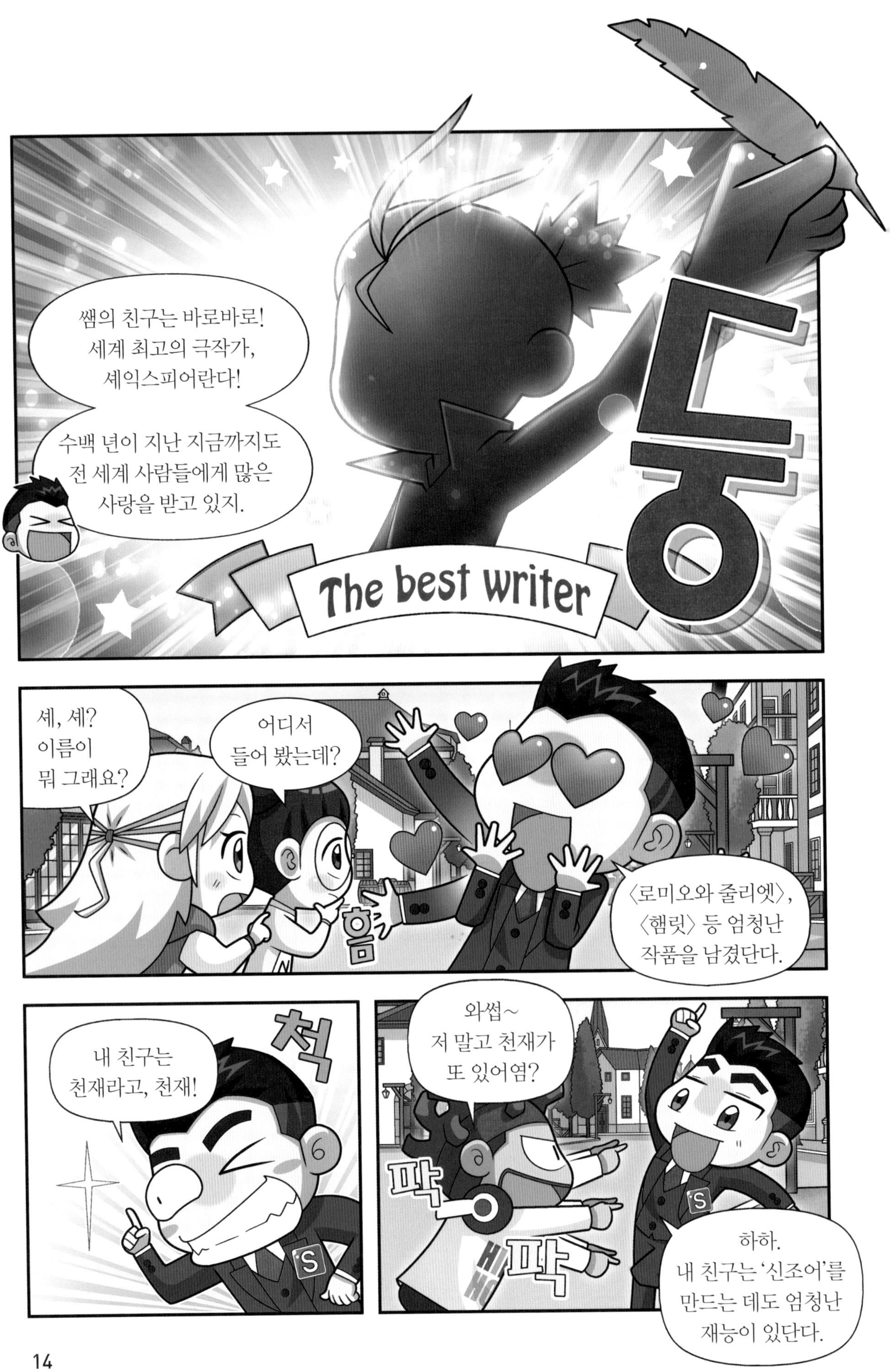
쌤의 친구는 바로바로! 세계 최고의 극작가, 셰익스피어란다!
수백 년이 지난 지금까지도 전 세계 사람들에게 많은 사랑을 받고 있지.
둥
The best writer
셰, 셰? 이름이 뭐 그래요?
어디서 들어 봤는데?
흠
〈로미오와 줄리엣〉, 〈햄릿〉 등 엄청난 작품을 남겼단다.
척
내 친구는 천재라고, 천재!
와썹~ 저 말고 천재가 또 있어염?
팍
팍
하하. 내 친구는 '신조어'를 만드는 데도 엄청난 재능이 있단다.

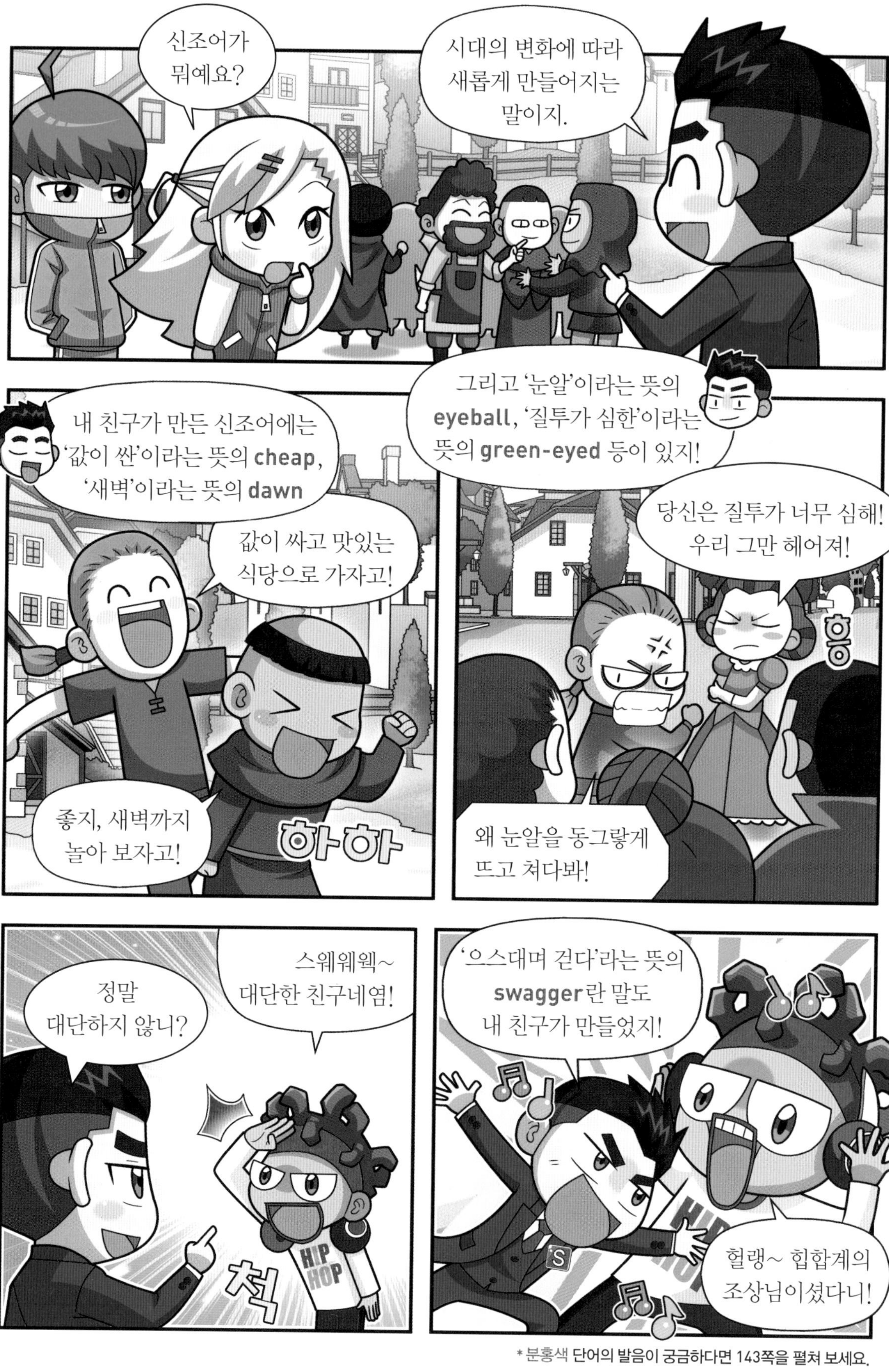
신조어가 뭐예요?
시대의 변화에 따라 새롭게 만들어지는 말이지.
내 친구가 만든 신조어에는 '값이 싼'이라는 뜻의 cheap, '새벽'이라는 뜻의 dawn
값이 싸고 맛있는 식당으로 가자고!
좋지, 새벽까지 놀아 보자고!
하하
그리고 '눈알'이라는 뜻의 eyeball, '질투가 심한'이라는 뜻의 green-eyed 등이 있지!
당신은 질투가 너무 심해! 우리 그만 헤어져!
흥
왜 눈알을 동그랗게 뜨고 쳐다봐!
정말 대단하지 않니?
스웨웨웩~ 대단한 친구네염!
척
HIP HOP
'으스대며 걷다'라는 뜻의 swagger란 말도 내 친구가 만들었지!
헐랭~ 힙합계의 조상님이셨다니!

* 분홍색 단어의 발음이 궁금하다면 143쪽을 펼쳐 보세요.

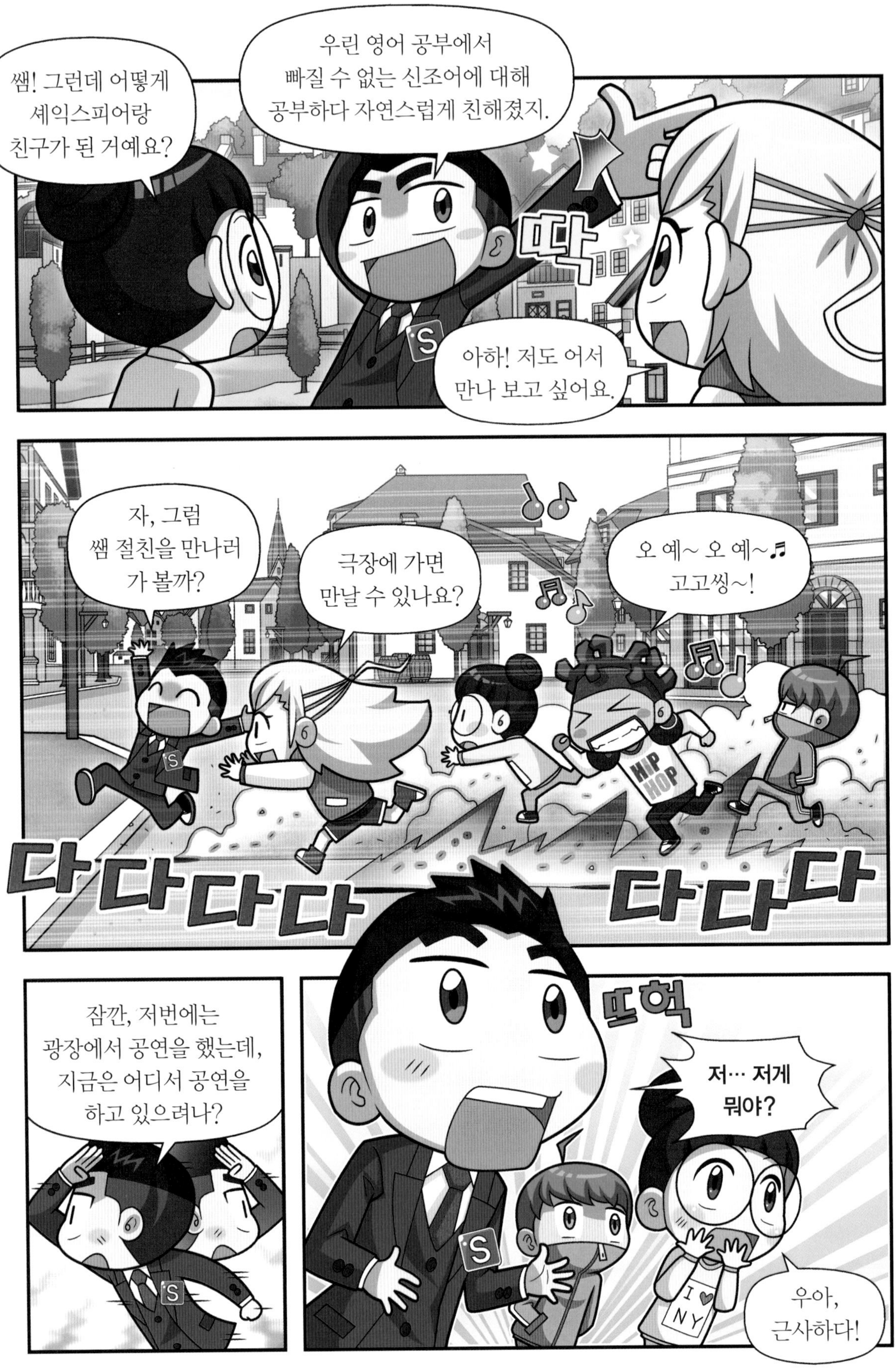
쌤! 그런데 어떻게
셰익스피어랑
친구가 된 거예요?
우린 영어 공부에서
빠질 수 없는 신조어에 대해
공부하다 자연스럽게 친해졌지.
딱
아하! 저도 어서
만나 보고 싶어요.
자, 그럼
쌤 절친을 만나러
가 볼까?
극장에 가면
만날 수 있나요?
오 예~ 오 예~♬
고고씽~!
HIP HOP
다다다다다
다다다
잠깐, 저번에는
광장에서 공연을 했는데,
지금은 어디서 공연을
하고 있으려나?
또헉
저… 저게
뭐야?
우아,
근사하다!

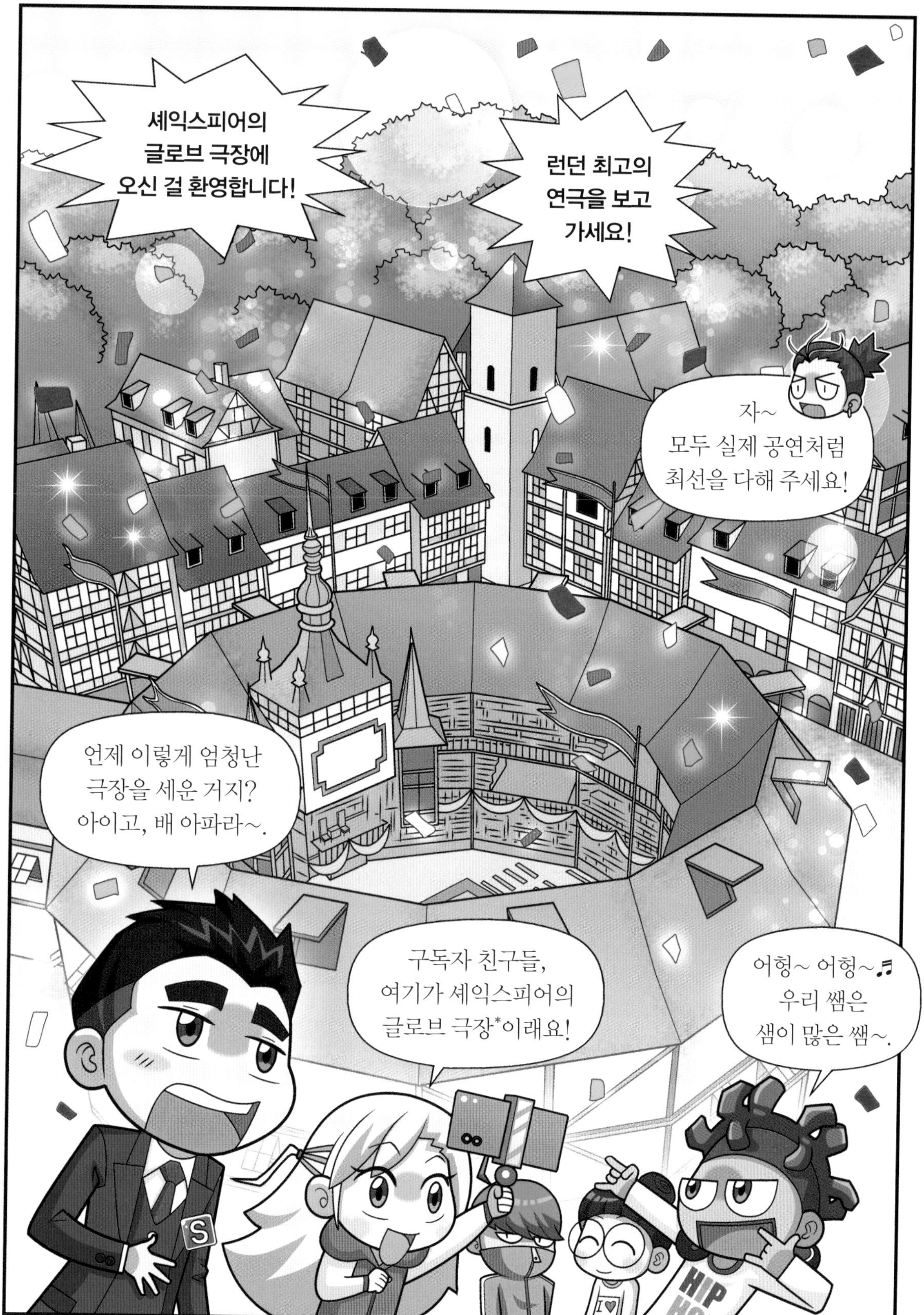
셰익스피어의 글로브 극장에 오신 걸 환영합니다!
런던 최고의 연극을 보고 가세요!
자~ 모두 실제 공연처럼 최선을 다해 주세요!
언제 이렇게 엄청난 극장을 세운 거지? 아이고, 배 아파라~.
구독자 친구들, 여기가 셰익스피어의 글로브 극장*이래요!
어헝~ 어헝~♬ 우리 쌤은 샘이 많은 쌤~.
HIP HOP

* Globe Theater[gloʊb ˈθíːətər]: 1599년 영국 런던에 세워진 극장으로 셰익스피어의 명작들을 상연해 유명해짐.

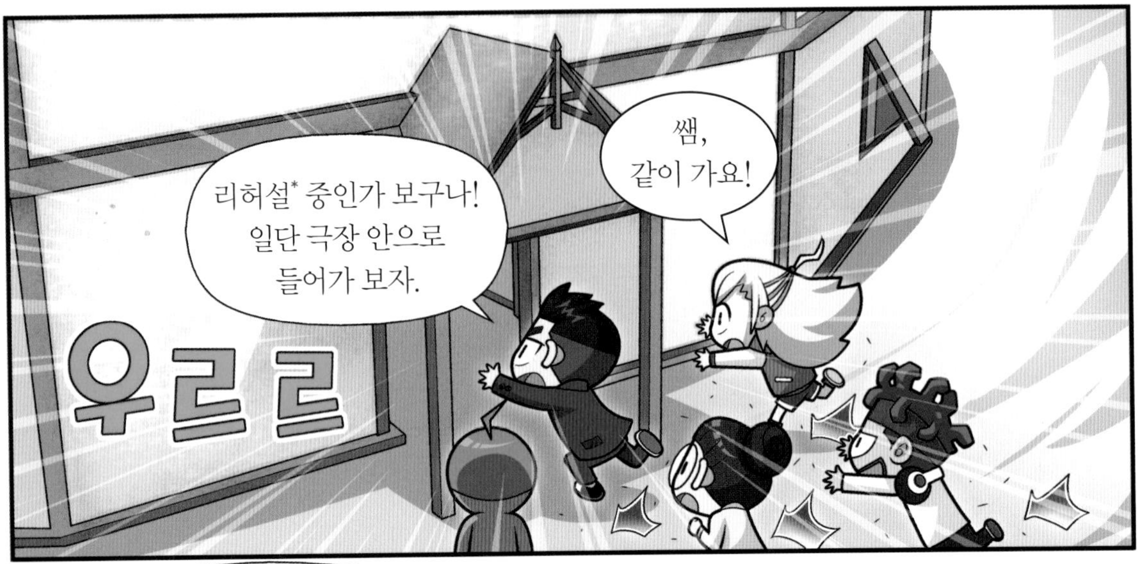
리허설* 중인가 보구나! 일단 극장 안으로 들어가 보자.
쌤, 같이 가요!
우르르

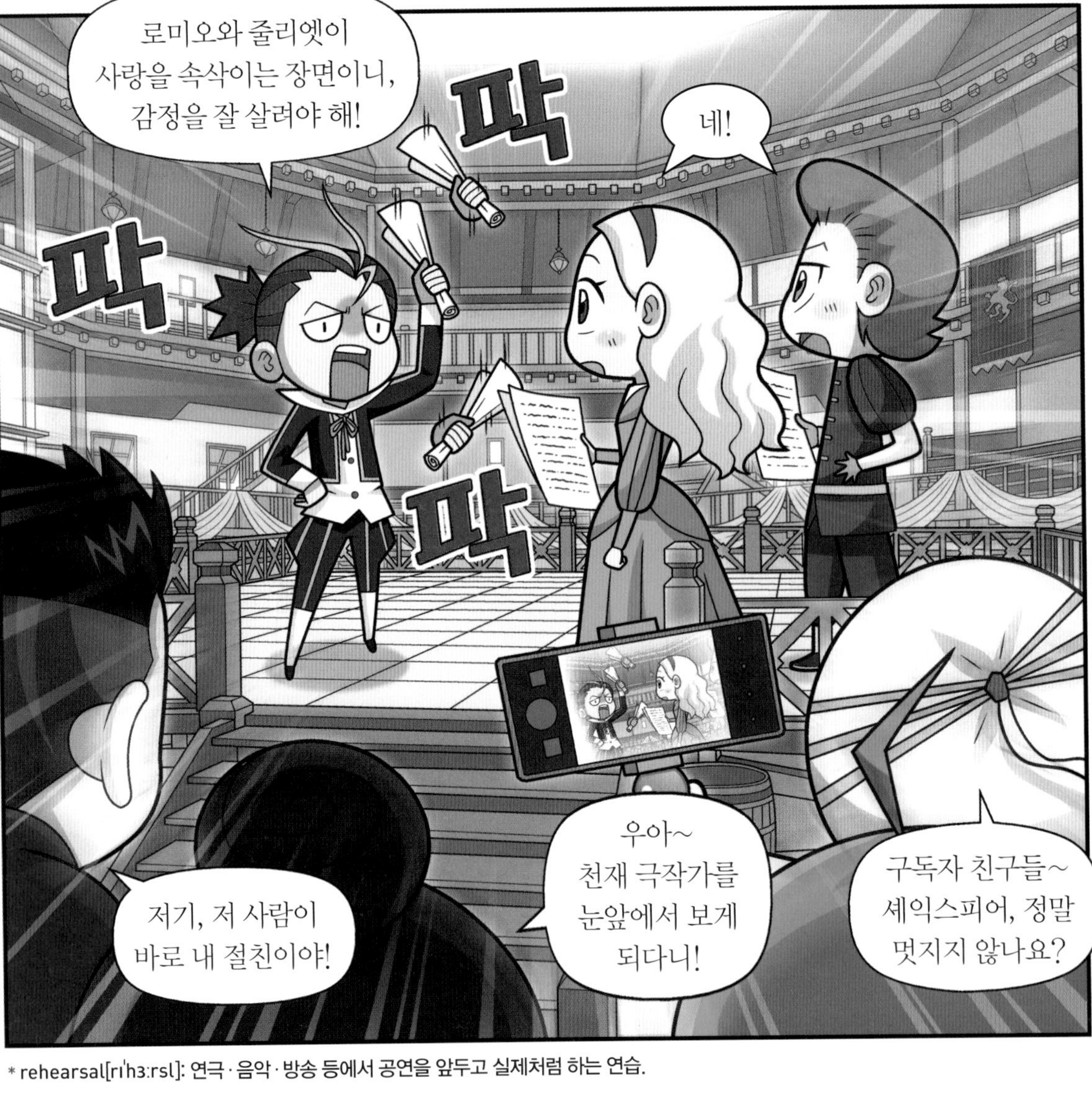
로미오와 줄리엣이 사랑을 속삭이는 장면이니, 감정을 잘 살려야 해!
딱
딱
딱
네!
저기, 저 사람이 바로 내 절친이야!
우아~ 천재 극작가를 눈앞에서 보게 되다니!
구독자 친구들~ 셰익스피어, 정말 멋지지 않나요?

* rehearsal[rɪˈhɜːrsl]: 연극 · 음악 · 방송 등에서 공연을 앞두고 실제처럼 하는 연습.

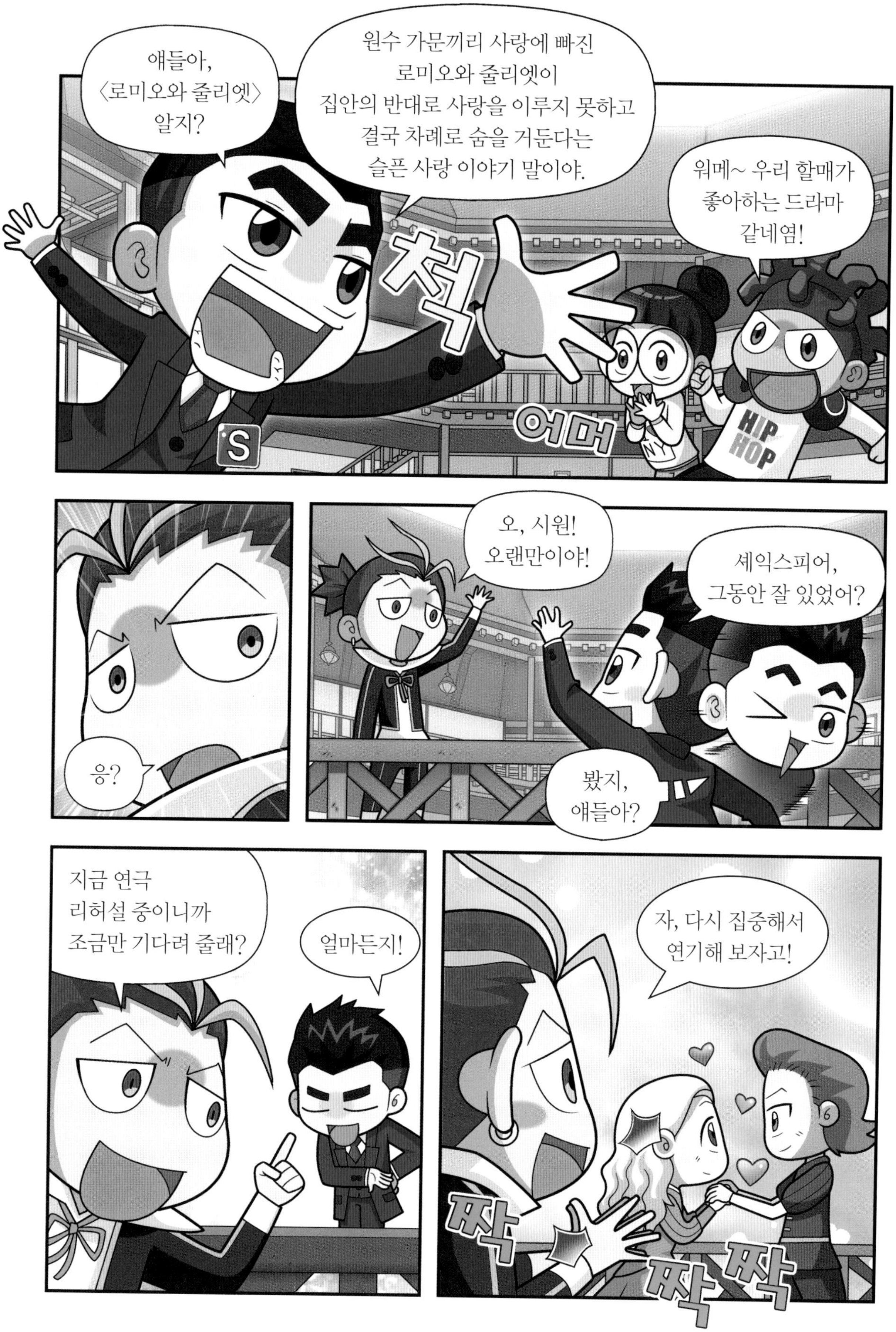

얘들아,
〈로미오와 줄리엣〉
알지?
원수 가문끼리 사랑에 빠진
로미오와 줄리엣이
집안의 반대로 사랑을 이루지 못하고
결국 차례로 숨을 거둔다는
슬픈 사랑 이야기 말이야.
척
어머
워메~ 우리 할매가
좋아하는 드라마
같네염!
응?
오, 시원!
오랜만이야!
셰익스피어,
그동안 잘 있었어?
봤지,
얘들아?
지금 연극
리허설 중이니까
조금만 기다려 줄래?
얼마든지!
자, 다시 집중해서
연기해 보자고!
짝
짝
짝

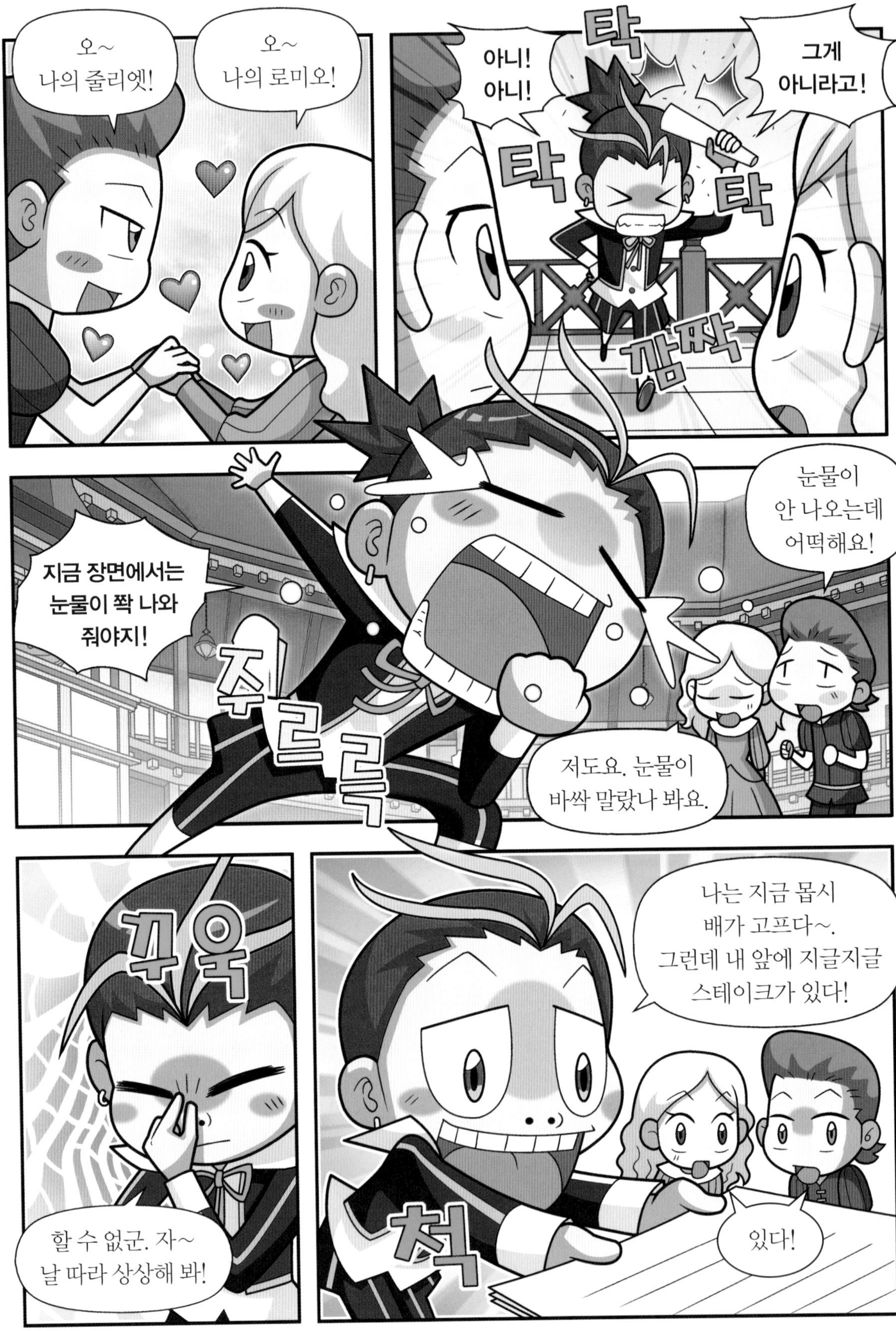

오~
나의 줄리엣!
오~
나의 로미오!
아니!
아니!
탁
탁
탁
그게
아니라고!
깜짝
지금 장면에서는
눈물이 짝 나와
줘야지!
주르륵
눈물이
안 나오는데
어떡해요!
저도요. 눈물이
바싹 말랐나 봐요.
꾸욱
할 수 없군. 자~
날 따라 상상해 봐!
나는 지금 몹시
배가 고프다~.
그런데 내 앞에 지금지금
스테이크가 있다!
척
있다!

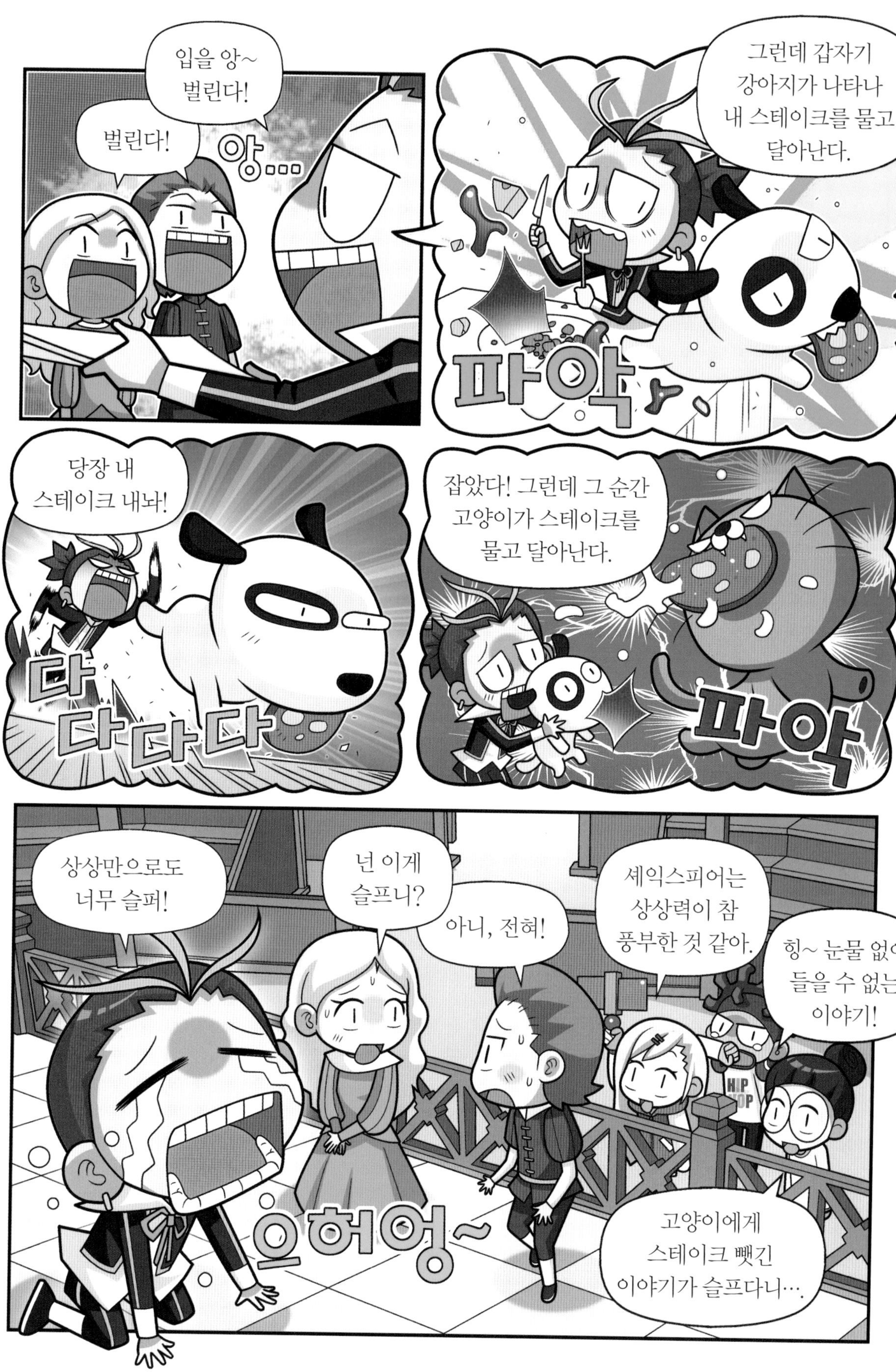

입을 앙~ 벌린다!
벌린다!
앙…
그런데 갑자기 강아지가 나타나 내 스테이크를 물고 달아난다.
파악
당장 내 스테이크 내놔!
다다다다다
잡았다! 그런데 그 순간 고양이가 스테이크를 물고 달아난다.
파악
상상만으로도 너무 슬퍼!
넌 이게 슬프니?
아니, 전혀!
셰익스피어는 상상력이 참 풍부한 것 같아.
힝~ 눈물 없이 들을 수 없는 이야기!
으허엉~
고양이에게 스테이크 뺏긴 이야기가 슬프다니….

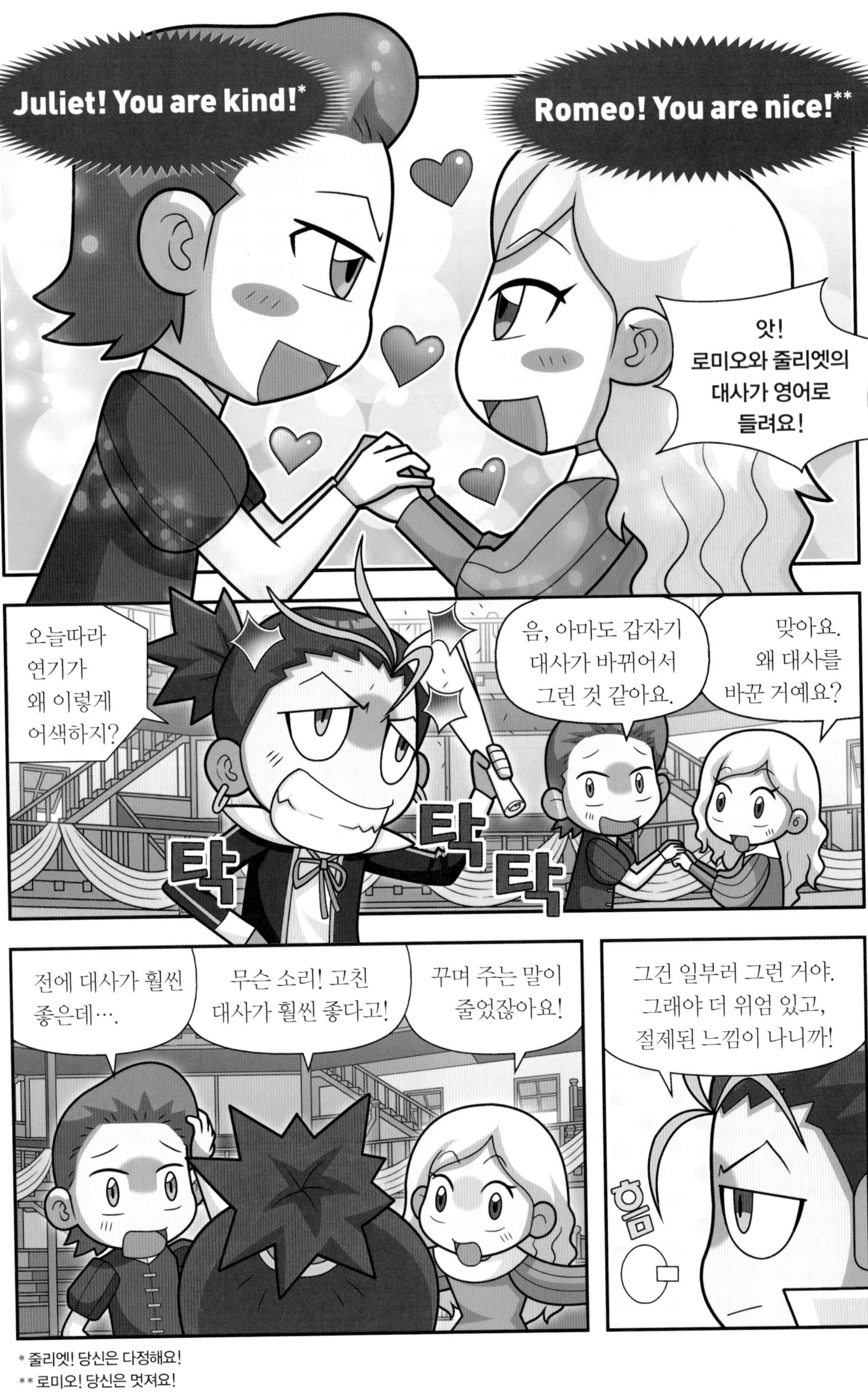
Juliet! You are kind!*
Romeo! You are nice!**
앗! 로미오와 줄리엣의 대사가 영어로 들려요!
오늘따라 연기가 왜 이렇게 어색하지?
탁 탁 탁
음, 아마도 갑자기 대사가 바뀌어서 그런 것 같아요.
맞아요. 왜 대사를 바꾼 거예요?
전에 대사가 훨씬 좋은데….
무슨 소리! 고친 대사가 훨씬 좋다고!
꾸며 주는 말이 줄었잖아요!
그건 일부러 그런 거야. 그래야 더 위엄 있고, 절제된 느낌이 나니까!
흠

* 줄리엣! 당신은 다정해요!

** 로미오! 당신은 멋져요!

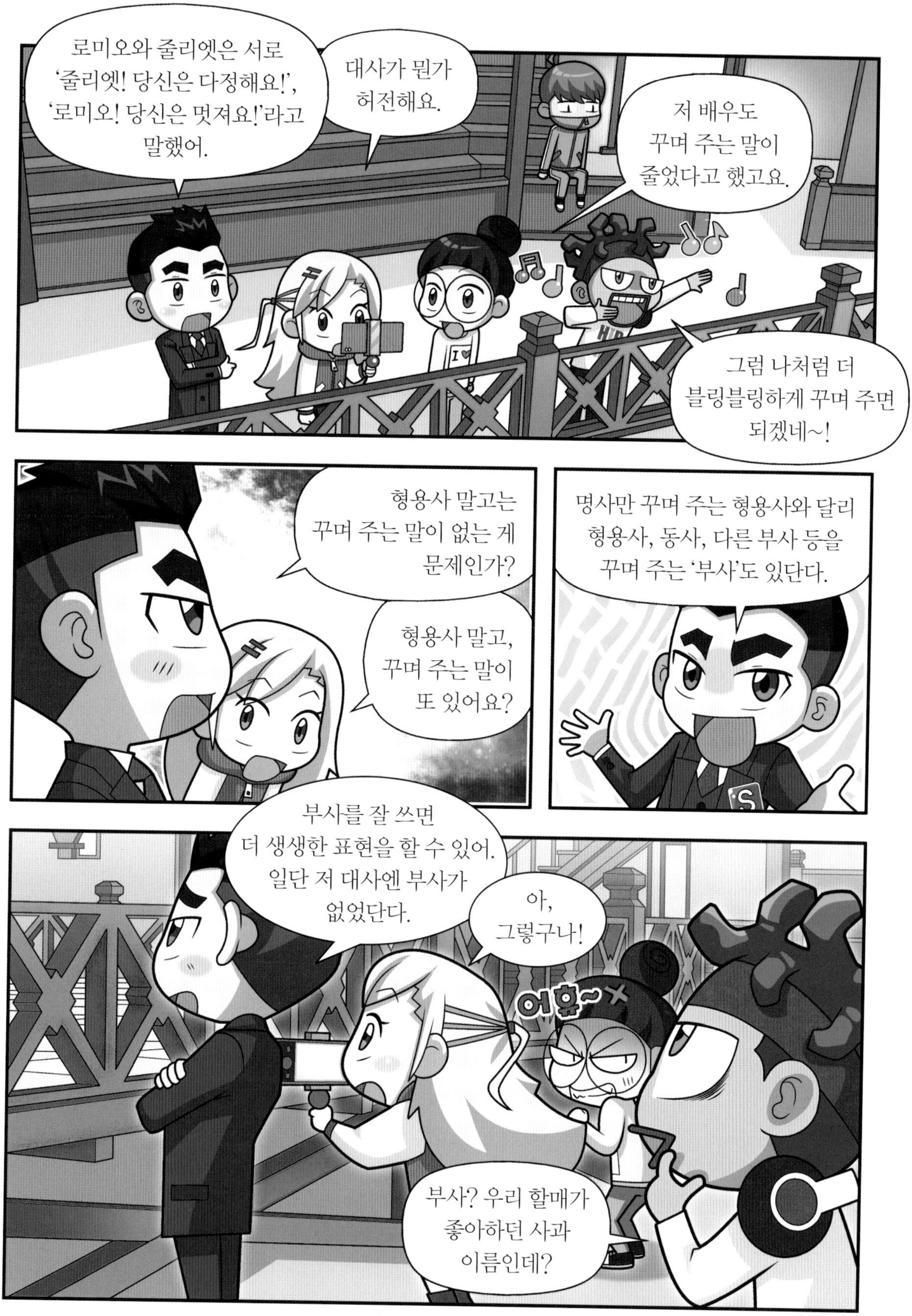
로미오와 줄리엣은 서로 '줄리엣! 당신은 다정해요!', '로미오! 당신은 멋져요!'라고 말했어.
대사가 뭔가 허전해요.
저 배우도 꾸며 주는 말이 줄었다고 했고요.
그럼 나처럼 더 블링블링하게 꾸며 주면 되겠네~!
형용사 말고는 꾸며 주는 말이 없는 게 문제인가?
형용사 말고, 꾸며 주는 말이 또 있어요?
명사만 꾸며 주는 형용사와 달리 형용사, 동사, 다른 부사 등을 꾸며 주는 '부사'도 있단다.
부사를 잘 쓰면 더 생생한 표현을 할 수 있어. 일단 저 대사엔 부사가 없었단다.
아, 그렇구나!
어휴~
부사? 우리 할매가 좋아하던 사과 이름인데?

* 이시원 선생님이 직접 가르쳐 주는 강의를 확인하고 싶다면 145쪽을 펼쳐 보세요.

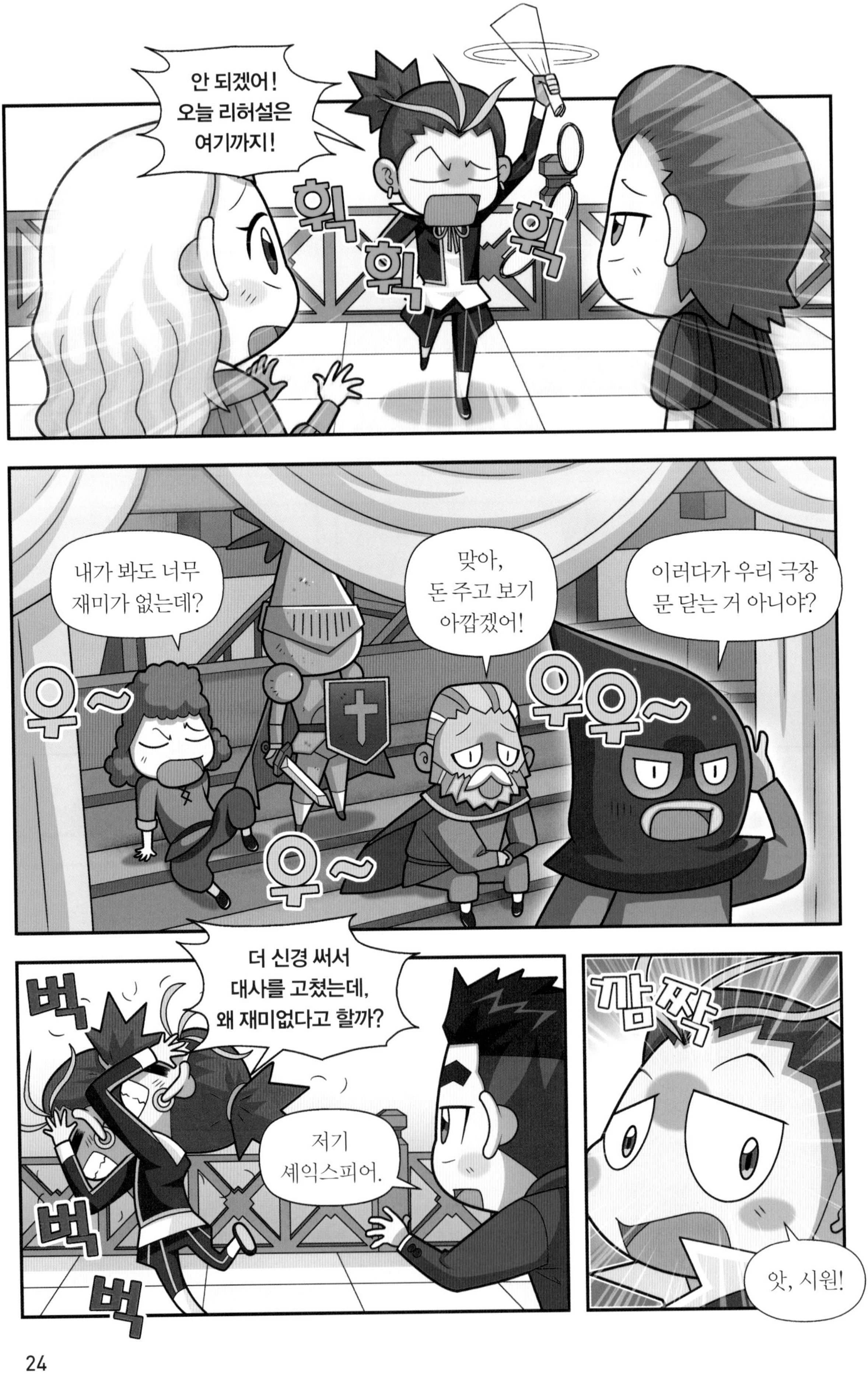
안 되겠어!
오늘 리허설은
여기까지!
휙 휙 휙
내가 봐도 너무
재미가 없는데?
우~
맞아,
돈 주고 보기
아깝겠어!
우~
이러다가 우리 극장
문 닫는 거 아니야?
우우~
더 신경 써서
대사를 고쳤는데,
왜 재미없다고 할까?
벅 벅 벅
저기
셰익스피어.
깜짝
앗, 시원!

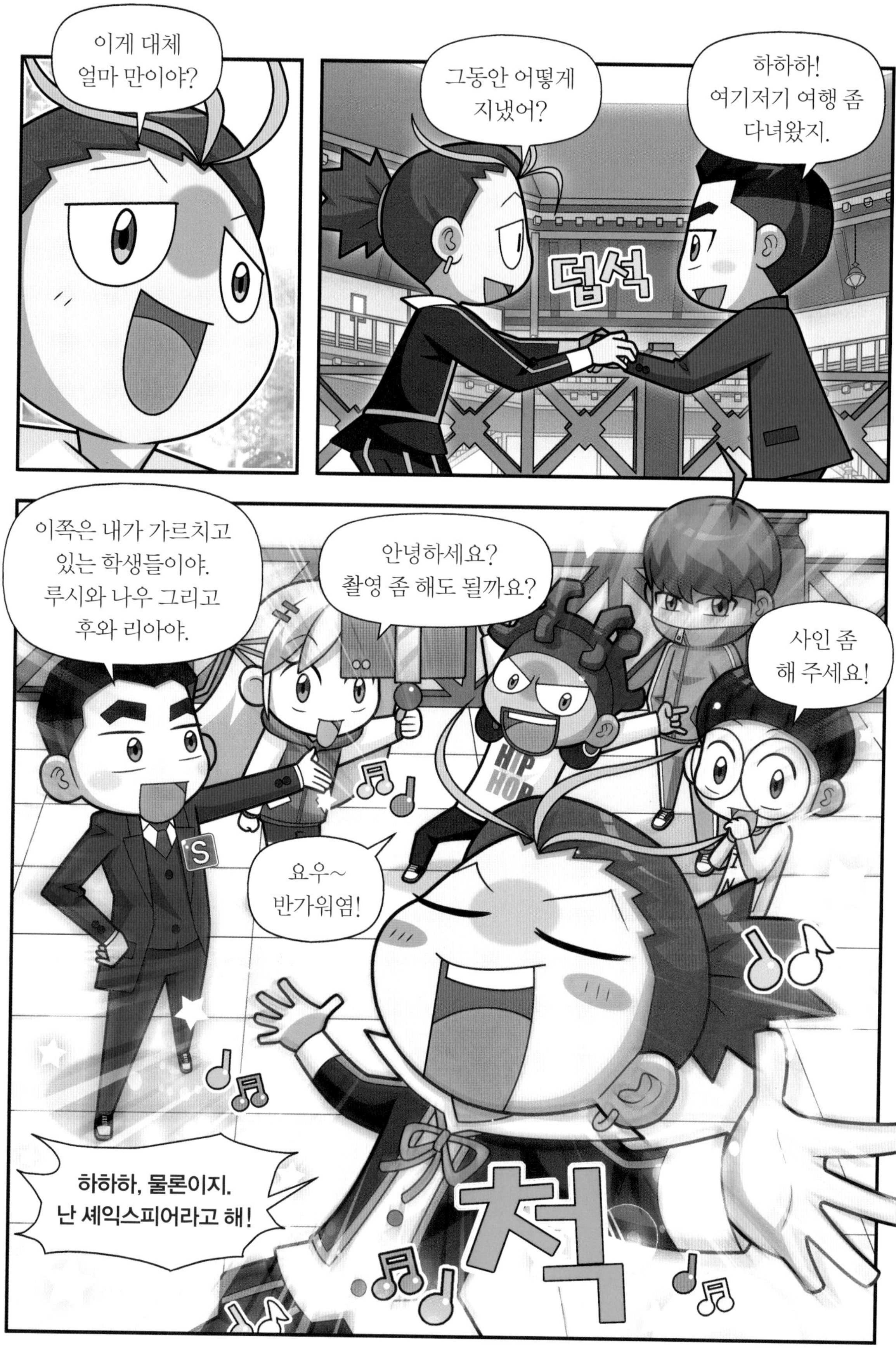
이게 대체
얼마 만이야?
그동안 어떻게
지냈어?
하하하!
여기저기 여행 좀
다녀왔지.
덥석
이쪽은 내가 가르치고
있는 학생들이야.
루시와 나우 그리고
후와 리아야.
안녕하세요?
촬영 좀 해도 될까요?
사인 좀
해 주세요!
HIP HOP
요우~
반가워염!
하하하, 물론이지.
난 셰익스피어라고 해!
척

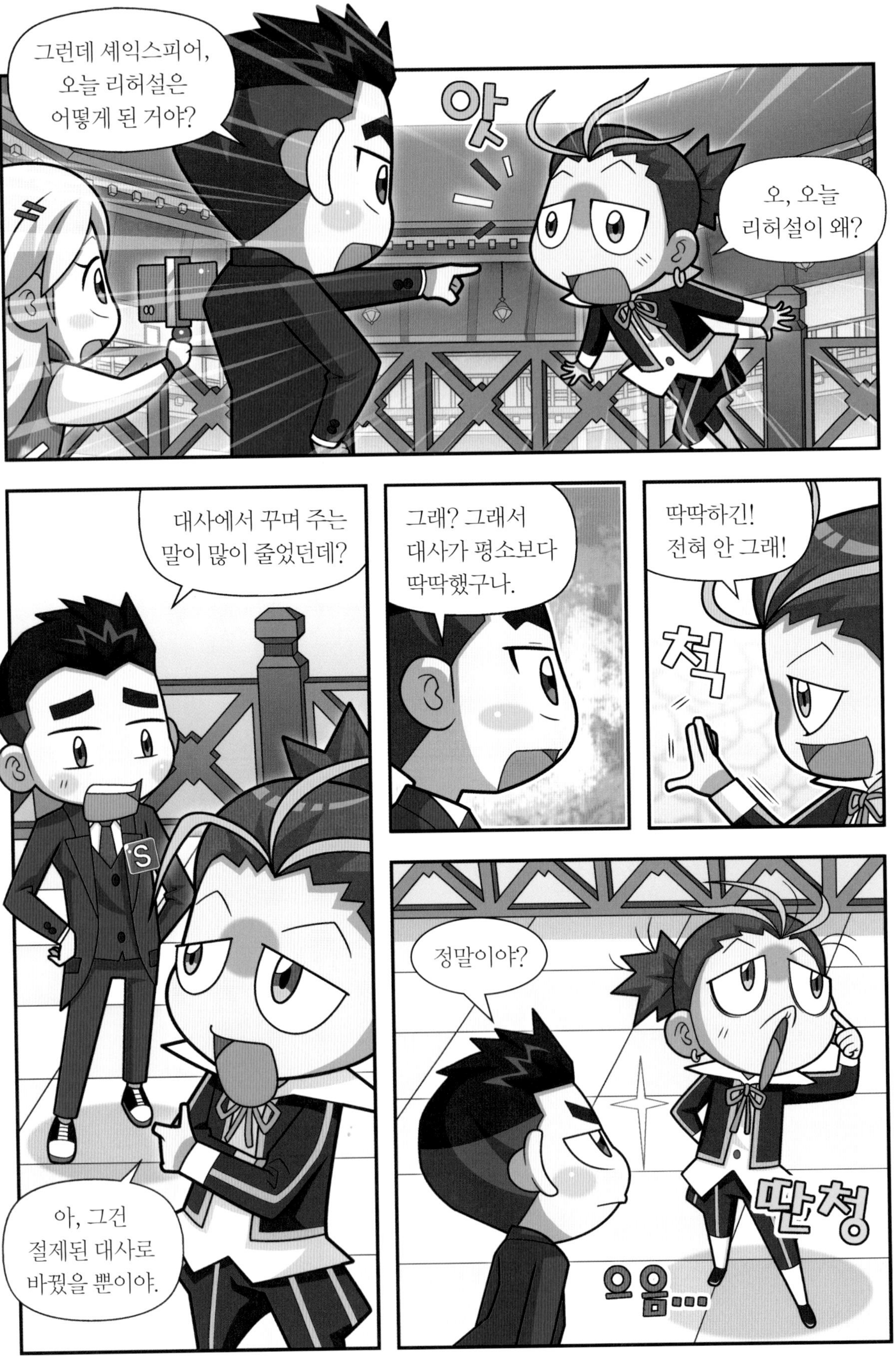
그런데 셰익스피어, 오늘 리허설은 어떻게 된 거야?
앗
오, 오늘 리허설이 왜?
대사에서 꾸며 주는 말이 많이 줄었던데?
아, 그건 절제된 대사로 바꿨을 뿐이야.
그래? 그래서 대사가 평소보다 딱딱했구나.
딱딱하긴! 전혀 안 그래!
척
정말이야?
딴청
으음…

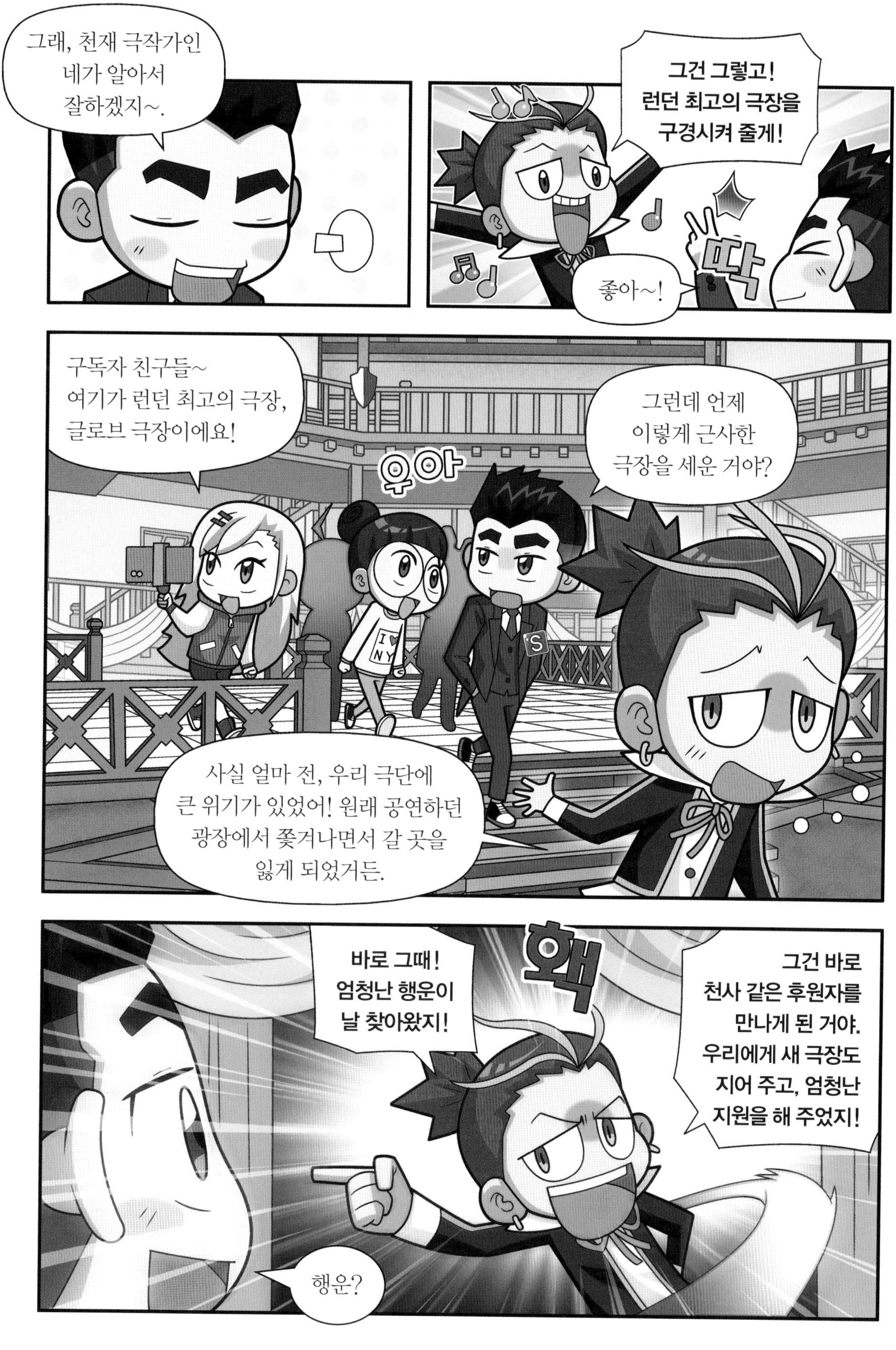
그래, 천재 극작가인 네가 알아서 잘하겠지~.
그건 그렇고! 런던 최고의 극장을 구경시켜 줄게!
딱
좋아~!
구독자 친구들~ 여기가 런던 최고의 극장, 글로브 극장이에요!
우아
그런데 언제 이렇게 근사한 극장을 세운 거야?
사실 얼마 전, 우리 극단에 큰 위기가 있었어! 원래 공연하던 광장에서 쫓겨나면서 갈 곳을 잃게 되었거든.
휙
바로 그때! 엄청난 행운이 날 찾아왔지!
그건 바로 천사 같은 후원자를 만나게 된 거야. 우리에게 새 극장도 지어 주고, 엄청난 지원을 해 주었지!
행운?

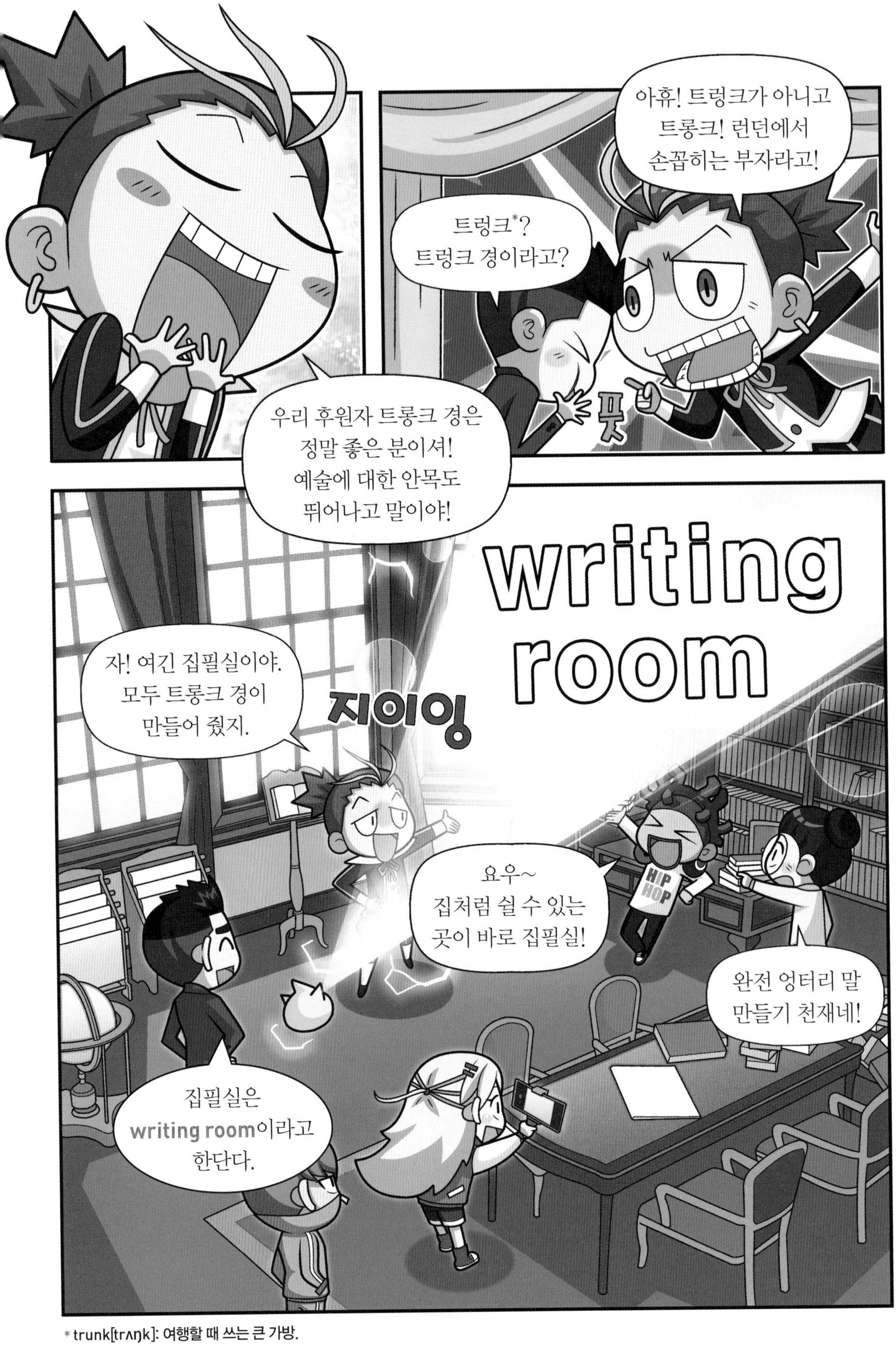
우리 후원자 트롱크 경은
정말 좋은 분이셔!
예술에 대한 안목도
뛰어나고 말이야!
트렁크*?
트렁크 경이라고?
아휴! 트렁크가 아니고
트롱크! 런던에서
손꼽히는 부자라고!
퓻
writing
room
지이잉
자! 여긴 집필실이야.
모두 트롱크 경이
만들어 줬지.
요우~
집처럼 쉴 수 있는
곳이 바로 집필실!
완전 엉터리 말
만들기 천재네!
HIP
HOP
집필실은
writing room이라고
한단다.

* trunk[trʌŋk]: 여행할 때 쓰는 큰 가방.
* 분홍색 단어의 발음이 궁금하다면 143쪽을 펼쳐 보세요.

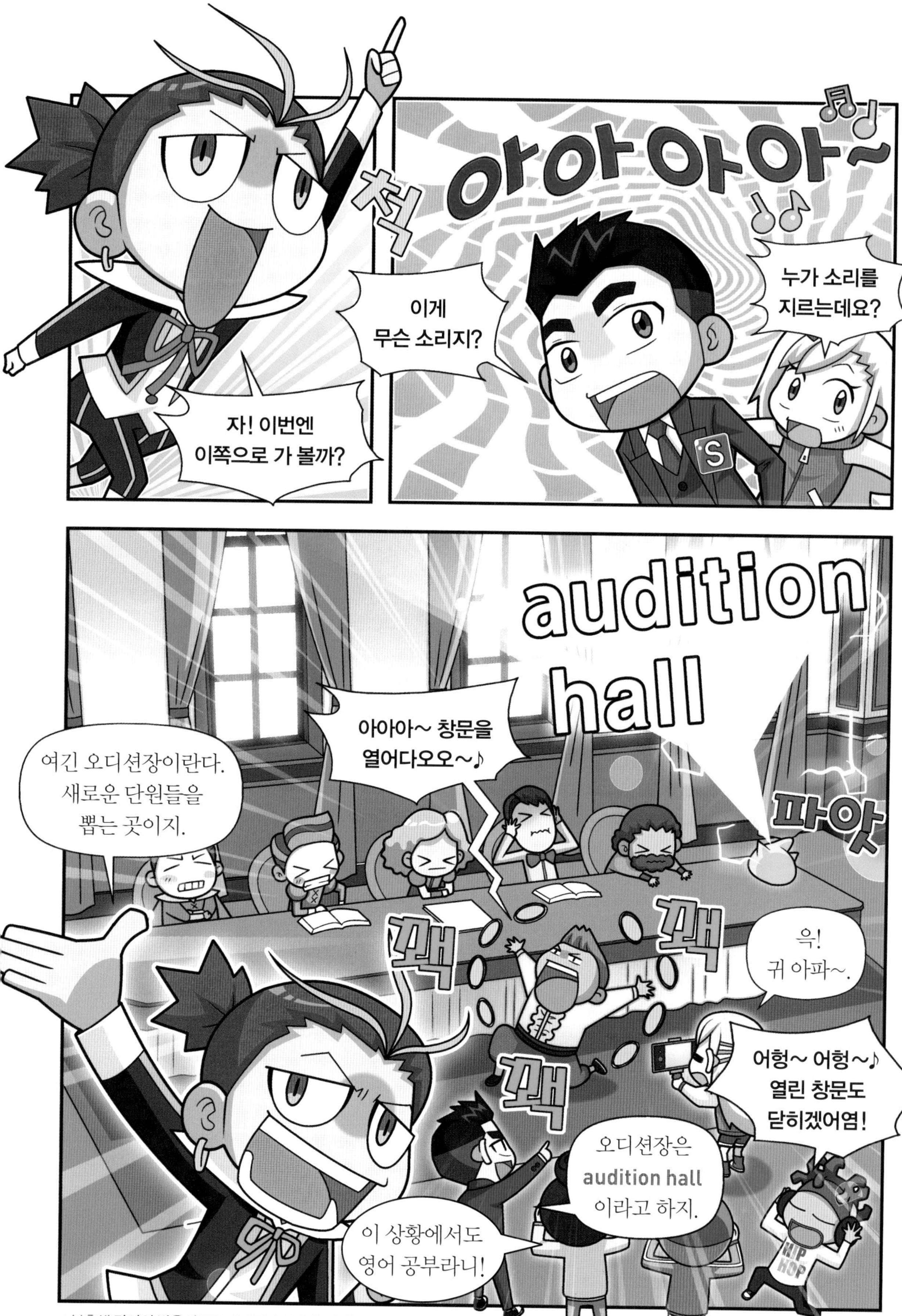
척
자! 이번엔
이쪽으로 가 볼까?
아아아아아~
이게
무슨 소리지?
누가 소리를
지르는데요?
audition
hall
여긴 오디션장이란다.
새로운 단원들을
뽑는 곳이지.
아아아~ 창문을
열어다오오~♪
파앗
꽥
꽥
꽥
윽!
귀 아파~.
어헝~ 어헝~♪
열린 창문도
닫히겠어염!
오디션장은
audition hall
이라고 하지.
이 상황에서도
영어 공부라니!

* 분홍색 단어의 발음이 궁금하다면 143쪽을 펼쳐 보세요.

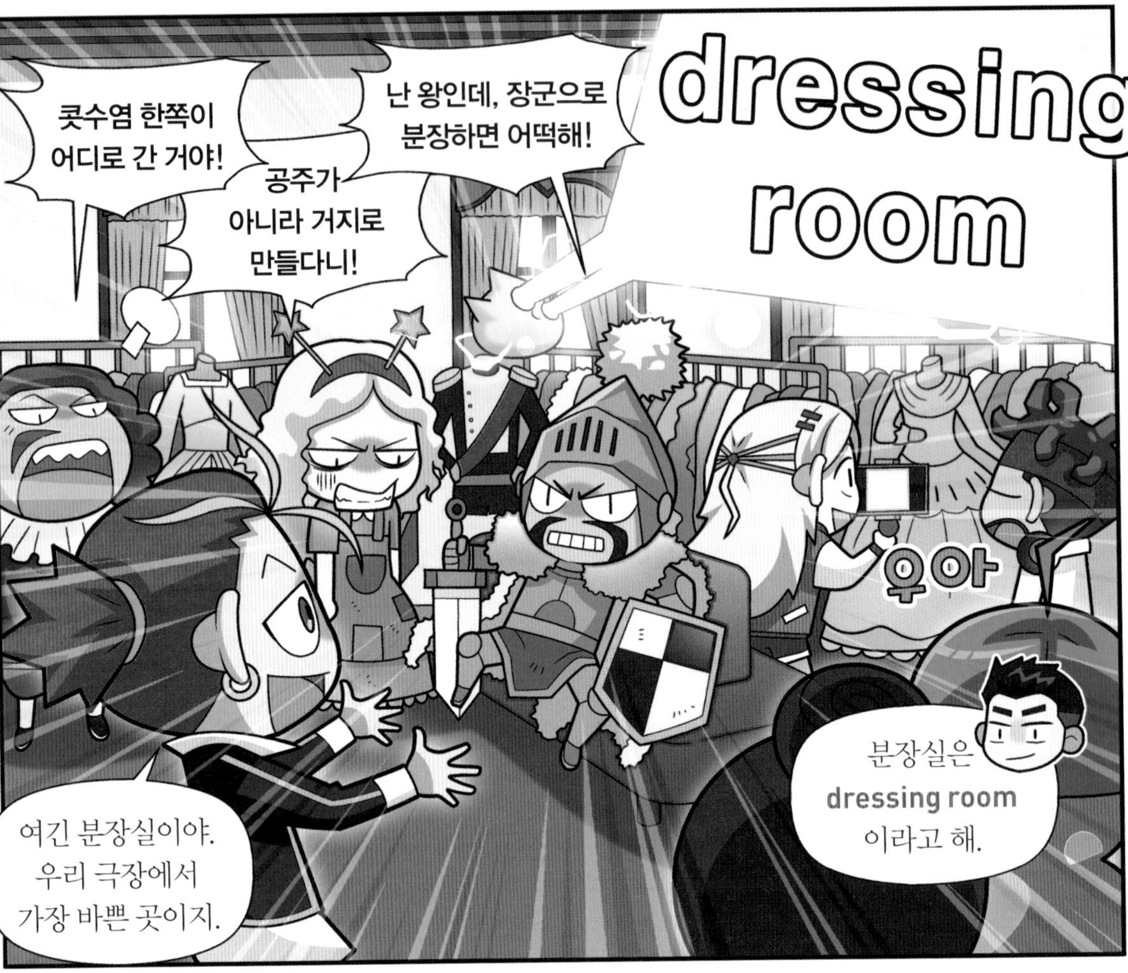
콧수염 한쪽이 어디로 간 거야!
공주가 아니라 거지로 만들다니!
난 왕인데, 장군으로 분장하면 어떡해!
dressing room
우아
여긴 분장실이야. 우리 극장에서 가장 바쁜 곳이지.
분장실은 dressing room 이라고 해.

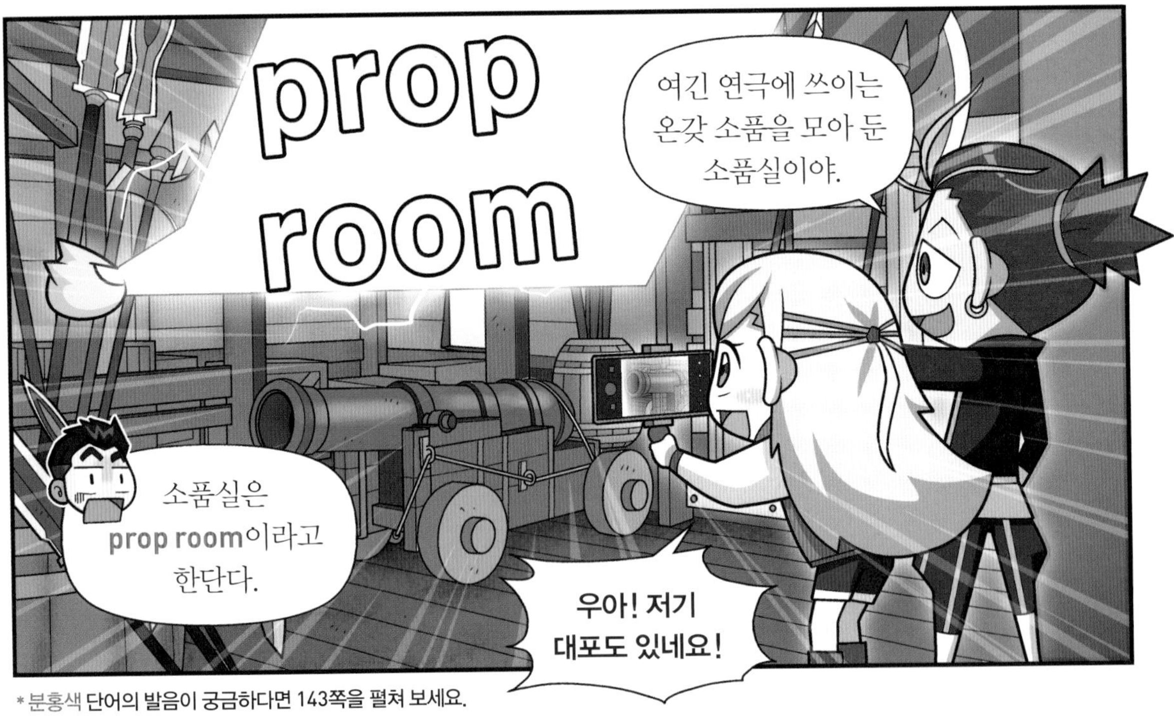
prop room
여긴 연극에 쓰이는 온갖 소품을 모아 둔 소품실이야.
소품실은 prop room이라고 한단다.
우아! 저기 대포도 있네요!

* 분홍색 단어의 발음이 궁금하다면 143쪽을 펼쳐 보세요.

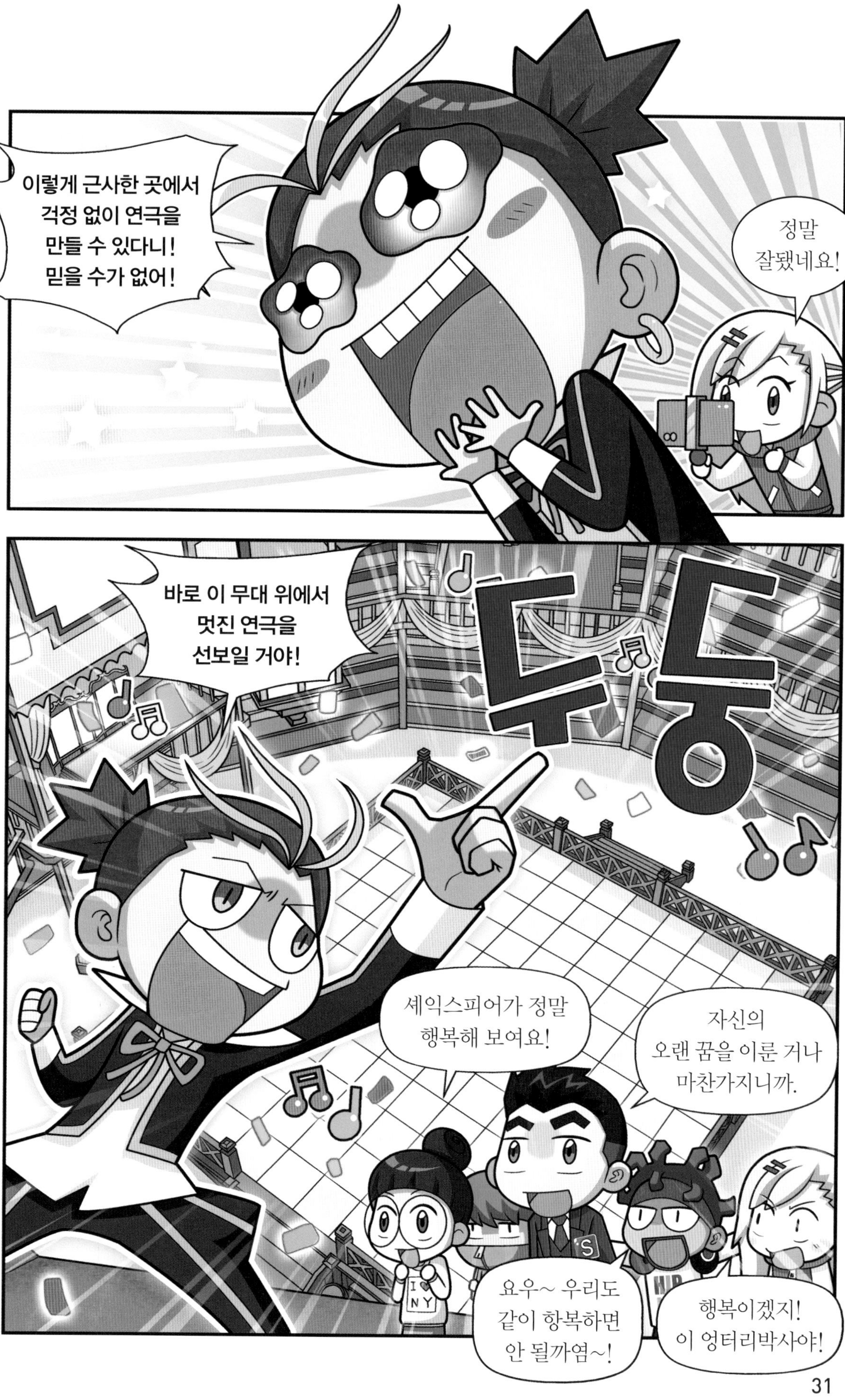
이렇게 근사한 곳에서 걱정 없이 연극을 만들 수 있다니! 믿을 수가 없어!
정말 잘됐네요!
바로 이 무대 위에서 멋진 연극을 선보일 거야!
두둥
세익스피어가 정말 행복해 보여요!
자신의 오랜 꿈을 이룬 거나 마찬가지니까.
요우~ 우리도 같이 항복하면 안 될까염~!
행복이겠지! 이 엉터리박사야!

Chapter 2

이상한 대사

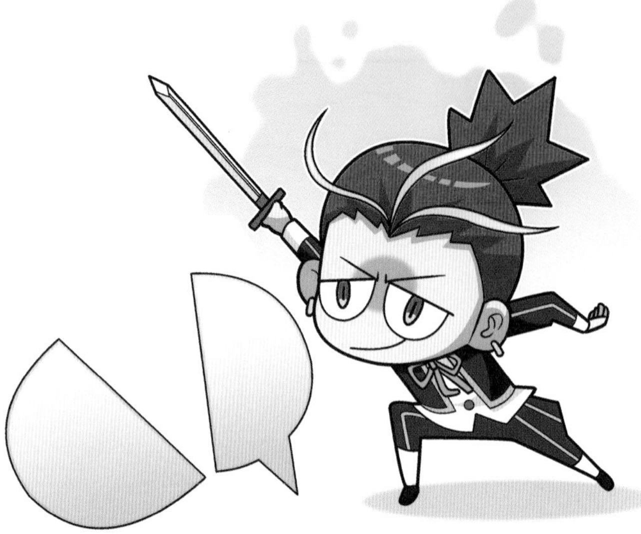

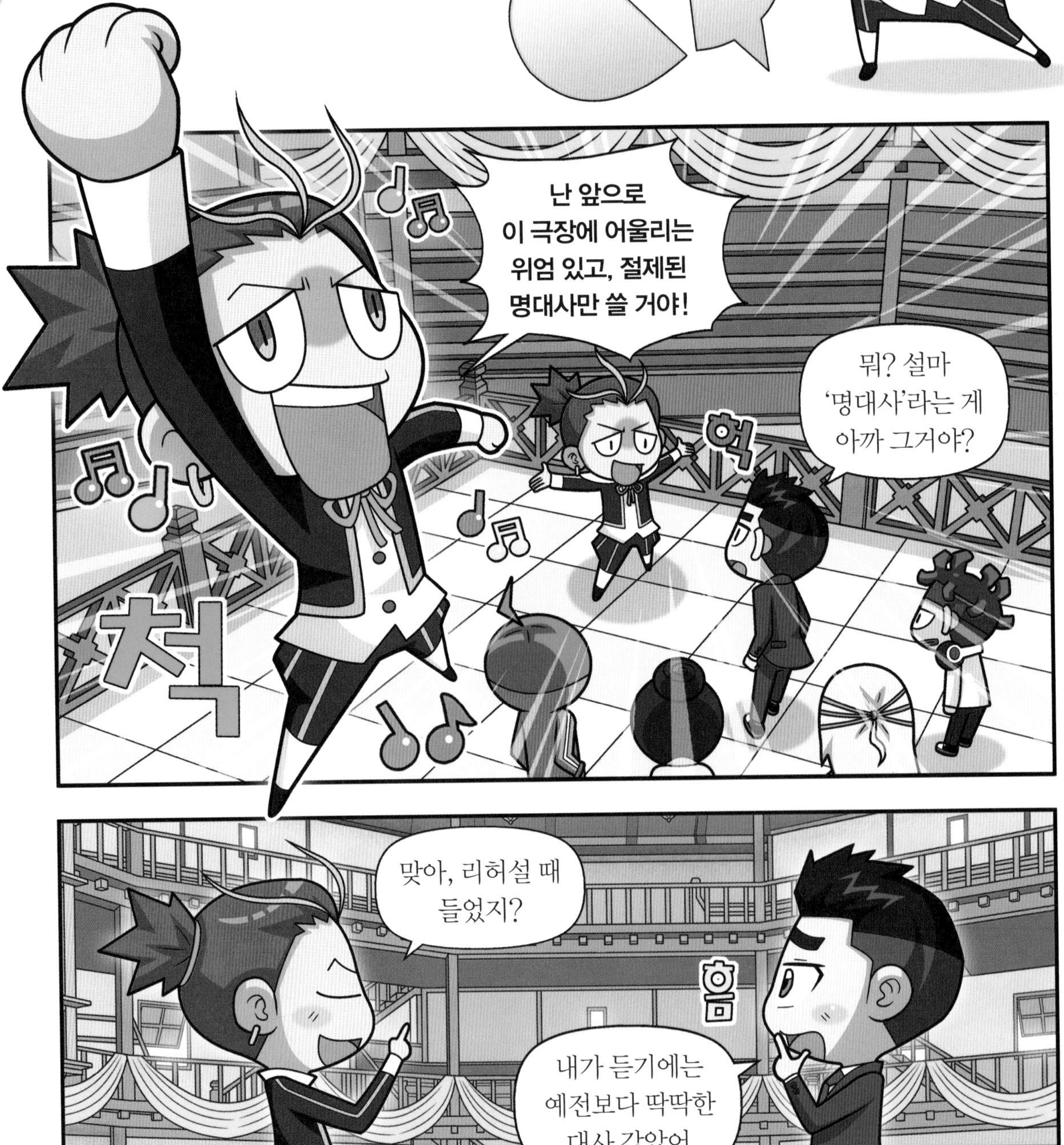
난 앞으로
이 극장에 어울리는
위엄 있고, 절제된
명대사만 쓸 거야!
척
헉
뭐? 설마
'명대사'라는 게
아까 그거야?
맞아, 리허설 때
들었지?
흠
내가 듣기에는
예전보다 딱딱한
대사 같았어.

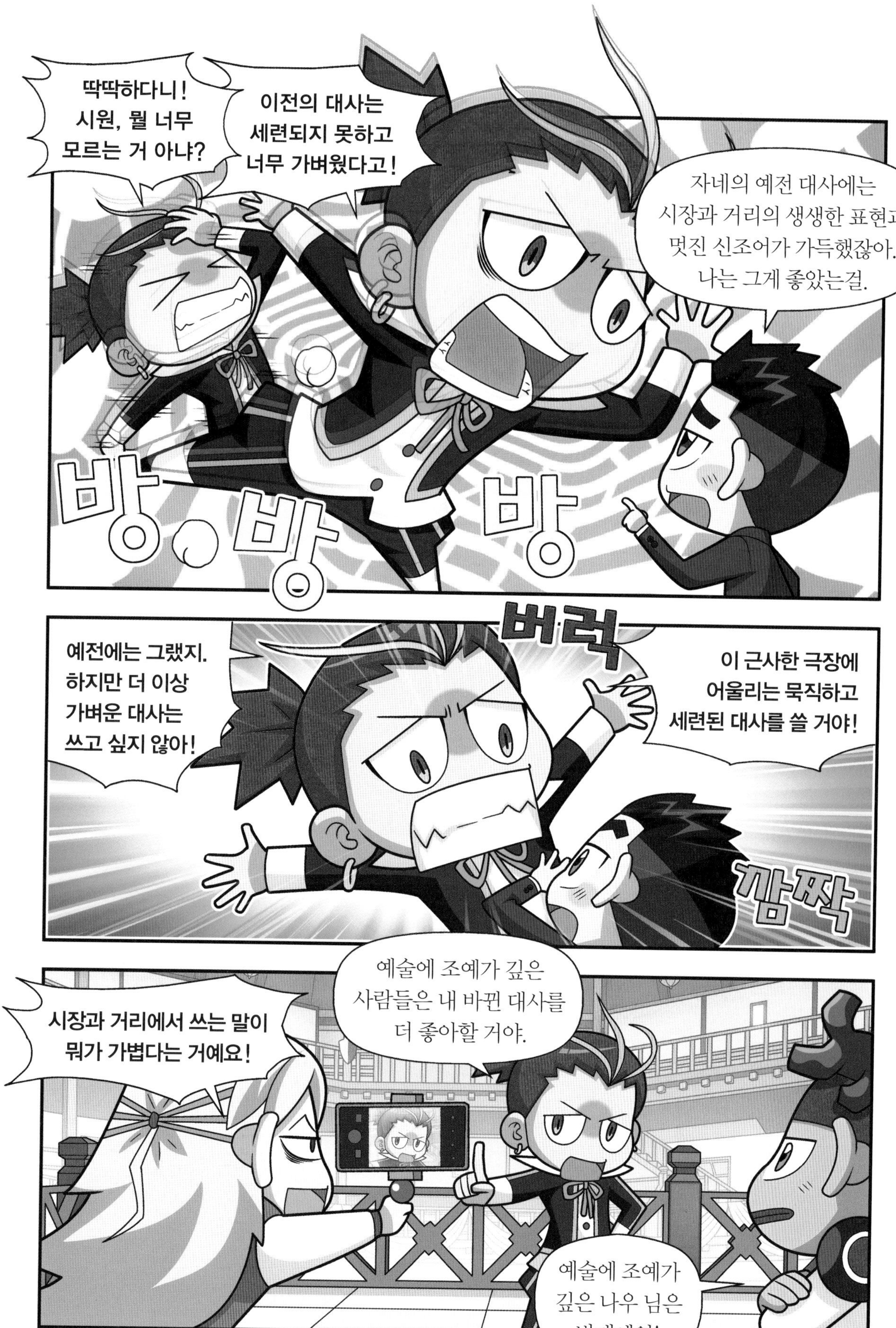

딱딱하다니!
시원, 뭘 너무
모르는 거 아냐?
이전의 대사는
세련되지 못하고
너무 가벼웠다고!
자네의 예전 대사에는
시장과 거리의 생생한 표현과
멋진 신조어가 가득했잖아.
나는 그게 좋았는걸.
방 방 방
버럭
예전에는 그랬지.
하지만 더 이상
가벼운 대사는
쓰고 싶지 않아!
이 근사한 극장에
어울리는 묵직하고
세련된 대사를 쓸 거야!
깜짝
시장과 거리에서 쓰는 말이
뭐가 가볍다는 거예요!
예술에 조예가 깊은
사람들은 내 바뀐 대사를
더 좋아할 거야.
예술에 조예가
깊은 나우 님은
반대예염!

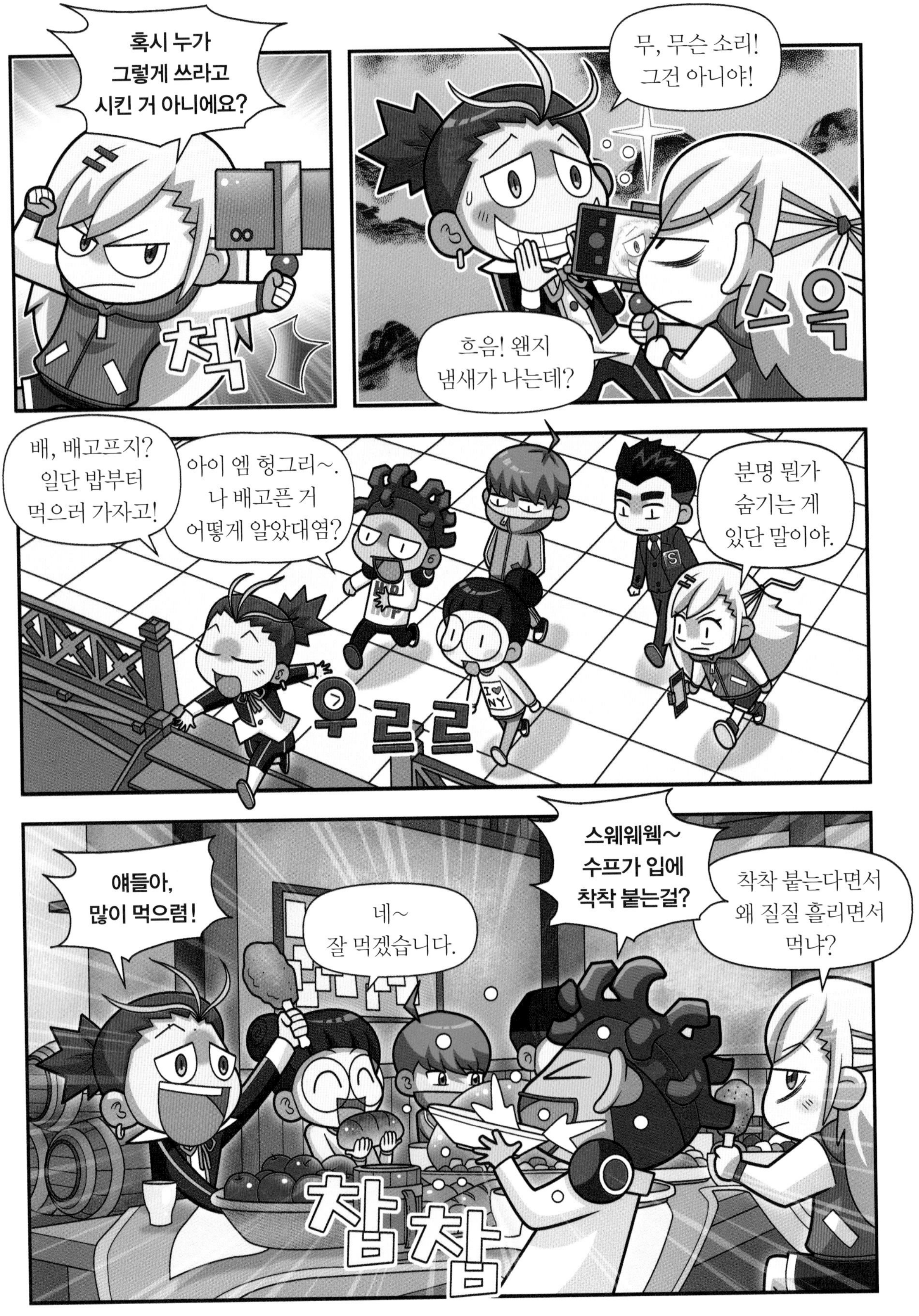
혹시 누가 그렇게 쓰라고 시킨 거 아니에요?
척
무, 무슨 소리! 그건 아니야!
스윽
흐음! 왠지 냄새가 나는데?
배, 배고프지? 일단 밥부터 먹으러 가자고!
아이 엠 헝그리~. 나 배고픈 거 어떻게 알았대염?
분명 뭔가 숨기는 게 있단 말이야.
우르르
얘들아, 많이 먹으렴!
네~ 잘 먹겠습니다.
스웨웨웩~ 수프가 입에 착착 붙는걸?
착착 붙는다면서 왜 질질 흘리면서 먹냐?
참참

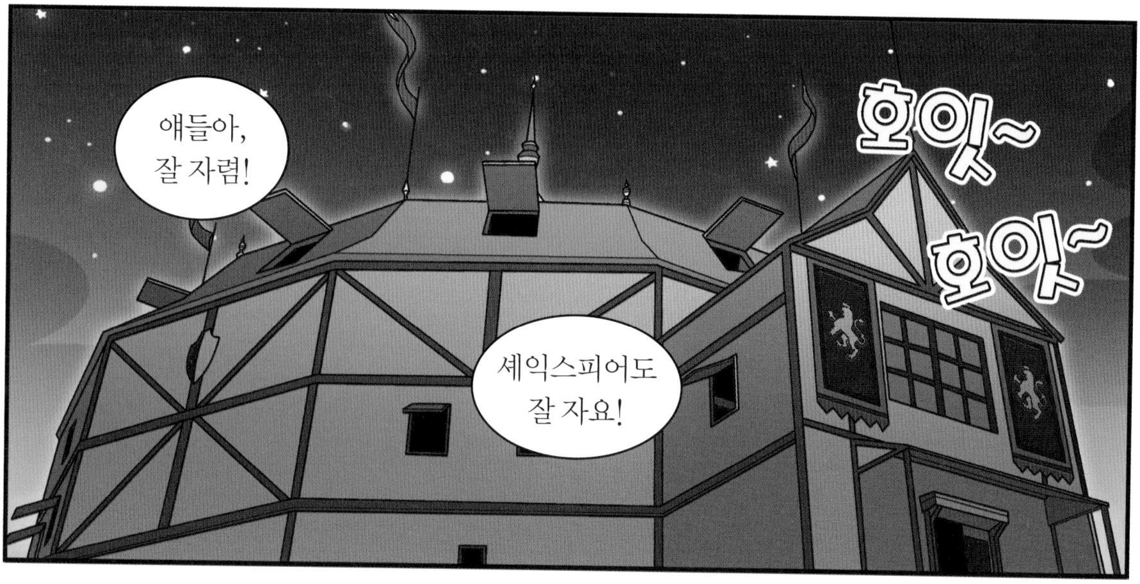
애들아,
잘 자렴!
호잇~
호잇~
셰익스피어도
잘 자요!

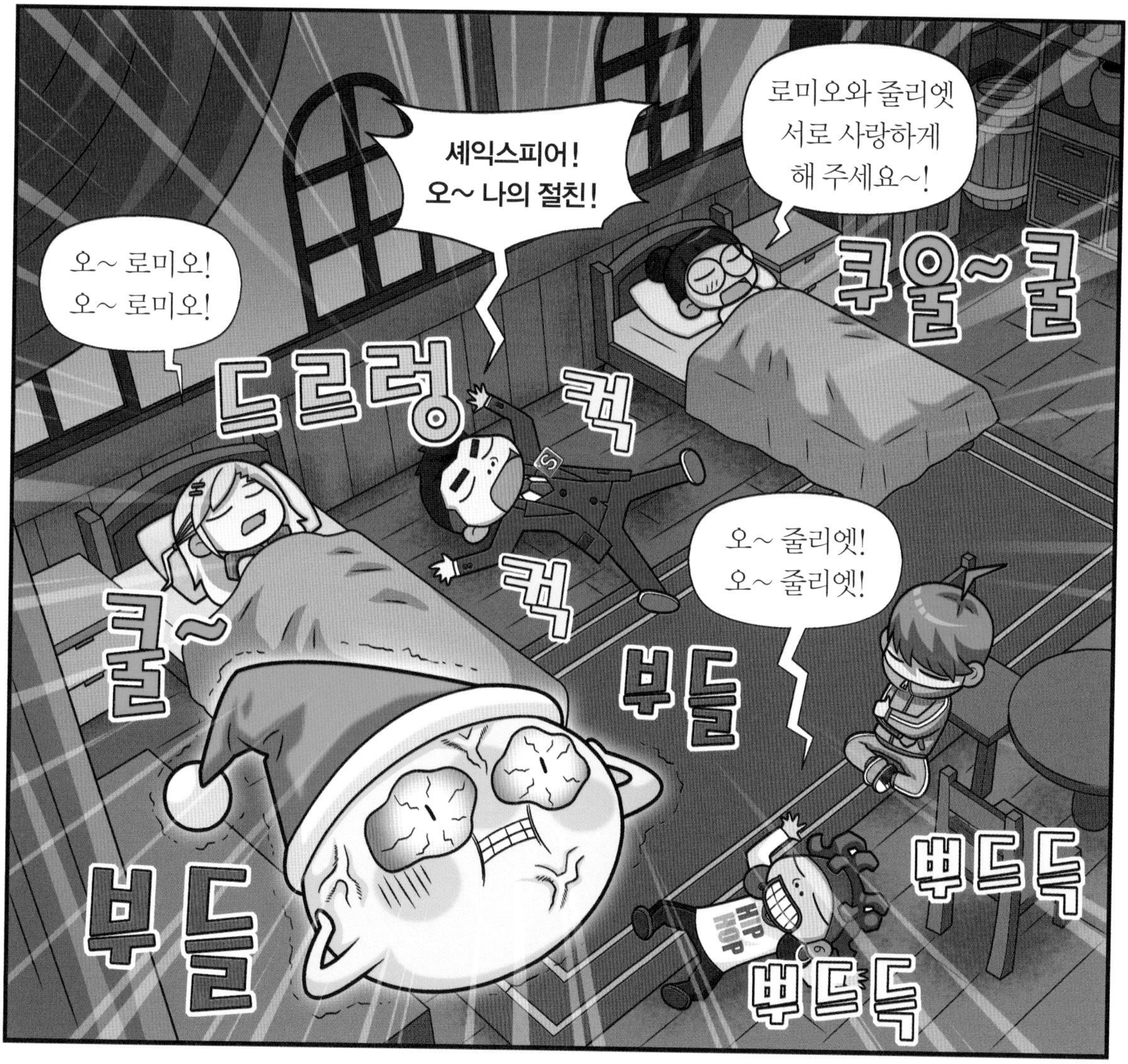
로미오와 줄리엣
서로 사랑하게
해 주세요~!
셰익스피어!
오~ 나의 절친!
오~ 로미오!
오~ 로미오!
쿠울~쿨
드르렁
컥
컥
오~ 줄리엣!
오~ 줄리엣!
쿨~
부들
부들
뿌드득
뿌드득
HIP HOP

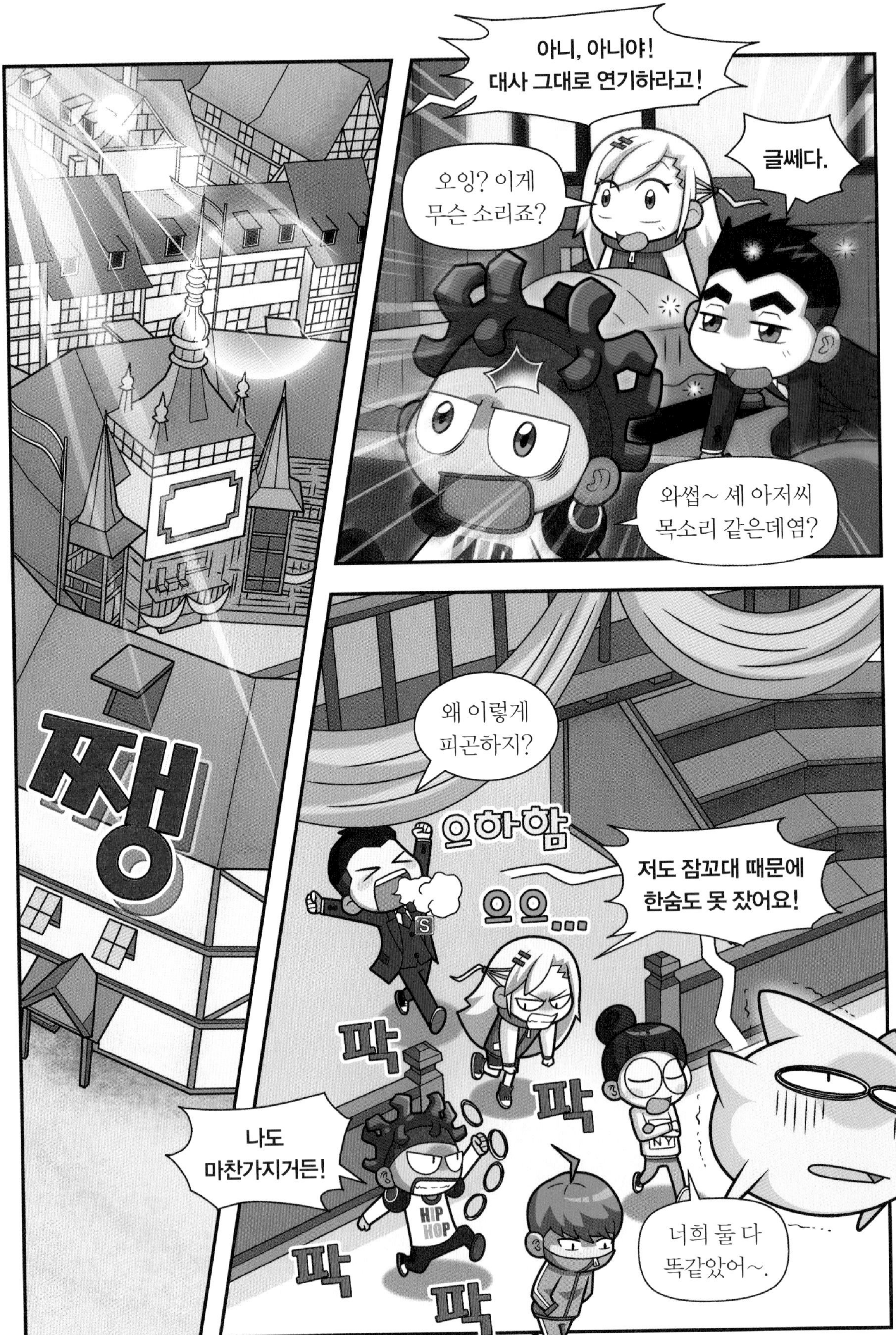
쨍
아니, 아니야!
대사 그대로 연기하라고!
오잉? 이게
무슨 소리죠?
글쎄다.
와썹~ 셰 아저씨
목소리 같은데염?
왜 이렇게
피곤하지?
으하함
저도 잠꼬대 때문에
한숨도 못 잤어요!
으으...
팍
팍
나도
마찬가지거든!
HIP HOP
팍
팍
너희 둘 다
똑같았어~.

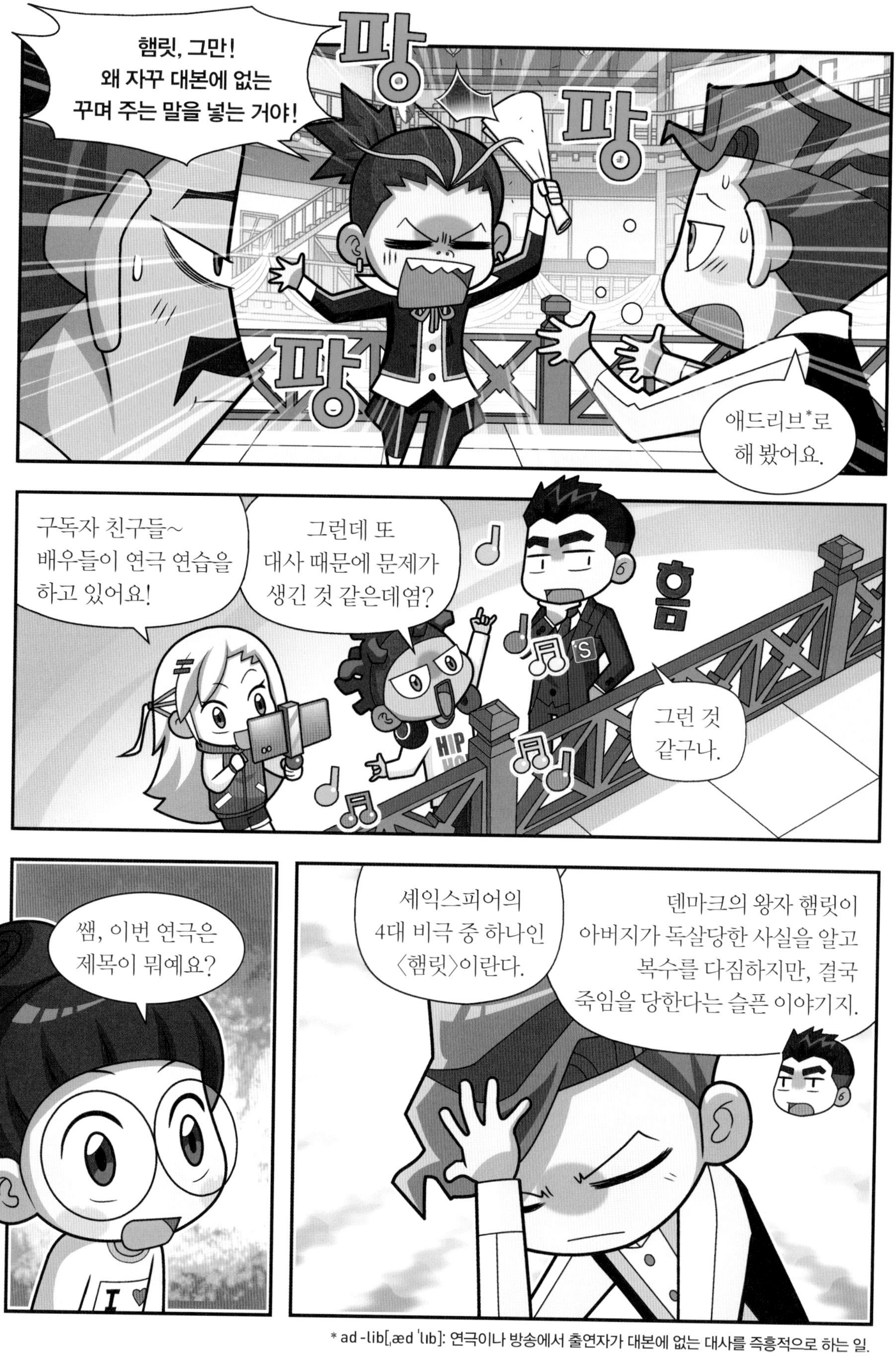
햄릿, 그만!
왜 자꾸 대본에 없는
꾸며 주는 말을 넣는 거야!
팡
팡
팡
애드리브*로
해 봤어요.
구독자 친구들~
배우들이 연극 연습을
하고 있어요!
그런데 또
대사 때문에 문제가
생긴 것 같은데염?
흠
그런 것
같구나.
쌤, 이번 연극은
제목이 뭐예요?
셰익스피어의
4대 비극 중 하나인
〈햄릿〉이란다.
덴마크의 왕자 햄릿이
아버지가 독살당한 사실을 알고
복수를 다짐하지만, 결국
죽임을 당한다는 슬픈 이야기지.

* ad-lib[ˌæd ˈlɪb]: 연극이나 방송에서 출연자가 대본에 없는 대사를 즉흥적으로 하는 일.

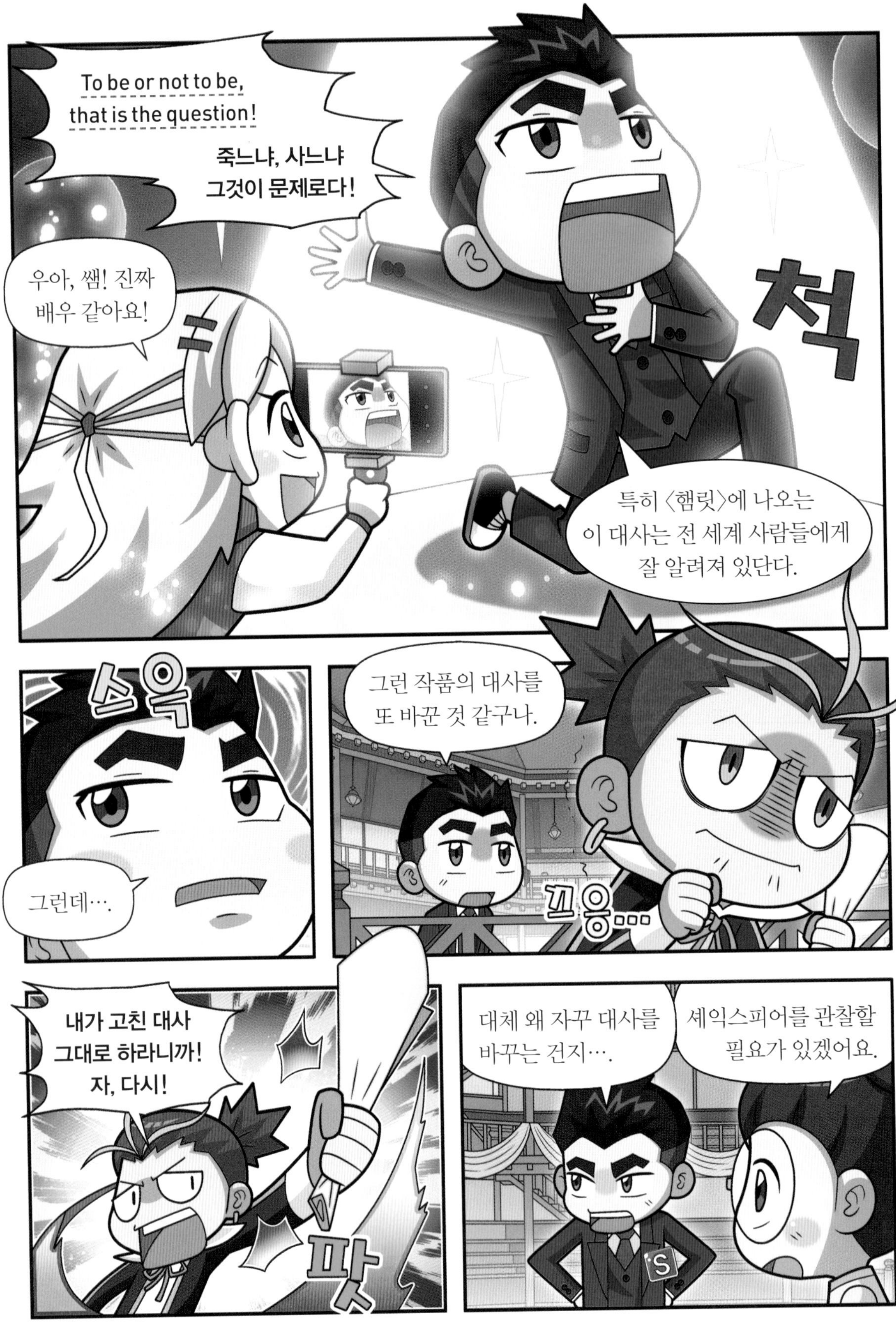
To be or not to be,
that is the question!
죽느냐, 사느냐
그것이 문제로다!
우아, 쌤! 진짜
배우 같아요!
척
특히 〈햄릿〉에 나오는
이 대사는 전 세계 사람들에게
잘 알려져 있단다.
스윽
그런데….
그런 작품의 대사를
또 바꾼 것 같구나.
끄응…
내가 고친 대사
그대로 하라니까!
자, 다시!
팟
대체 왜 자꾸 대사를
바꾸는 건지….
셰익스피어를 관찰할
필요가 있겠어요.

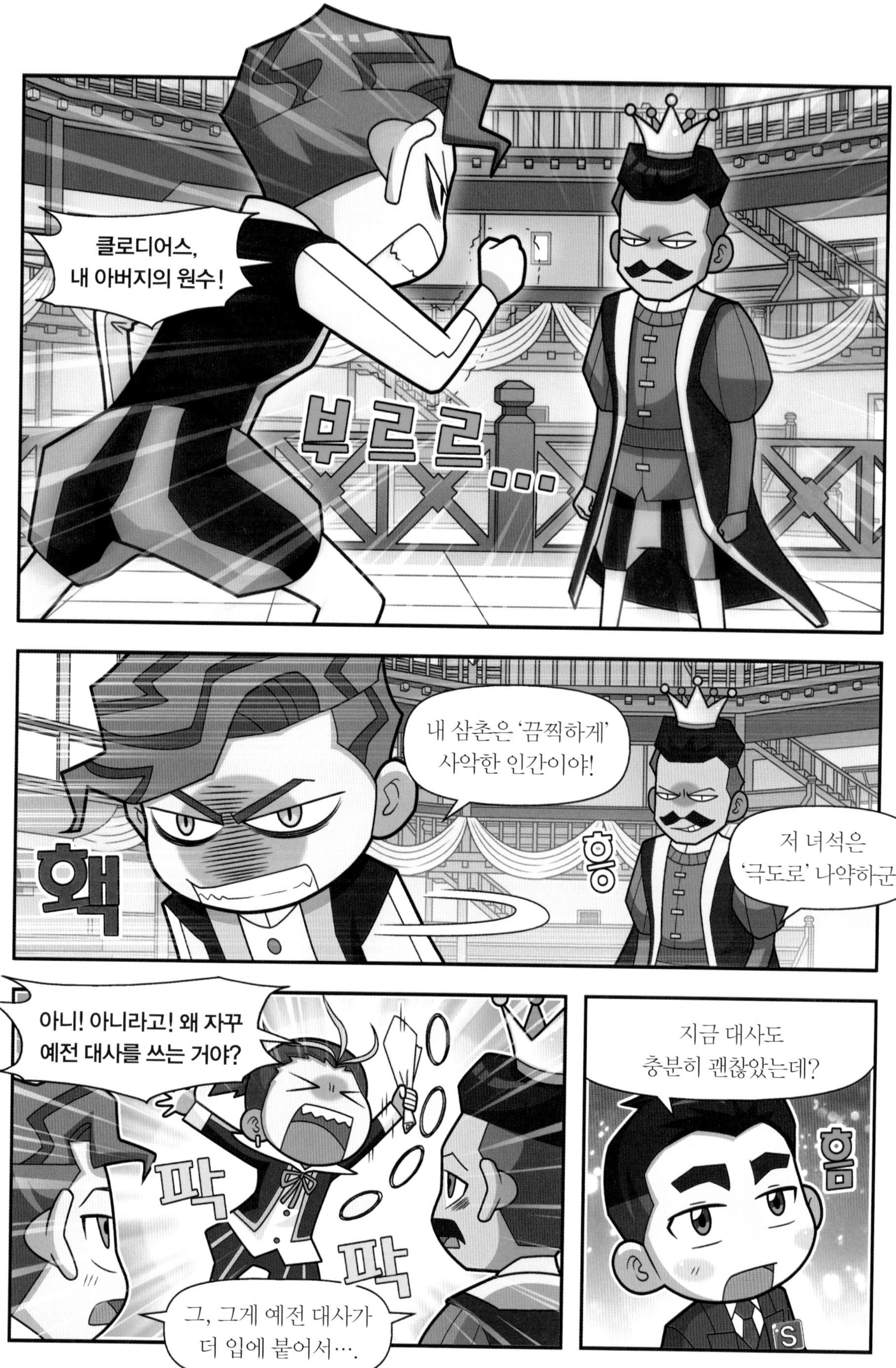

클로디어스,
내 아버지의 원수!
부르르…
내 삼촌은 '끔찍하게' 사악한 인간이야!
홱
흥
저 녀석은 '극도로' 나약하군!
아니! 아니라고! 왜 자꾸 예전 대사를 쓰는 거야?
딱
딱
그, 그게 예전 대사가 더 입에 붙어서….
지금 대사도 충분히 괜찮았는데?
흠

대체 왜 내가 하라는 대로 안 하는 거지? '끔찍하게'와 '극도로' 같은 부사는 필요 없다니까!

My uncle is an awfully evil man!*

우리에겐 절제된 대사가 필요하다고! 자, 다시!

That guy is extremely weak!**

앗! 방금 대사가 영어로 들렸어!

역시 수상하다니까!

그렇지! 바로 그거야!

아무리 생각해도 예전 대사가 더 나은데요?

맞아요. 바뀐 대사는 너무 밋밋해서 감정을 실어 연기하기 어렵다고요!

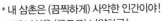

*내 삼촌은 (끔찍하게) 사악한 인간이야!
**저 녀석은 (극도로) 나약하군!

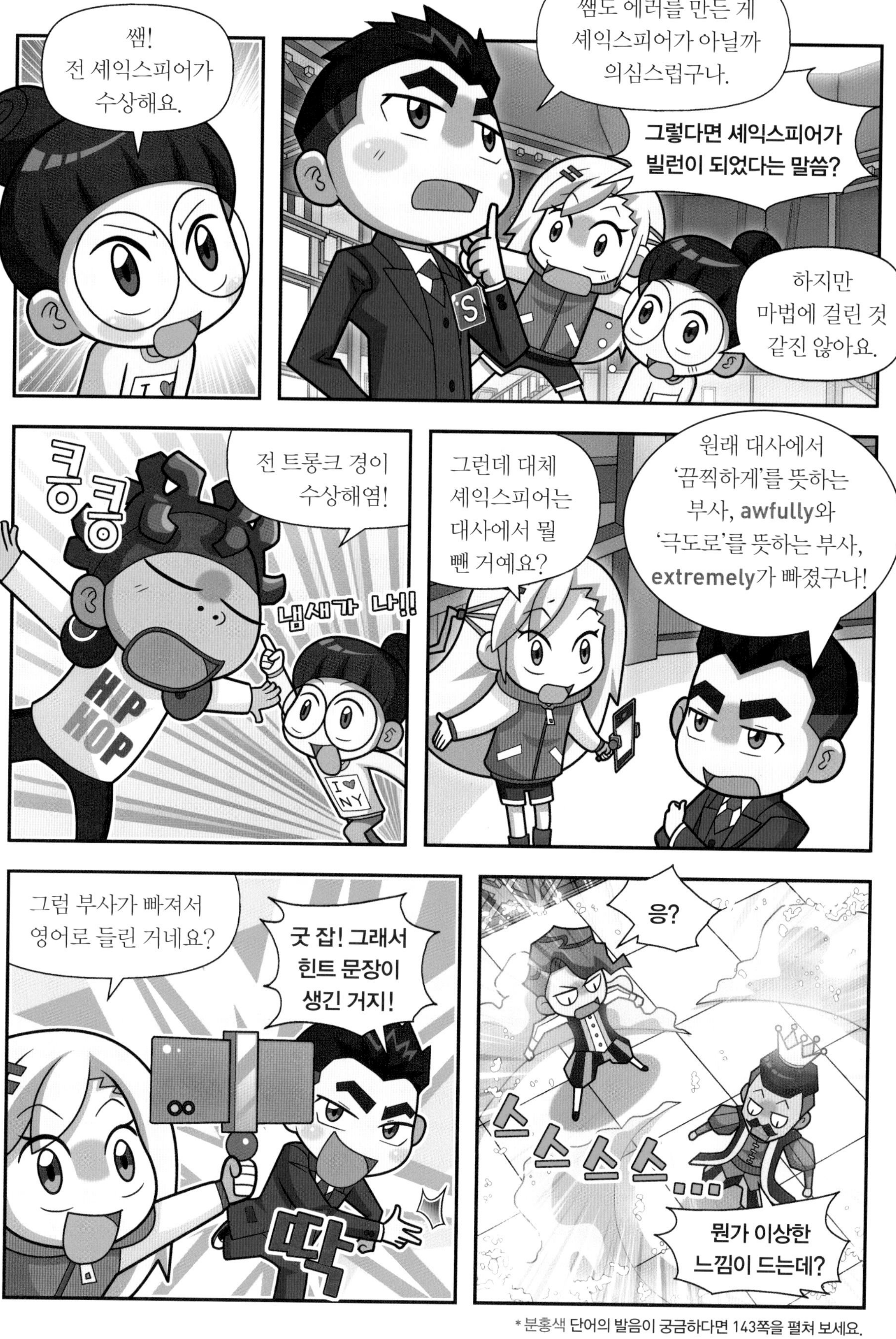
쌤!
전 셰익스피어가
수상해요.
쌤도 에러를 만든 게
셰익스피어가 아닐까
의심스럽구나.
그렇다면 셰익스피어가
빌런이 되었다는 말씀?
하지만
마법에 걸린 것
같진 않아요.
쿵쿵
전 트롱크 경이
수상해염!
냄새가 나!!
HIP HOP
I ♥ NY
그런데 대체
셰익스피어는
대사에서 뭘
뺀 거예요?
원래 대사에서
'끔찍하게'를 뜻하는
부사, awfully와
'극도로'를 뜻하는 부사,
extremely가 빠졌구나!
그럼 부사가 빠져서
영어로 들린 거네요?
굿 잡! 그래서
힌트 문장이
생긴 거지!
딱
응?
스스스스...
뭔가 이상한
느낌이 드는데?

* 분홍색 단어의 발음이 궁금하다면 143쪽을 펼쳐 보세요.

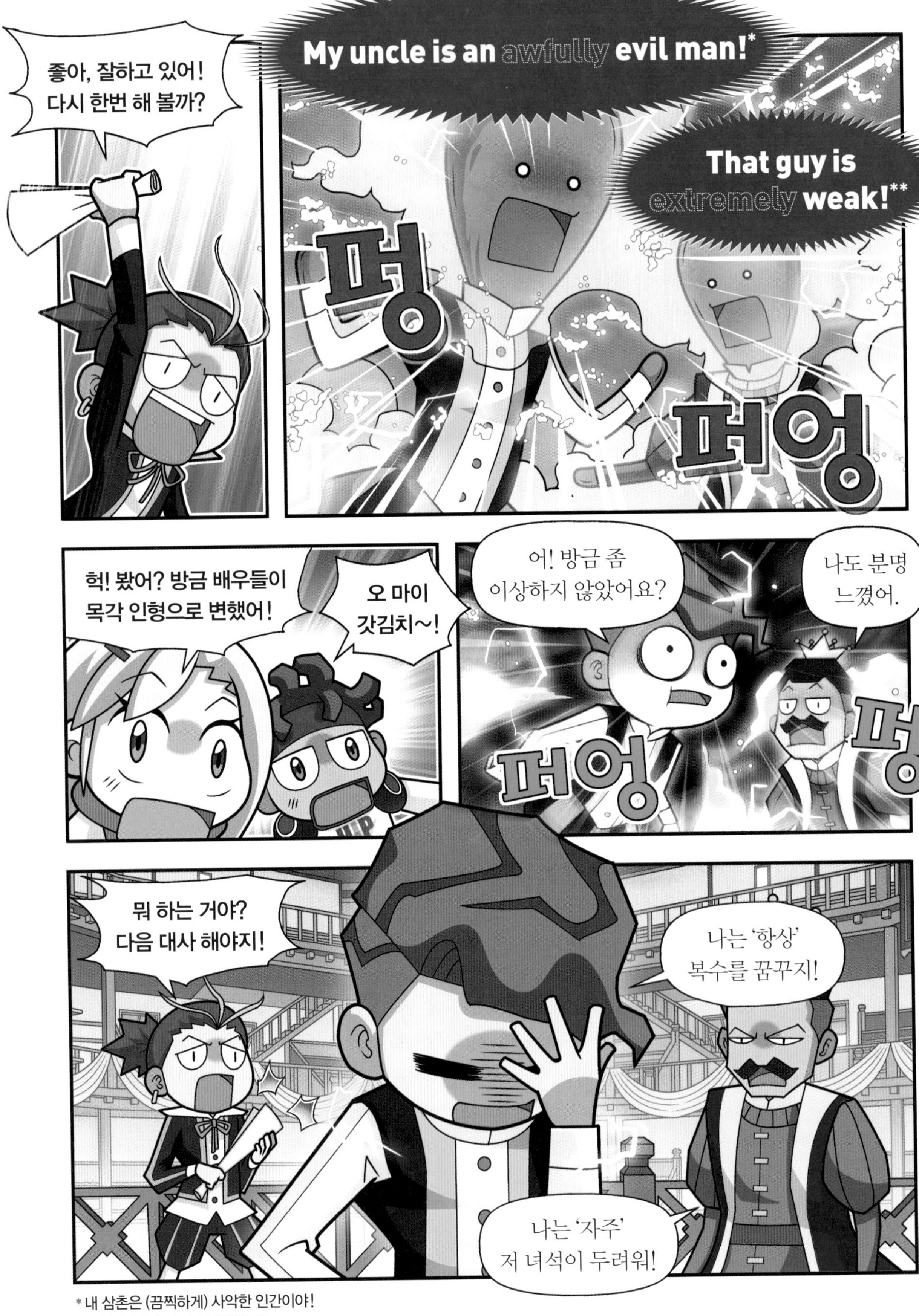
좋아, 잘하고 있어! 다시 한번 해 볼까?
My uncle is an awfully evil man!*
That guy is extremely weak!**
펑
퍼엉
헉! 봤어? 방금 배우들이 목각 인형으로 변했어!
오 마이 갓김치~!
어! 방금 좀 이상하지 않았어요?
나도 분명 느꼈어.
퍼엉
펑
뭐 하는 거야? 다음 대사 해야지!
나는 '항상' 복수를 꿈꾸지!
나는 '자주' 저 녀석이 두려워!

* 내 삼촌은 (끔찍하게) 사악한 인간이야!
** 저 녀석은 (극도로) 나약하군!

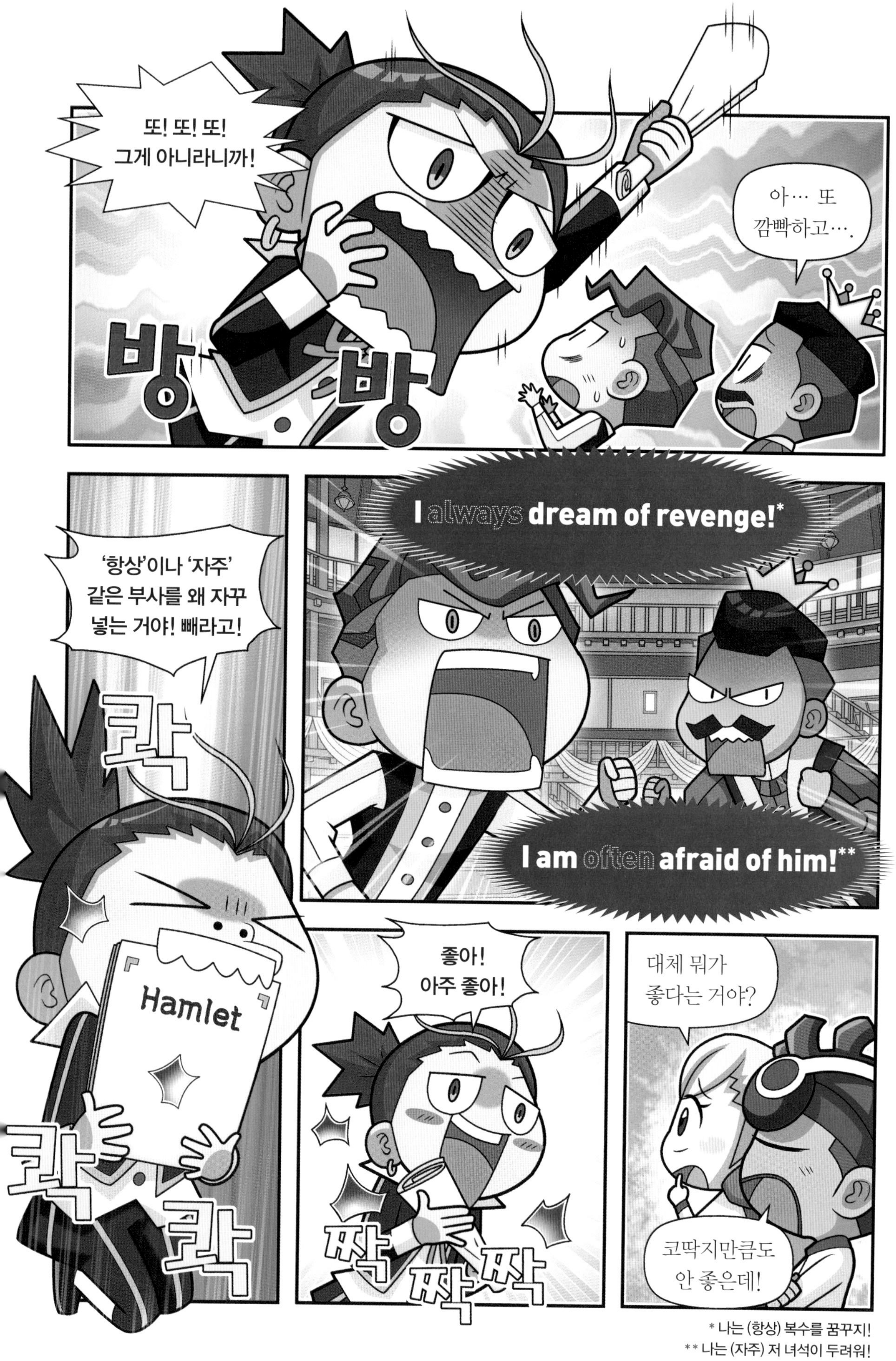
또! 또! 또! 그게 아니라니까!
방 방
아… 또 깜빡하고….
'항상'이나 '자주' 같은 부사를 왜 자꾸 넣는 거야! 빼라고!
I always dream of revenge!*
I am often afraid of him!**
콱
Hamlet
콱 콱
좋아! 아주 좋아!
짝 짝 짝
대체 뭐가 좋다는 거야?
코딱지만큼도 안 좋은데!

* 나는 (항상) 복수를 꿈꾸지!
** 나는 (자주) 저 녀석이 두려워!

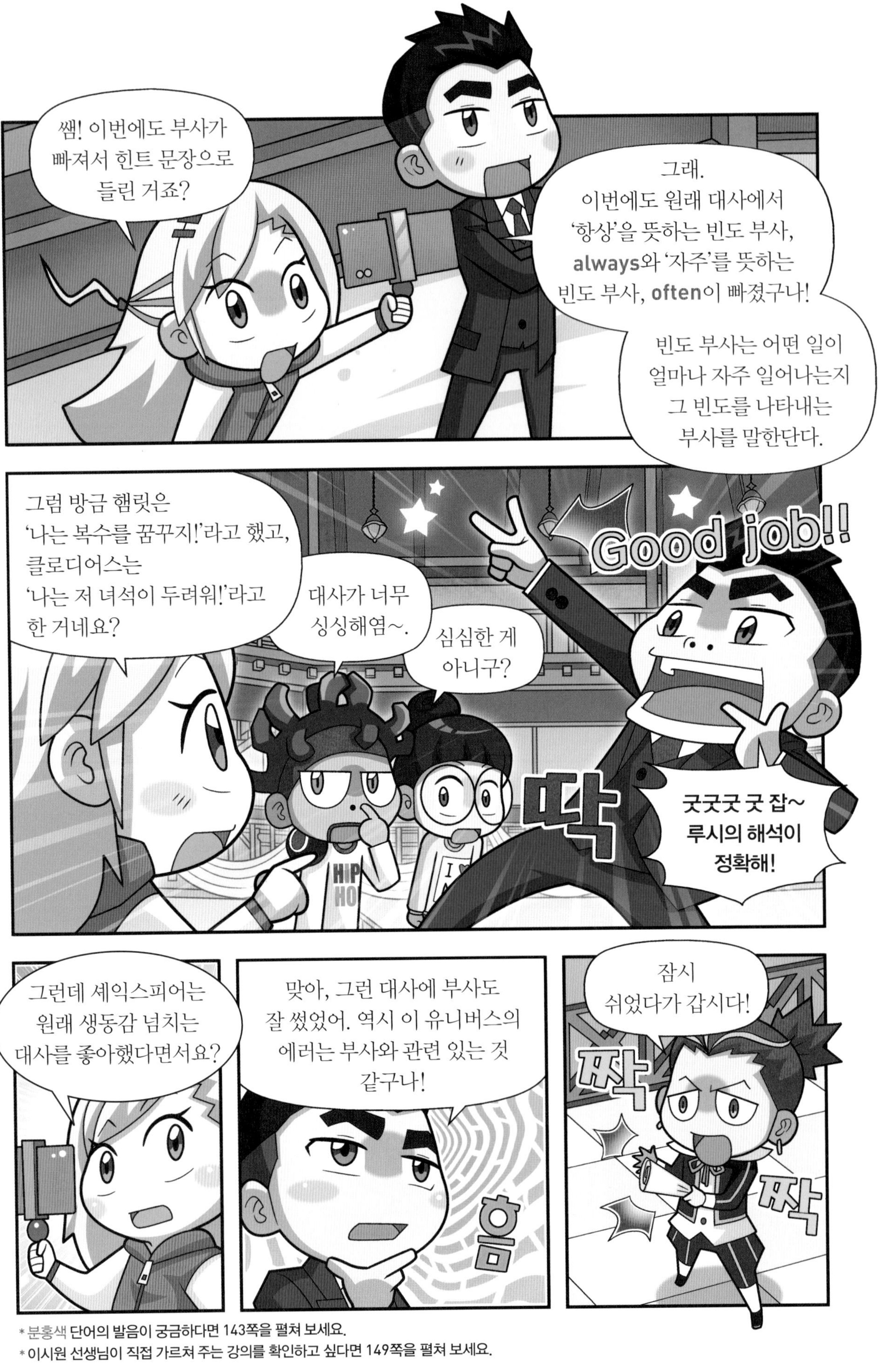
쌤! 이번에도 부사가 빠져서 힌트 문장으로 들린 거죠?
그래. 이번에도 원래 대사에서 '항상'을 뜻하는 빈도 부사, always와 '자주'를 뜻하는 빈도 부사, often이 빠졌구나!
빈도 부사는 어떤 일이 얼마나 자주 일어나는지 그 빈도를 나타내는 부사를 말한단다.
그럼 방금 햄릿은 '나는 복수를 꿈꾸지!'라고 했고, 클로디어스는 '나는 저 녀석이 두려워!'라고 한 거네요?
대사가 너무 싱싱해염~.
심심한 게 아니구?
Good job!!
딱
굿굿굿 굿 잡~ 루시의 해석이 정확해!
그런데 셰익스피어는 원래 생동감 넘치는 대사를 좋아했다면서요?
맞아, 그런 대사에 부사도 잘 썼었어. 역시 이 유니버스의 에러는 부사와 관련 있는 것 같구나!
흠
잠시 쉬었다가 갑시다!
짝
짝

* 분홍색 단어의 발음이 궁금하다면 143쪽을 펼쳐 보세요.
* 이시원 선생님이 직접 가르쳐 주는 강의를 확인하고 싶다면 149쪽을 펼쳐 보세요.

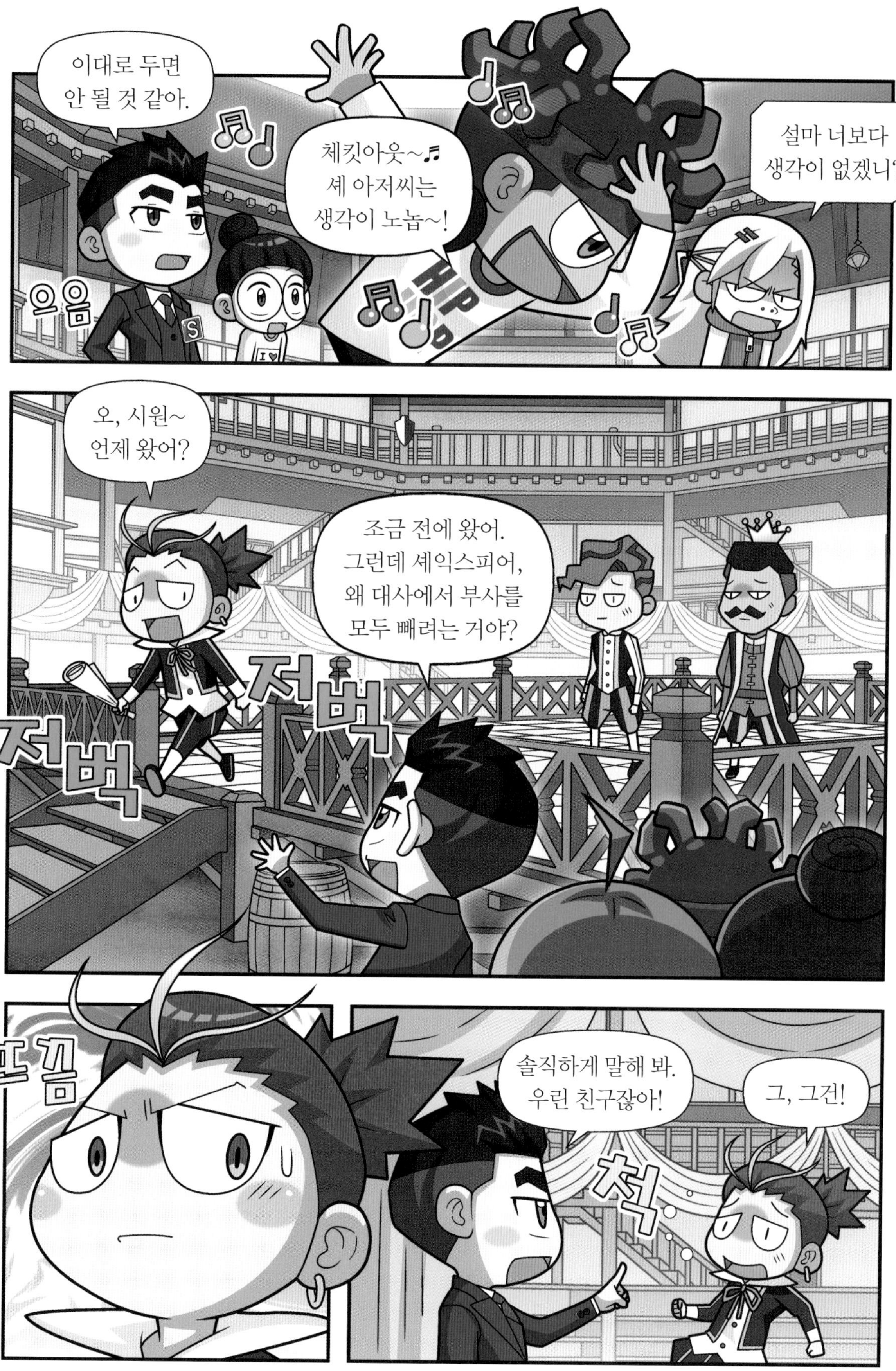
이대로 두면
안 될 것 같아.
으음
체킷아웃~♬
셰 아저씨는
생각이 노놉~!
HIP
설마 너보다
생각이 없겠니?
오, 시원~
언제 왔어?
조금 전에 왔어.
그런데 셰익스피어,
왜 대사에서 부사를
모두 빼려는 거야?
저벅
저벅
뜨끔
솔직하게 말해 봐.
우린 친구잖아!
그, 그건!
척

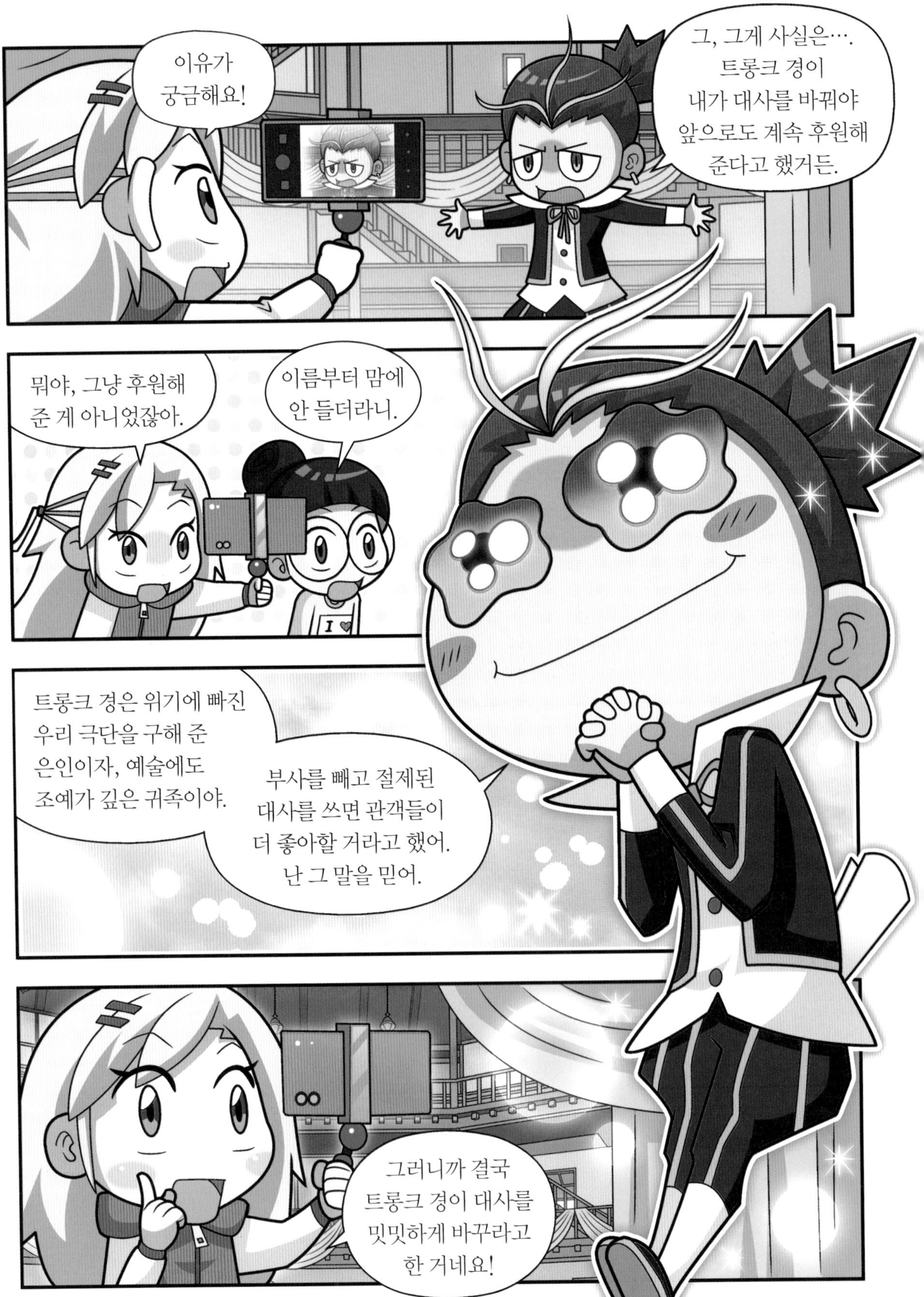
이유가 궁금해요!
그, 그게 사실은…. 트롱크 경이 내가 대사를 바꿔야 앞으로도 계속 후원해 준다고 했거든.
뭐야, 그냥 후원해 준 게 아니었잖아.
이름부터 맘에 안 들더라니.
트롱크 경은 위기에 빠진 우리 극단을 구해 준 은인이자, 예술에도 조예가 깊은 귀족이야.
부사를 빼고 절제된 대사를 쓰면 관객들이 더 좋아할 거라고 했어. 난 그 말을 믿어.
그러니까 결국 트롱크 경이 대사를 밋밋하게 바꾸라고 한 거네요!

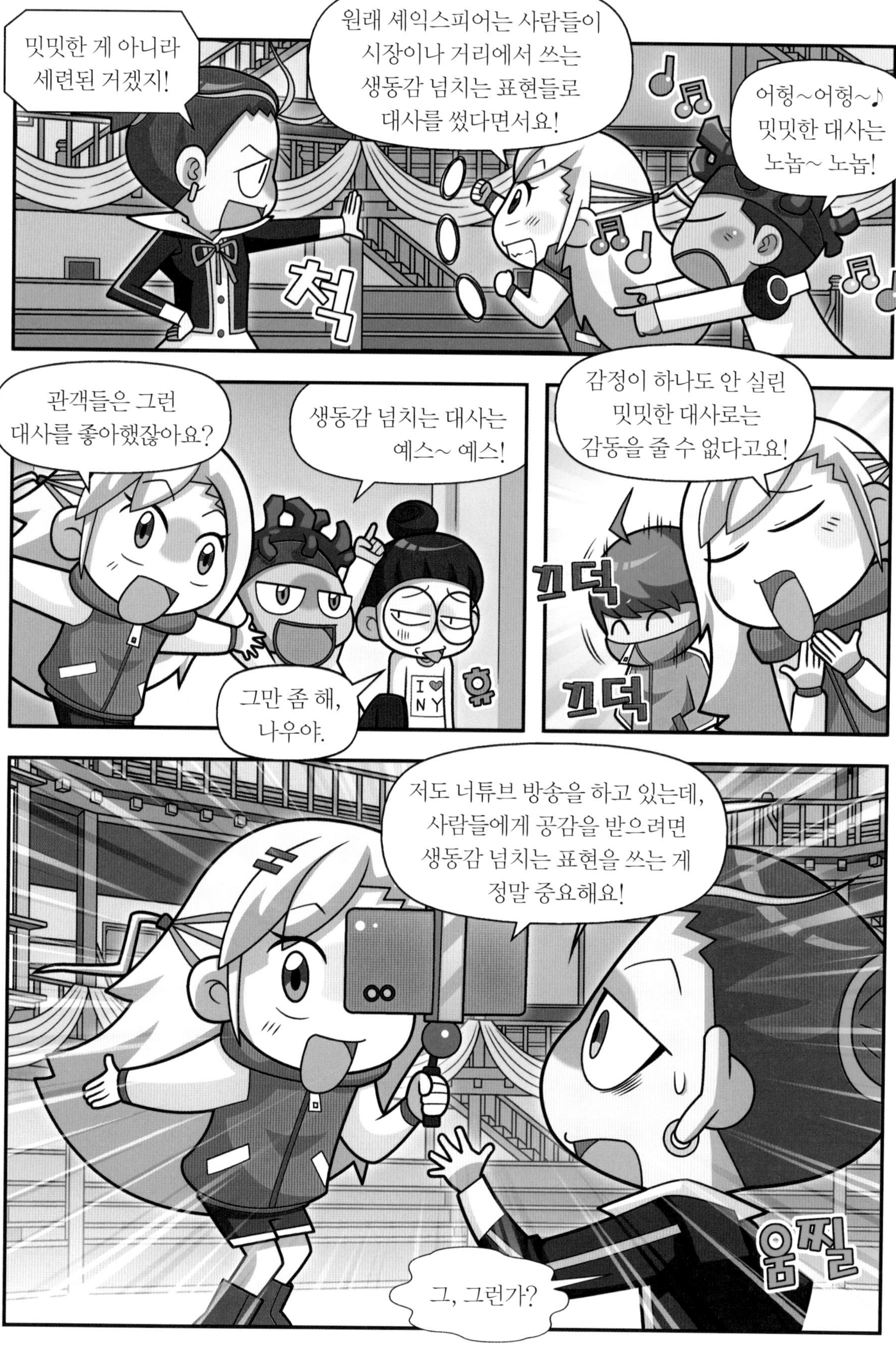

밋밋한 게 아니라 세련된 거겠지!
원래 셰익스피어는 사람들이 시장이나 거리에서 쓰는 생동감 넘치는 표현들로 대사를 썼다면서요!
척
어헝~어헝~♪ 밋밋한 대사는 노놉~ 노놉!
관객들은 그런 대사를 좋아했잖아요?
생동감 넘치는 대사는 예스~ 예스!
그만 좀 해, 나우야.
휴
감정이 하나도 안 실린 밋밋한 대사로는 감동을 줄 수 없다고요!
끄덕
끄덕
저도 너튜브 방송을 하고 있는데, 사람들에게 공감을 받으려면 생동감 넘치는 표현을 쓰는 게 정말 중요해요!
움찔
그, 그런가?

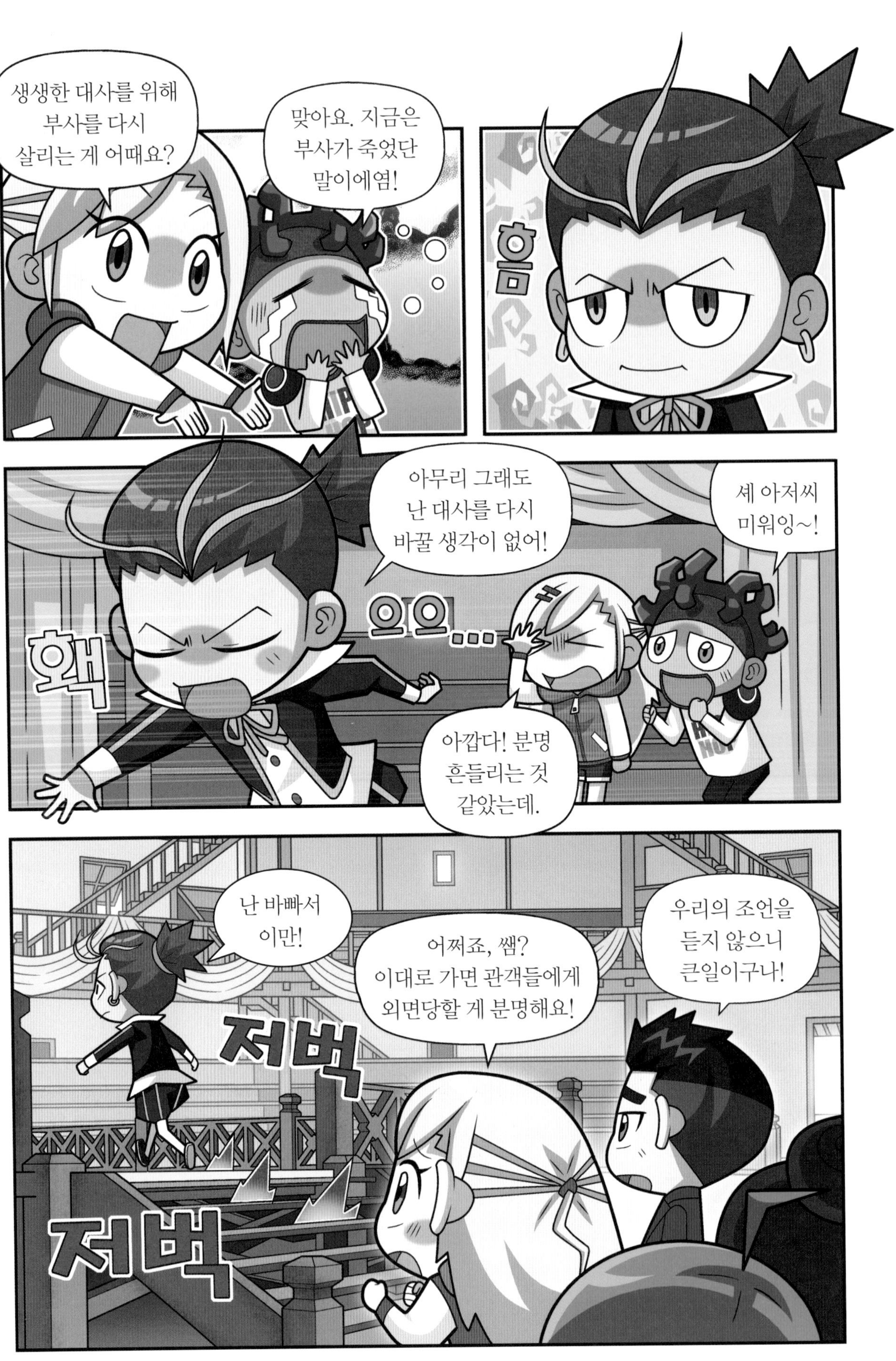
생생한 대사를 위해
부사를 다시
살리는 게 어때요?
맞아요. 지금은
부사가 죽었단
말이에염!
흠
아무리 그래도
난 대사를 다시
바꿀 생각이 없어!
홱
셰 아저씨
미워잉~!
으으...
아깝다! 분명
흔들리는 것
같았는데.
난 바빠서
이만!
어쩌죠, 쌤?
이대로 가면 관객들에게
외면당할 게 분명해요!
우리의 조언을
듣지 않으니
큰일이구나!
저벅
저벅

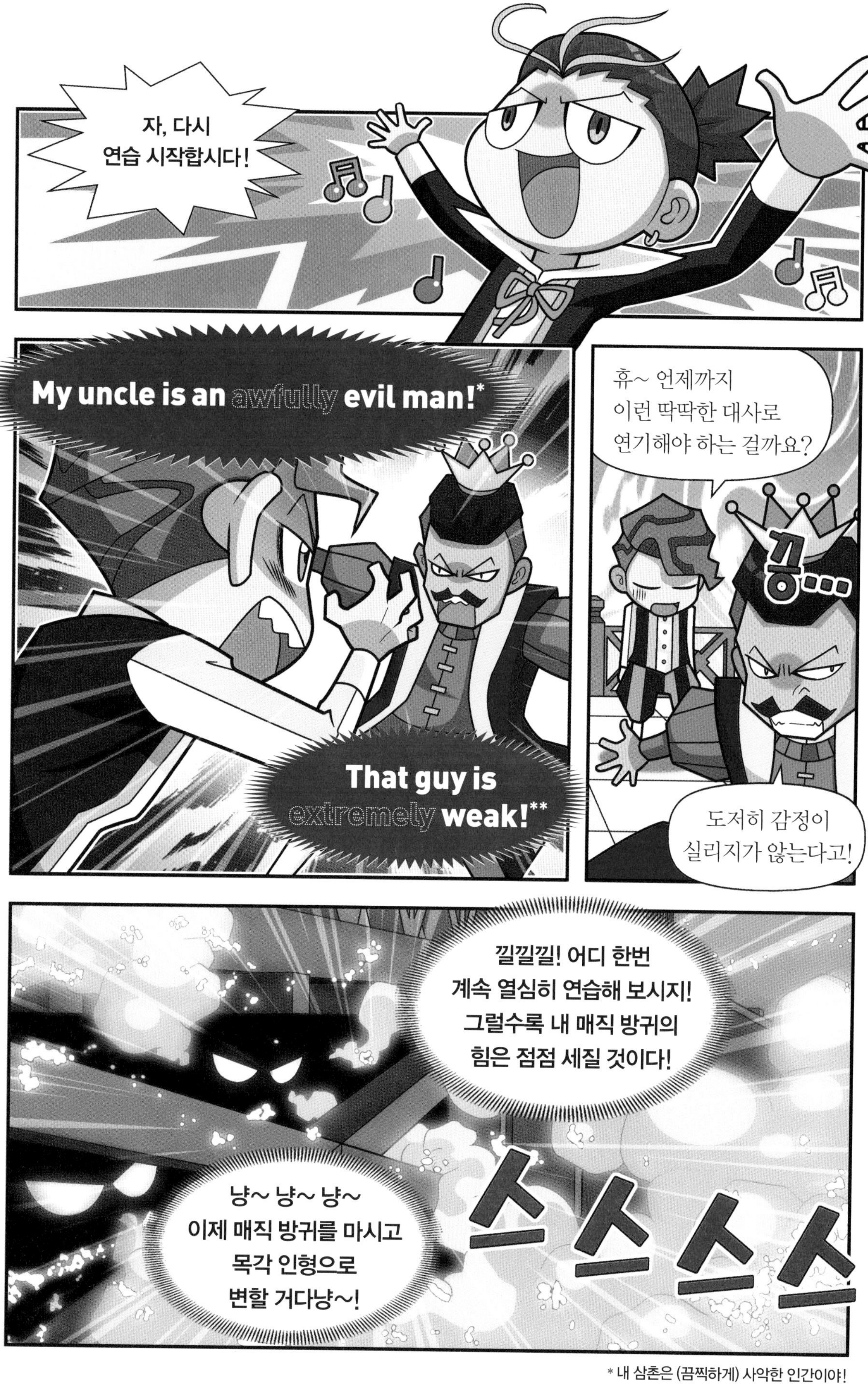
자, 다시
연습 시작합시다!
My uncle is an awfully evil man!*
That guy is extremely weak!**
휴~ 언제까지
이런 딱딱한 대사로
연기해야 하는 걸까요?
끙…
도저히 감정이
실리지가 않는다고!
낄낄낄! 어디 한번
계속 열심히 연습해 보시지!
그럴수록 내 매직 방귀의
힘은 점점 세질 것이다!
냥~ 냥~ 냥~
이제 매직 방귀를 마시고
목각 인형으로
변할 거다냥~!
스스스스

* 내 삼촌은 (끔찍하게) 사악한 인간이야!
** 저 녀석은 (극도로) 나약하군!

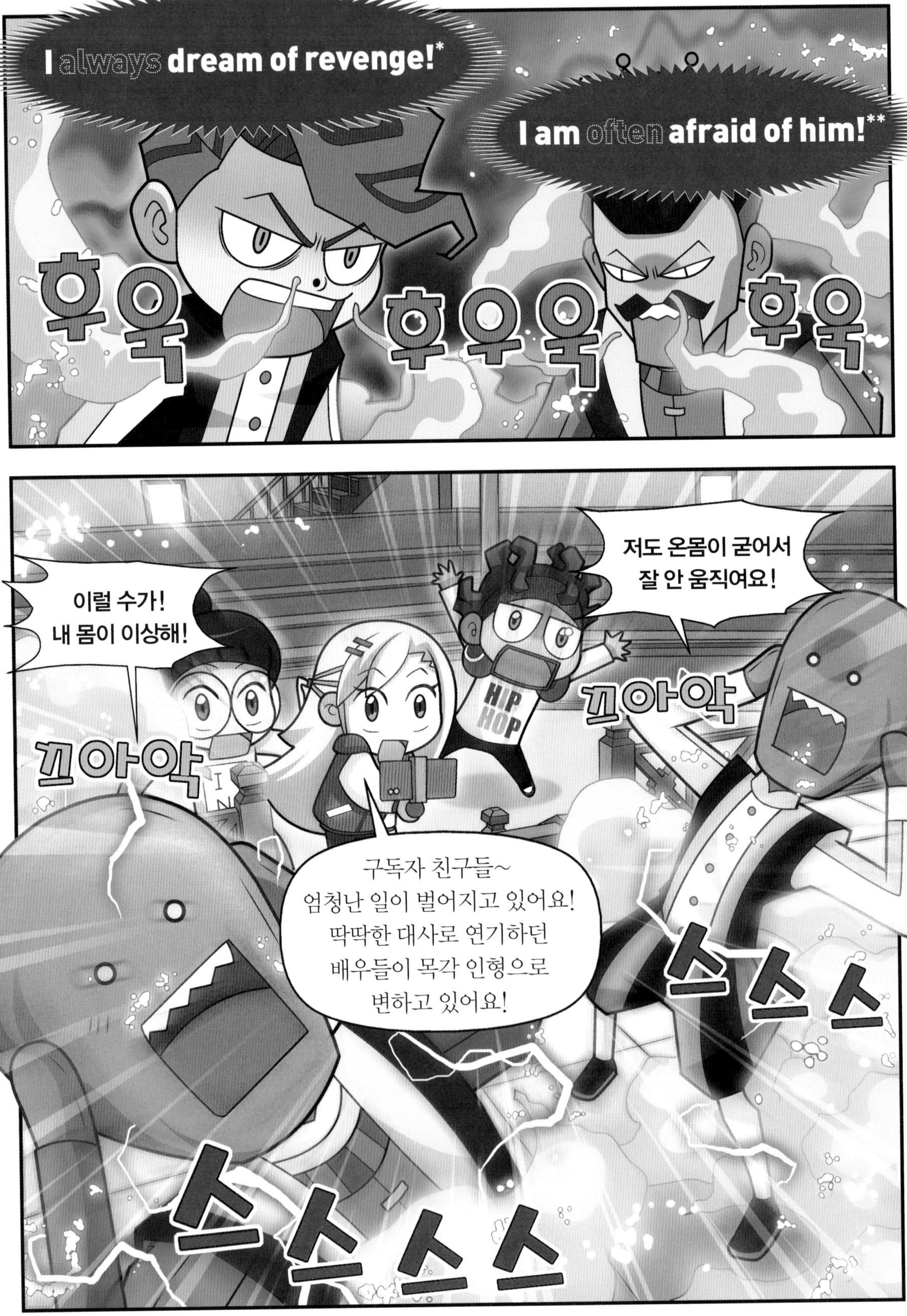
I always dream of revenge!*
I am often afraid of him!**
후욱
후우욱
후욱
이럴 수가! 내 몸이 이상해!
저도 온몸이 굳어서 잘 안 움직여요!
끄아악
끄아악
HIP HOP
구독자 친구들~ 엄청난 일이 벌어지고 있어요! 딱딱한 대사로 연기하던 배우들이 목각 인형으로 변하고 있어요!
스스스
스스스스

* 나는 (항상) 복수를 꿈꾸지!

** 나는 (자주) 저 녀석이 두려워!

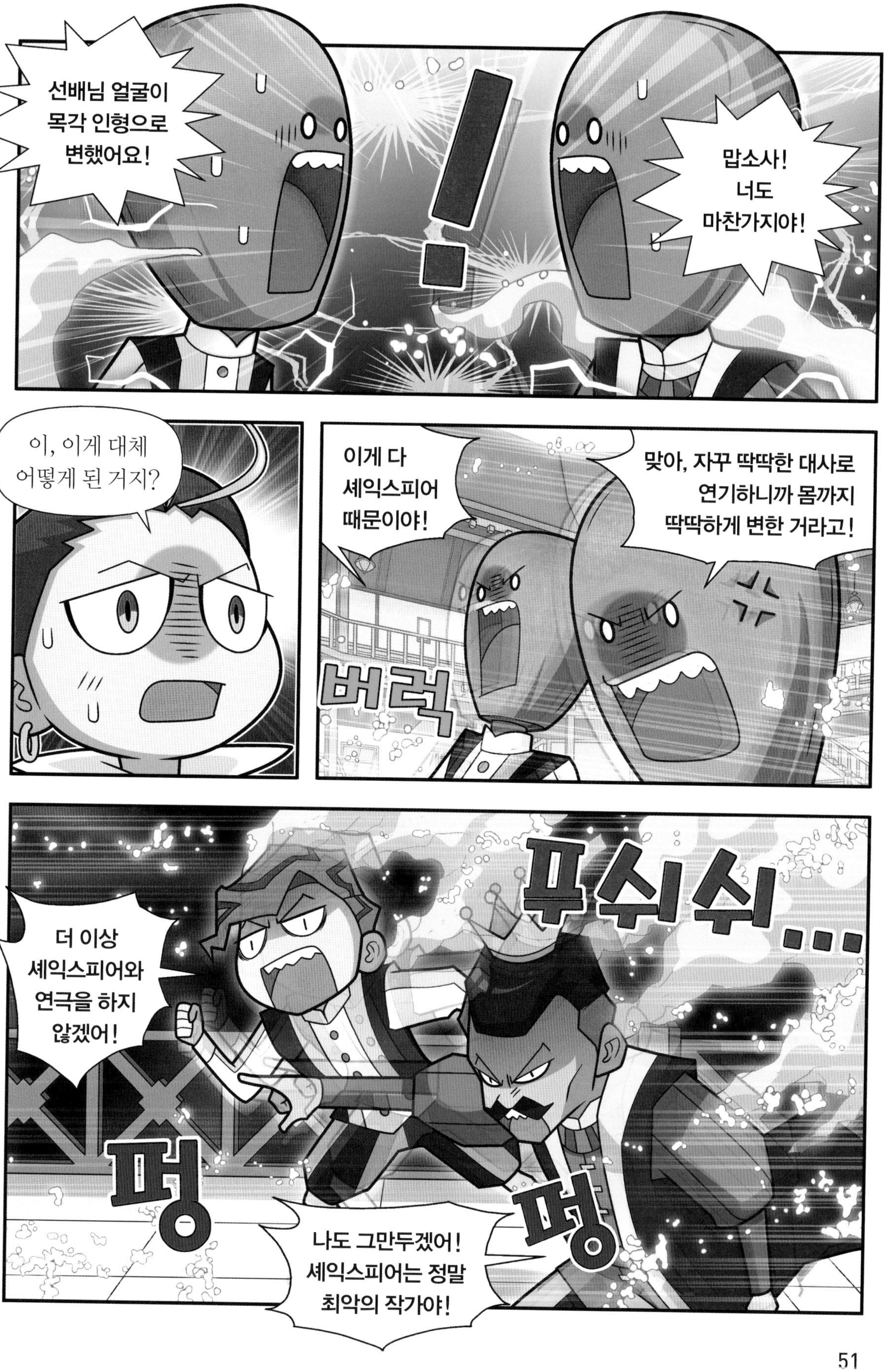
선배님 얼굴이 목각 인형으로 변했어요!
맙소사! 너도 마찬가지야!
이, 이게 대체 어떻게 된 거지?
이게 다 셰익스피어 때문이야!
맞아, 자꾸 딱딱한 대사로 연기하니까 몸까지 딱딱하게 변한 거라고!
버럭
푸쉬쉬…
더 이상 셰익스피어와 연극을 하지 않겠어!
펑
펑
나도 그만두겠어! 셰익스피어는 정말 최악의 작가야!

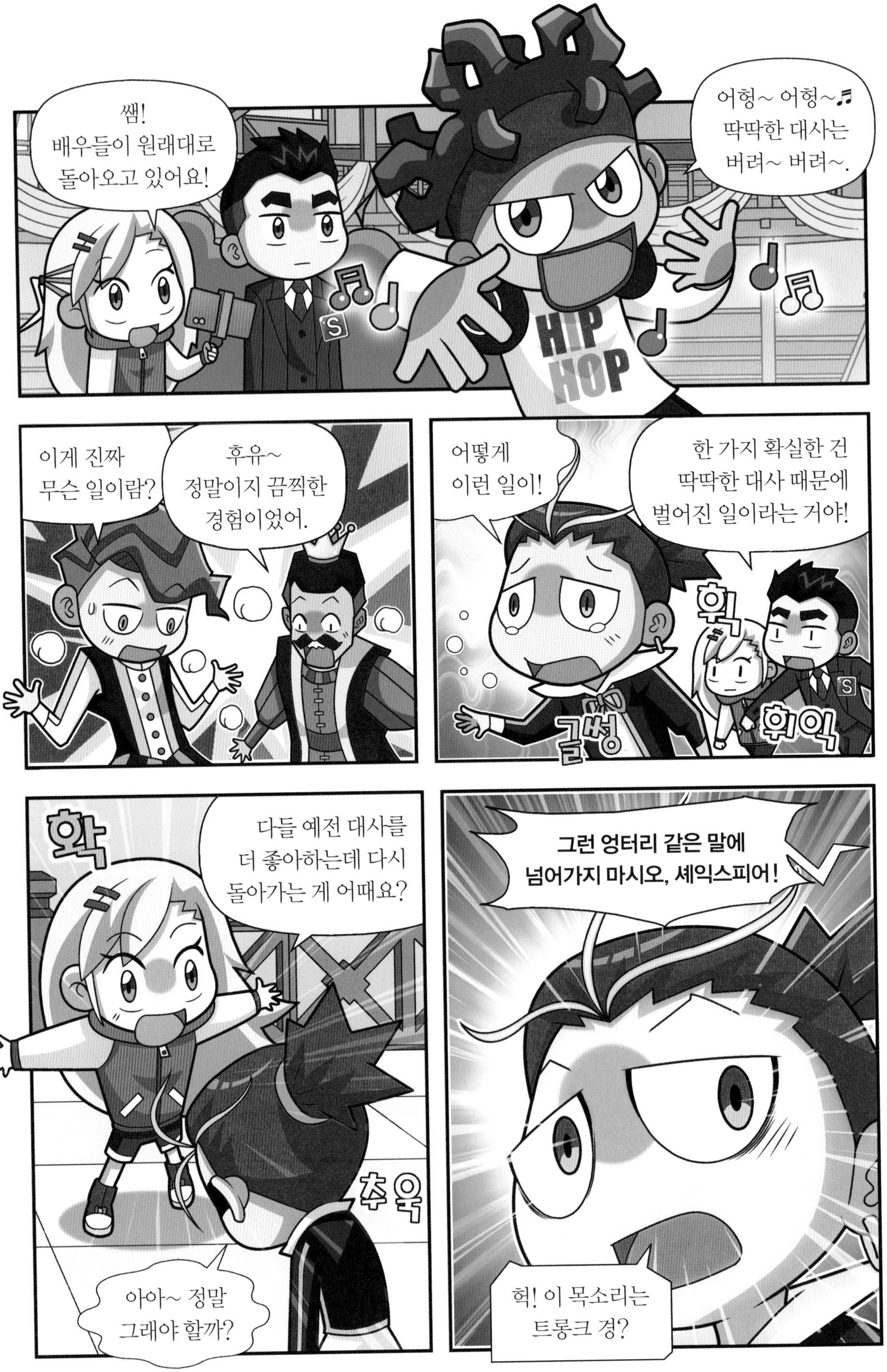
쌤!
배우들이 원래대로
돌아오고 있어요!
어헝~ 어헝~♬
딱딱한 대사는
버려~ 버려~.
HIP
HOP
이게 진짜
무슨 일이람?
후유~
정말이지 끔찍한
경험이었어.
어떻게
이런 일이!
한 가지 확실한 건
딱딱한 대사 때문에
벌어진 일이라는 거야!
휙
글썽
휘익
확
다들 예전 대사를
더 좋아하는데 다시
돌아가는 게 어때요?
추욱
아아~ 정말
그래야 할까?
그런 엉터리 같은 말에
넘어가지 마시오, 셰익스피어!
헉! 이 목소리는
트롱크 경?

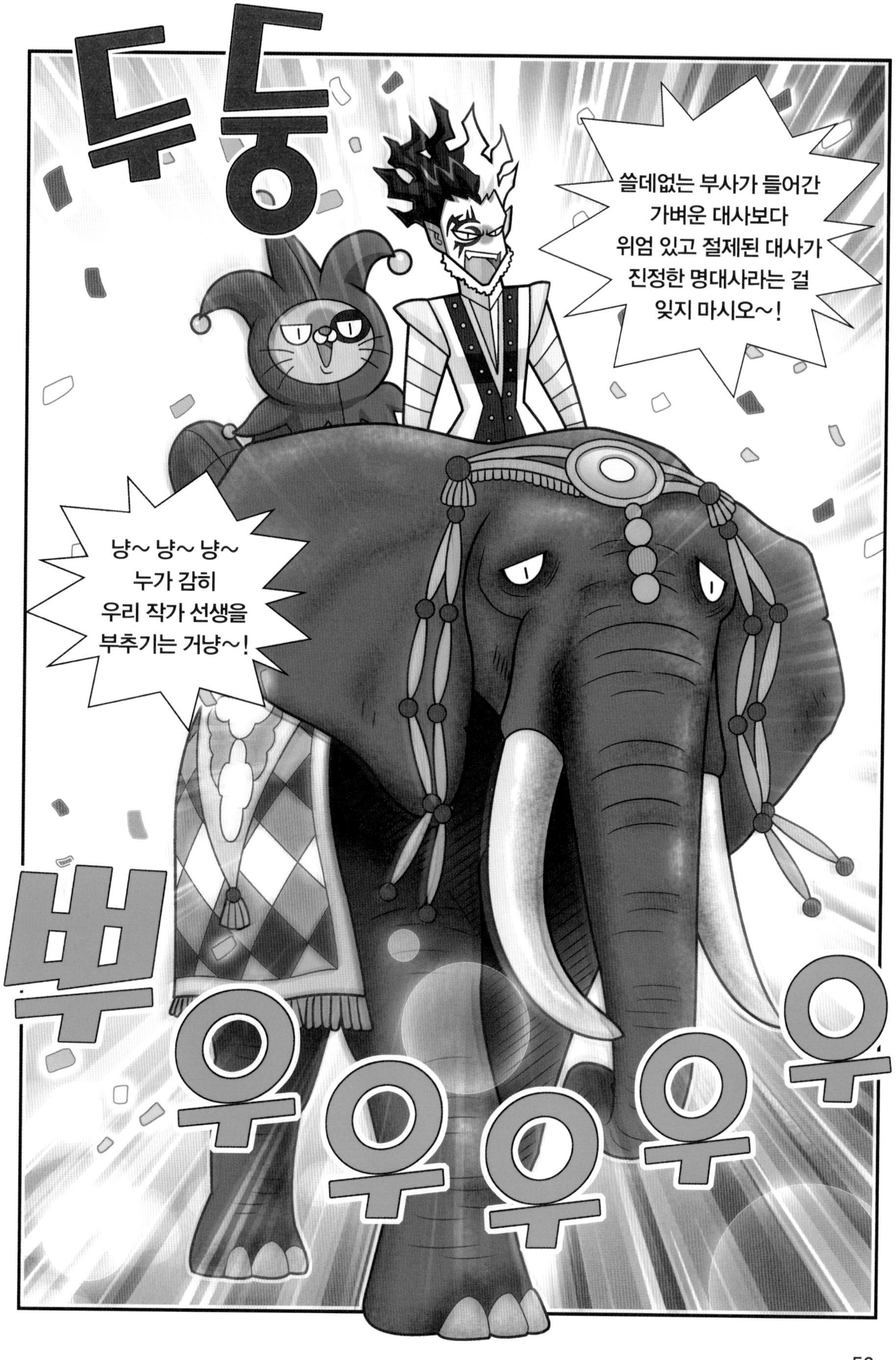
두둥
쓸데없는 부사가 들어간
가벼운 대사보다
위엄 있고 절제된 대사가
진정한 명대사라는 걸
잊지 마시오~!
냥~ 냥~ 냥~
누가 감히
우리 작가 선생을
부추기는 거냥~!
뿌우우우우우

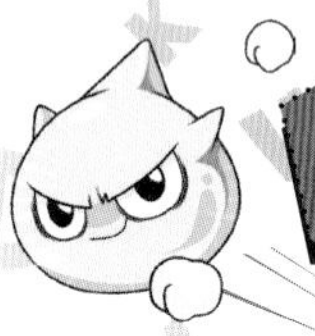

Chapter 3

수상한 후원자 트롱크 경

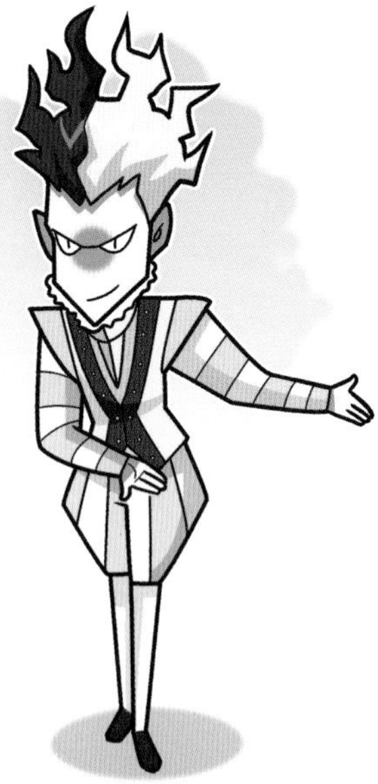

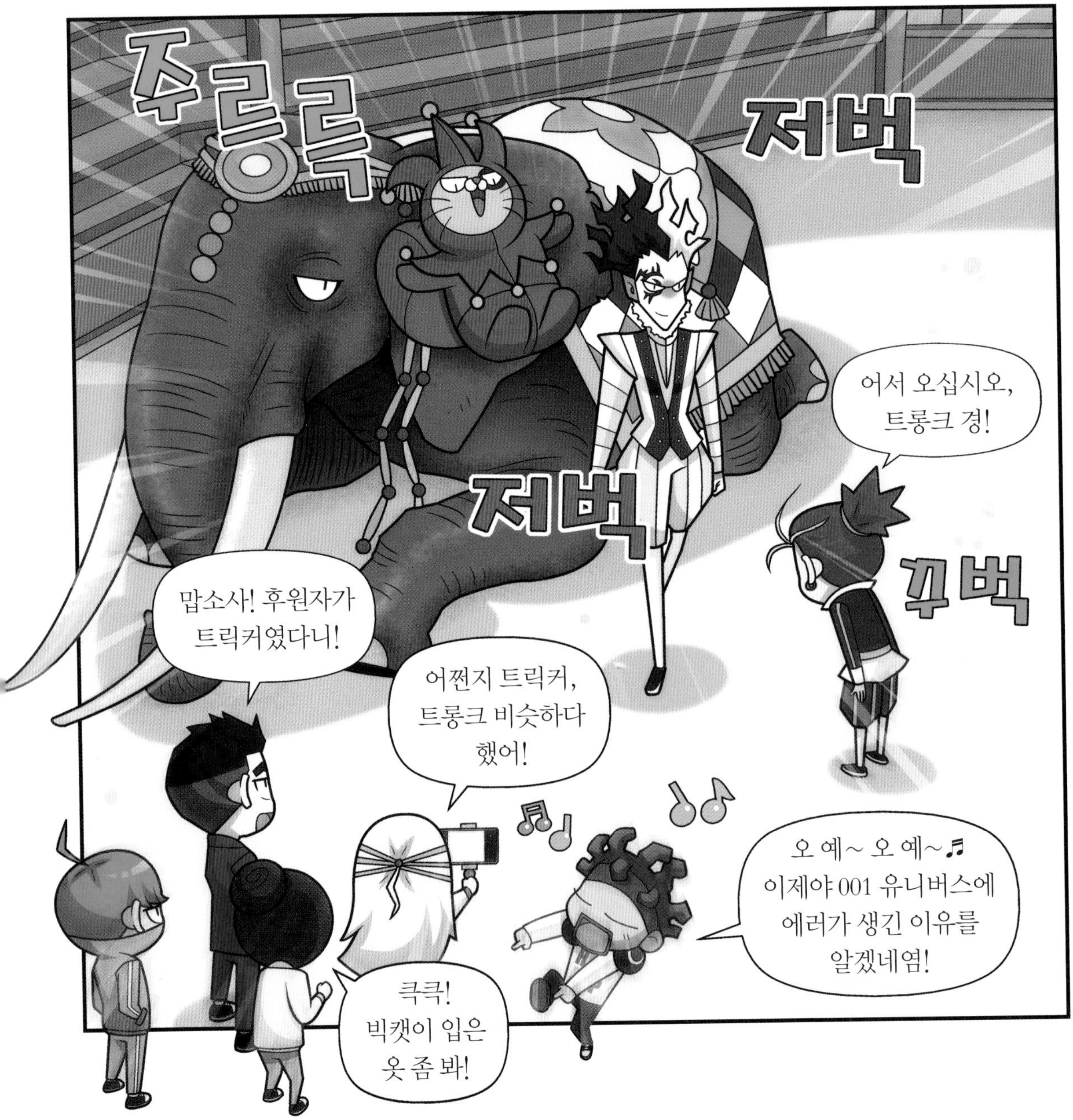

주르륵
저벅
저벅
어서 오십시오, 트롱크 경!
꾸벅
맙소사! 후원자가 트릭커였다니!
어쩐지 트릭커, 트롱크 비슷하다 했어!
오 예~ 오 예~♬ 이제야 001 유니버스에 에러가 생긴 이유를 알겠네염!
크크! 빅캣이 입은 옷 좀 봐!

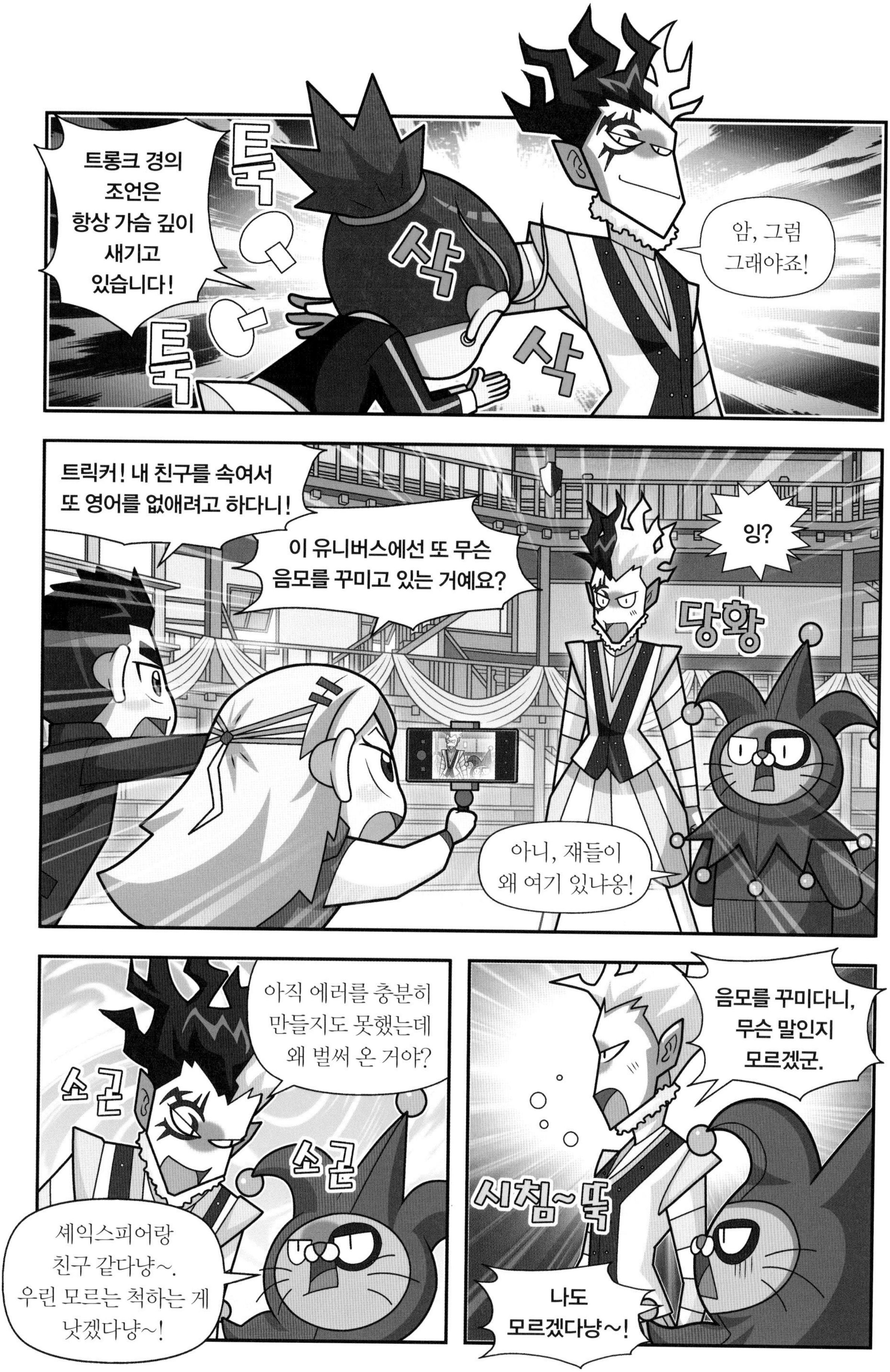
트롱크 경의 조언은 항상 가슴 깊이 새기고 있습니다!
툭
툭
삭
삭
암, 그럼 그래야죠!
트릭커! 내 친구를 속여서 또 영어를 없애려고 하다니!
이 유니버스에선 또 무슨 음모를 꾸미고 있는 거예요?
잉?
당황
아니, 쟤들이 왜 여기 있냐옹!
아직 에러를 충분히 만들지도 못했는데 왜 벌써 온 거야?
소곤
소곤
셰익스피어랑 친구 같다냥~. 우린 모르는 척하는 게 낫겠다냥~!
음모를 꾸미다니, 무슨 말인지 모르겠군.
시침~뚝
나도 모르겠다냥~!

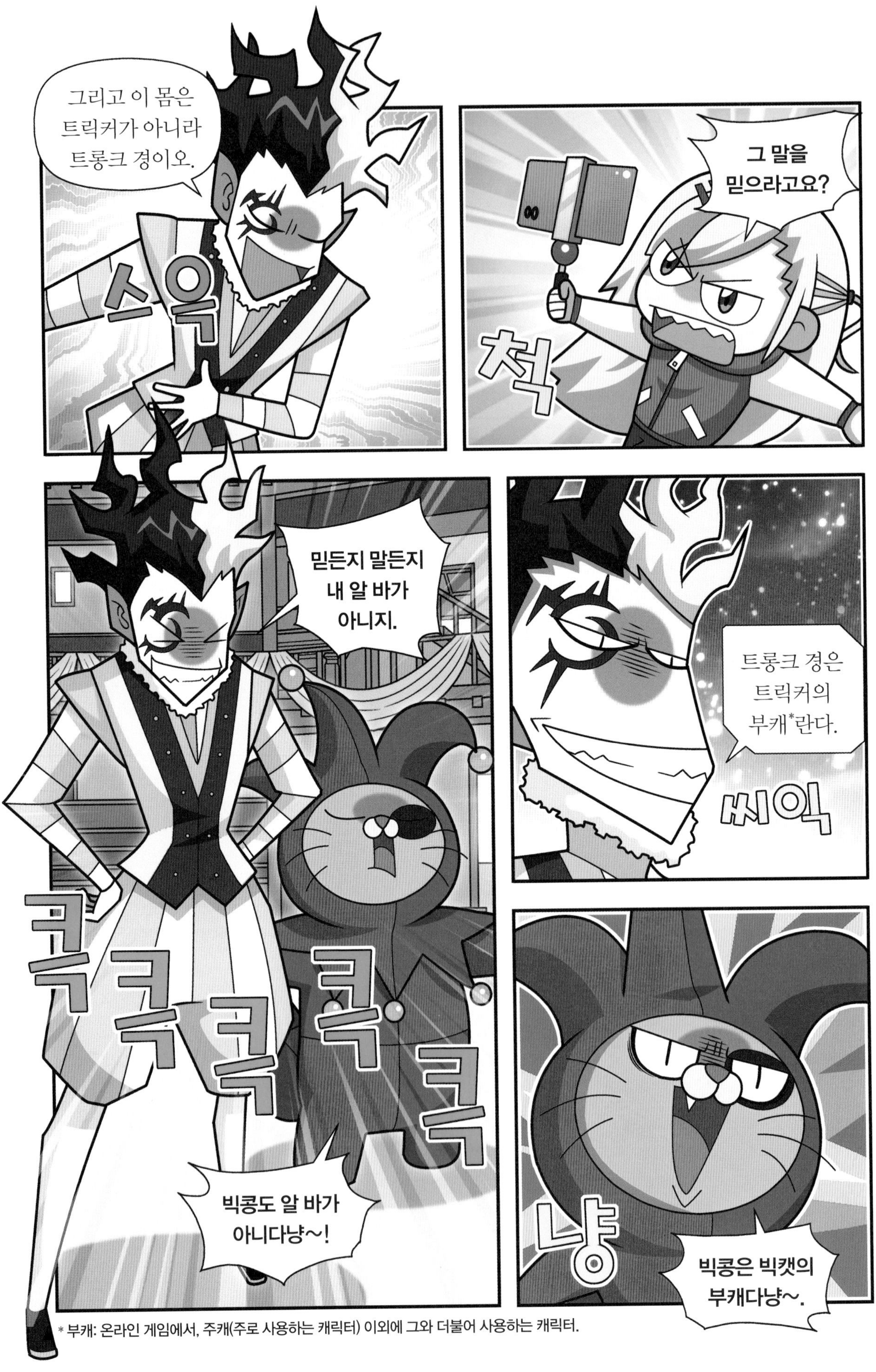
그리고 이 몸은
트릭커가 아니라
트롱크 경이오.
스윽
그 말을
믿으라고요?
척
믿든지 말든지
내 알 바가
아니지.
트롱크 경은
트릭커의
부캐*란다.
씨익
크 크 크 크 크
빅콩도 알 바가
아니다냥~!
냥
빅콩은 빅캣의
부캐다냥~.

* 부캐: 온라인 게임에서, 주캐(주로 사용하는 캐릭터) 이외에 그와 더불어 사용하는 캐릭터.

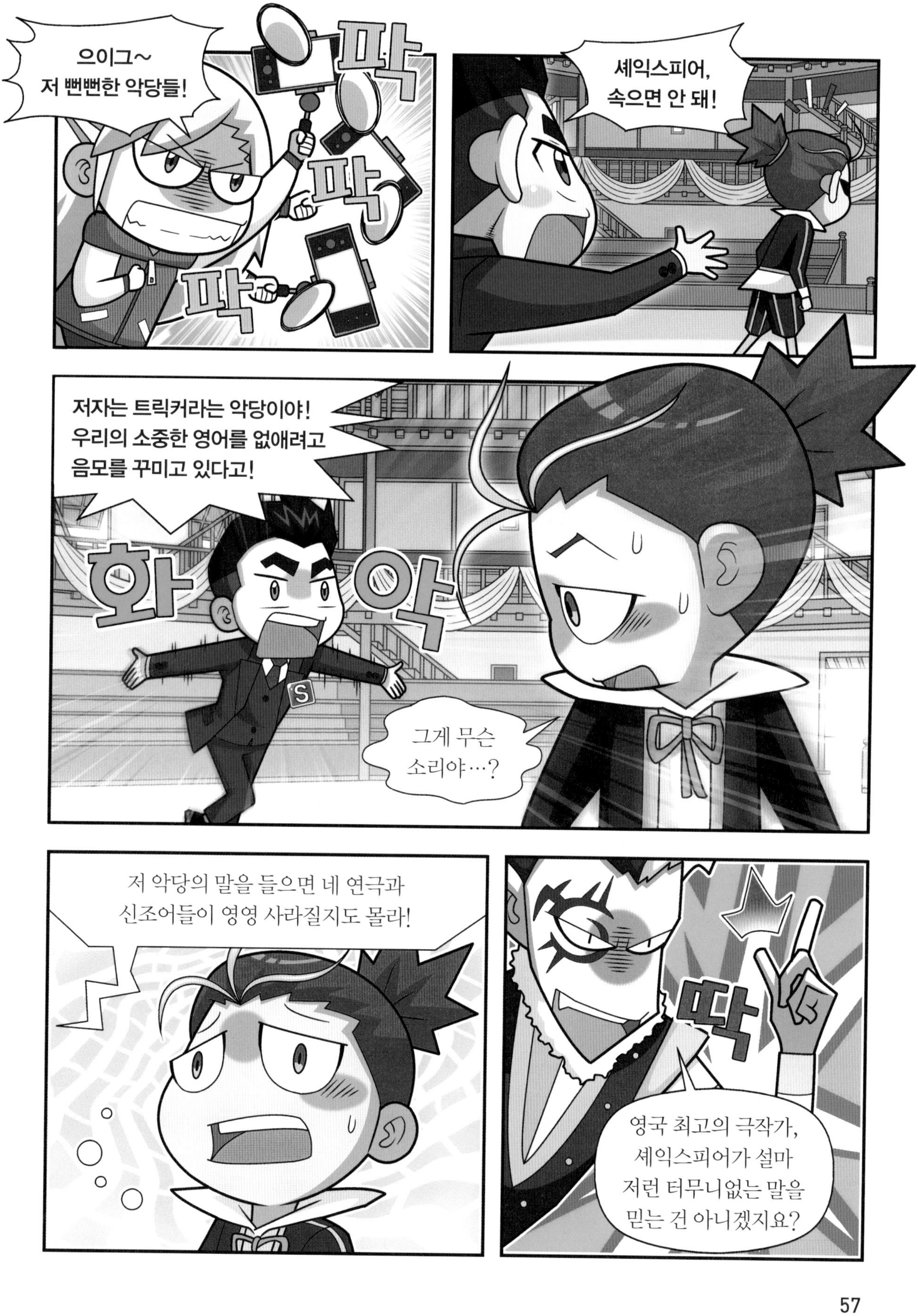

으이그~ 저 뻔뻔한 악당들!
딱
딱
딱
세익스피어, 속으면 안 돼!
저자는 트릭커라는 악당이야! 우리의 소중한 영어를 없애려고 음모를 꾸미고 있다고!
화악
그게 무슨 소리야…?
저 악당의 말을 들으면 네 연극과 신조어들이 영영 사라질지도 몰라!
딱
영국 최고의 극작가, 셰익스피어가 설마 저런 터무니없는 말을 믿는 건 아니겠지요?

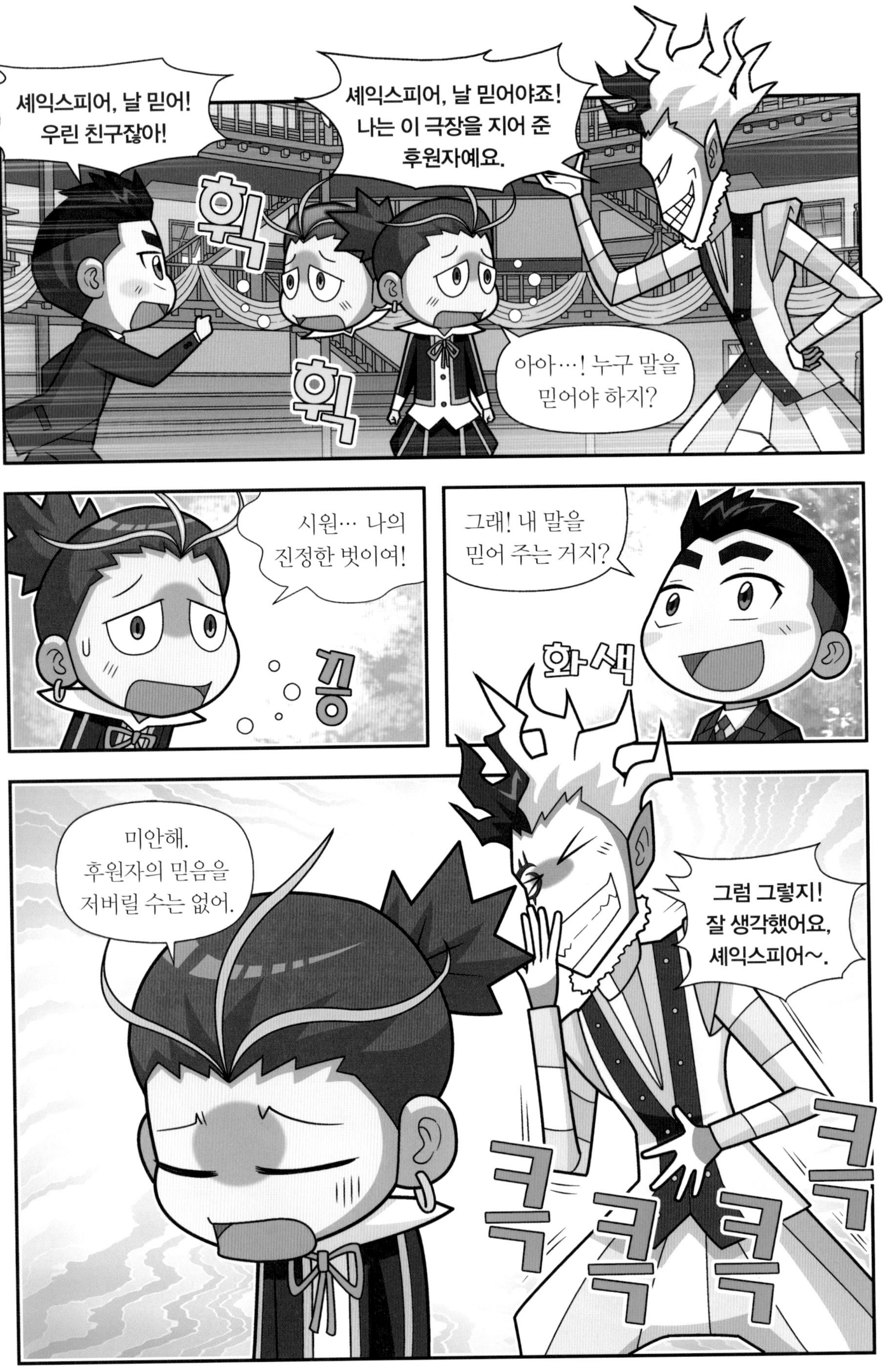
셰익스피어, 날 믿어!
우린 친구잖아!
셰익스피어, 날 믿어야죠!
나는 이 극장을 지어 준
후원자예요.
휙
휙
아아…! 누구 말을
믿어야 하지?
시원… 나의
진정한 벗이여!
끙
그래! 내 말을
믿어 주는 거지?
화색
미안해.
후원자의 믿음을
저버릴 수는 없어.
그럼 그렇지!
잘 생각했어요,
셰익스피어~.
크크크크크크크크

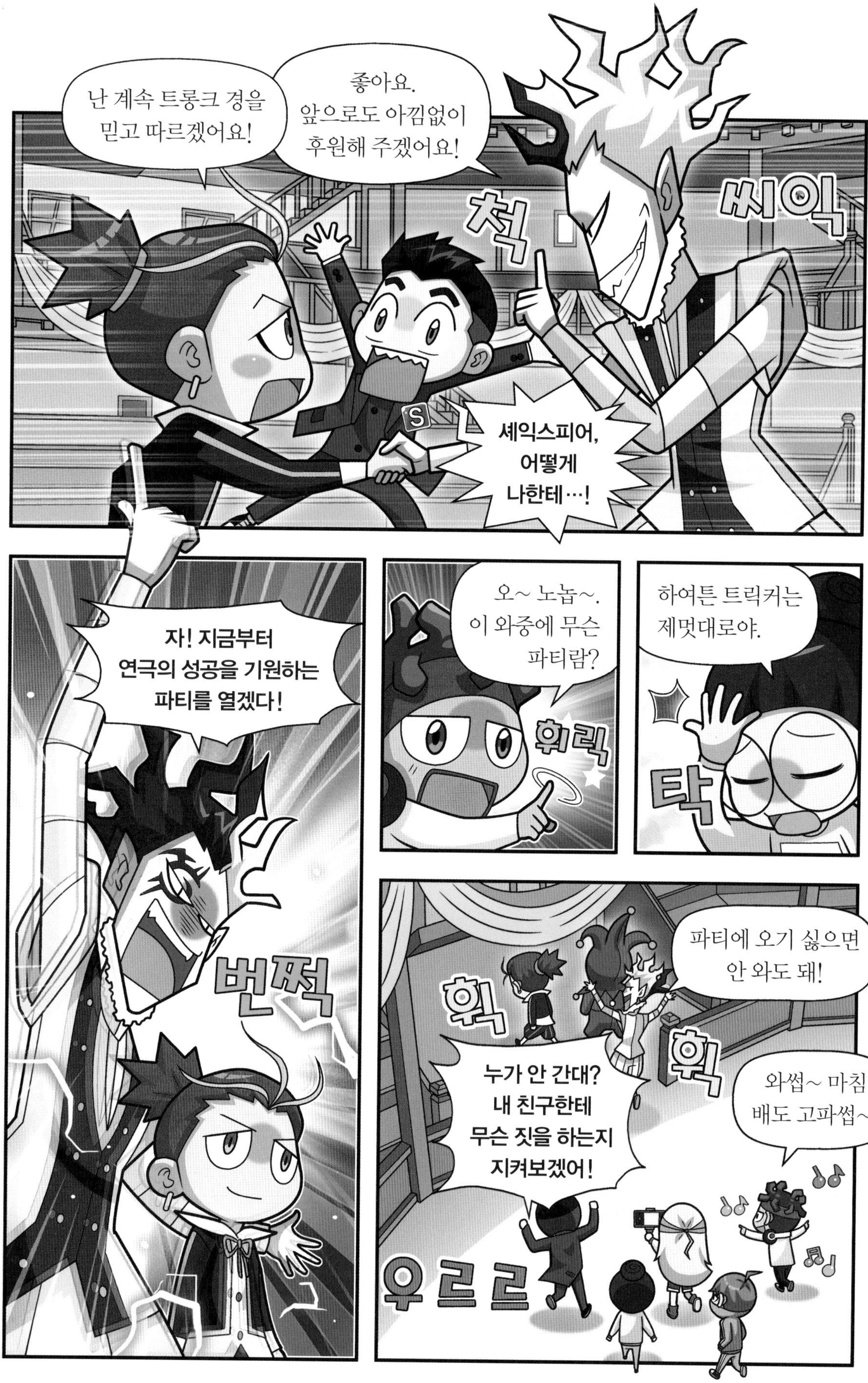
난 계속 트롱크 경을 믿고 따르겠어요!
좋아요. 앞으로도 아낌없이 후원해 주겠어요!
척
씨익
셰익스피어, 어떻게 나한테…!
자! 지금부터 연극의 성공을 기원하는 파티를 열겠다!
번쩍
오~ 노놉~. 이 와중에 무슨 파티람?
휘릭
하여튼 트릭커는 제멋대로야.
탁
파티에 오기 싫으면 안 와도 돼!
휙
휙
누가 안 간대? 내 친구한테 무슨 짓을 하는지 지켜보겠어!
와썹~ 마침 배도 고파썹~!
우르르

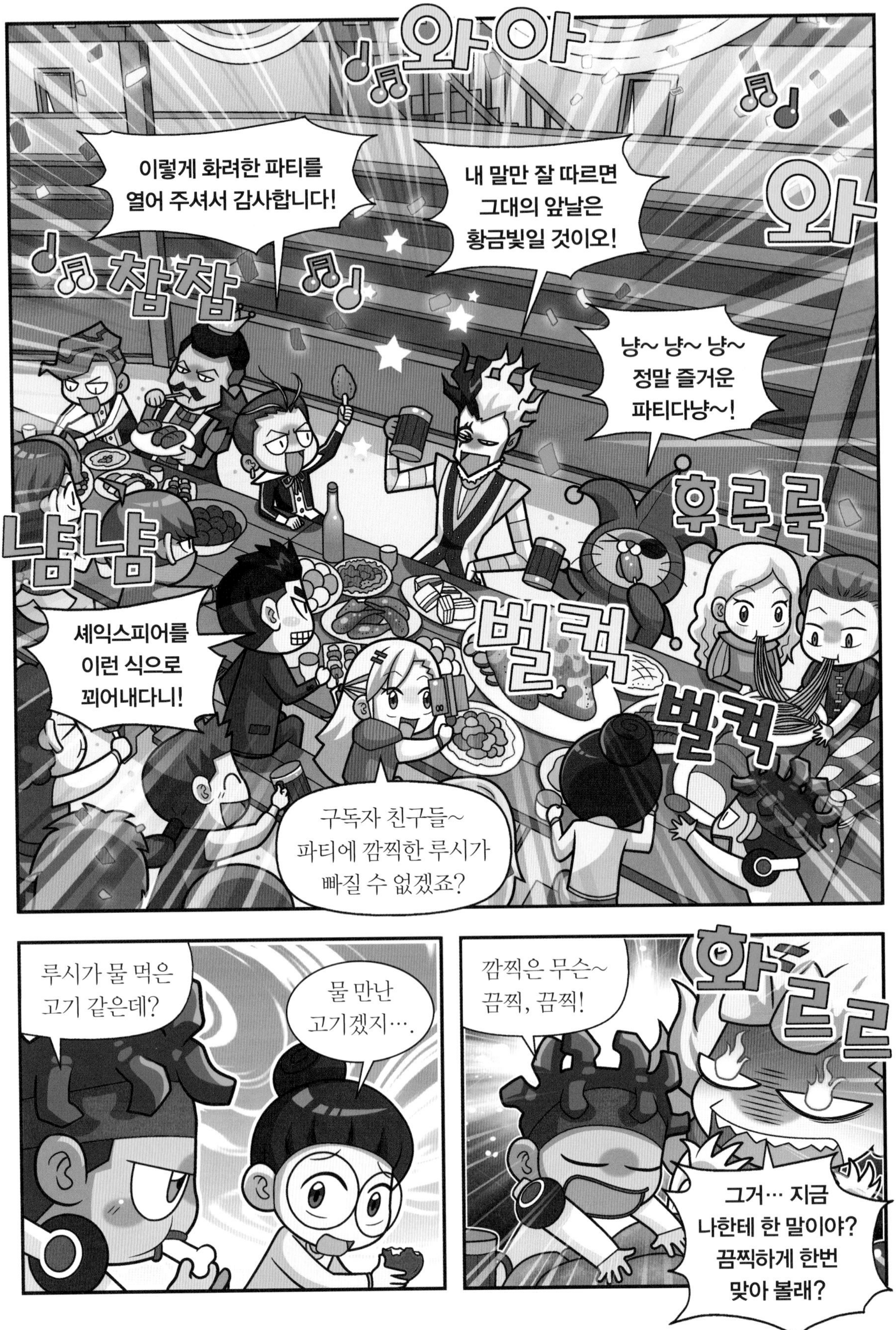
와아
이렇게 화려한 파티를
열어 주셔서 감사합니다!
내 말만 잘 따르면
그대의 앞날은
황금빛일 것이오!
와
참참
냥~ 냥~ 냥~
정말 즐거운
파티다냥~!
냠냠
후루룩
벌컥
셰익스피어를
이런 식으로
꾀어내다니!
벌컥
구독자 친구들~
파티에 깜찍한 루시가
빠질 수 없겠죠?
루시가 물 먹은
고기 같은데?
물 만난
고기겠지….
깜찍은 무슨~
끔찍, 끔찍!
화르르
그거… 지금
나한테 한 말이야?
끔찍하게 한번
맞아 볼래?

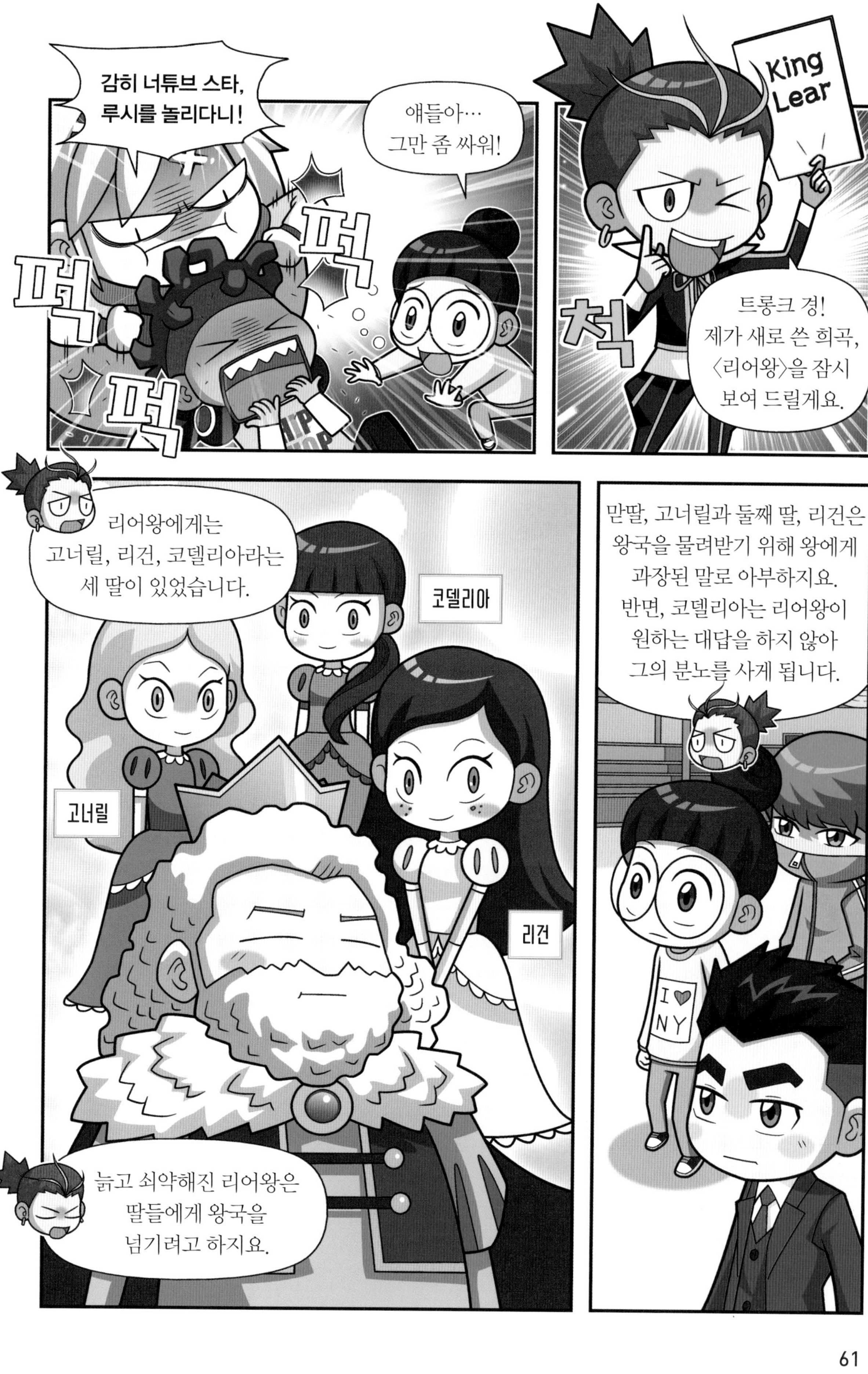
감히 너튜브 스타,
루시를 놀리다니!
애들아…
그만 좀 싸워!
퍽
퍽
퍽
King Lear
척
트롱크 경!
제가 새로 쓴 희곡,
〈리어왕〉을 잠시
보여 드릴게요.
리어왕에게는
고너릴, 리건, 코델리아라는
세 딸이 있었습니다.
코델리아
고너릴
리건
늙고 쇠약해진 리어왕은
딸들에게 왕국을
넘기려고 하지요.
맏딸, 고너릴과 둘째 딸, 리건은
왕국을 물려받기 위해 왕에게
과장된 말로 아부하지요.
반면, 코델리아는 리어왕이
원하는 대답을 하지 않아
그의 분노를 사게 됩니다.
I ♥ NY

쌤, 〈리어왕〉도 셰익스피어의 유명한 희곡 중 하나예요?

맞아! 〈햄릿〉, 〈오셀로〉, 〈맥베스〉와 함께 '셰익스피어의 4대 비극'으로 불린단다.

막내딸 코델리아의 진심을 알아보지 못하고 그녀를 쫓아냈던 리어왕은 다른 두 딸한테 버림받지. 그리고 결국 막내딸과 함께 숨을 거둔다는 슬픈 이야기야.

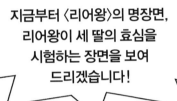

지금부터 〈리어왕〉의 명장면, 리어왕이 세 딸의 효심을 시험하는 장면을 보여 드리겠습니다!

사랑하는 고너릴, 리건, 코델리아~. 아비는 이제 늙고 병들어 너희에게 브리튼 왕국을 물려주고 싶구나.

콜록
콜록

짝 짝 짝

너희가 얼마나 이 아비를 사랑하는지 말해 보거라!

콜록
콜록

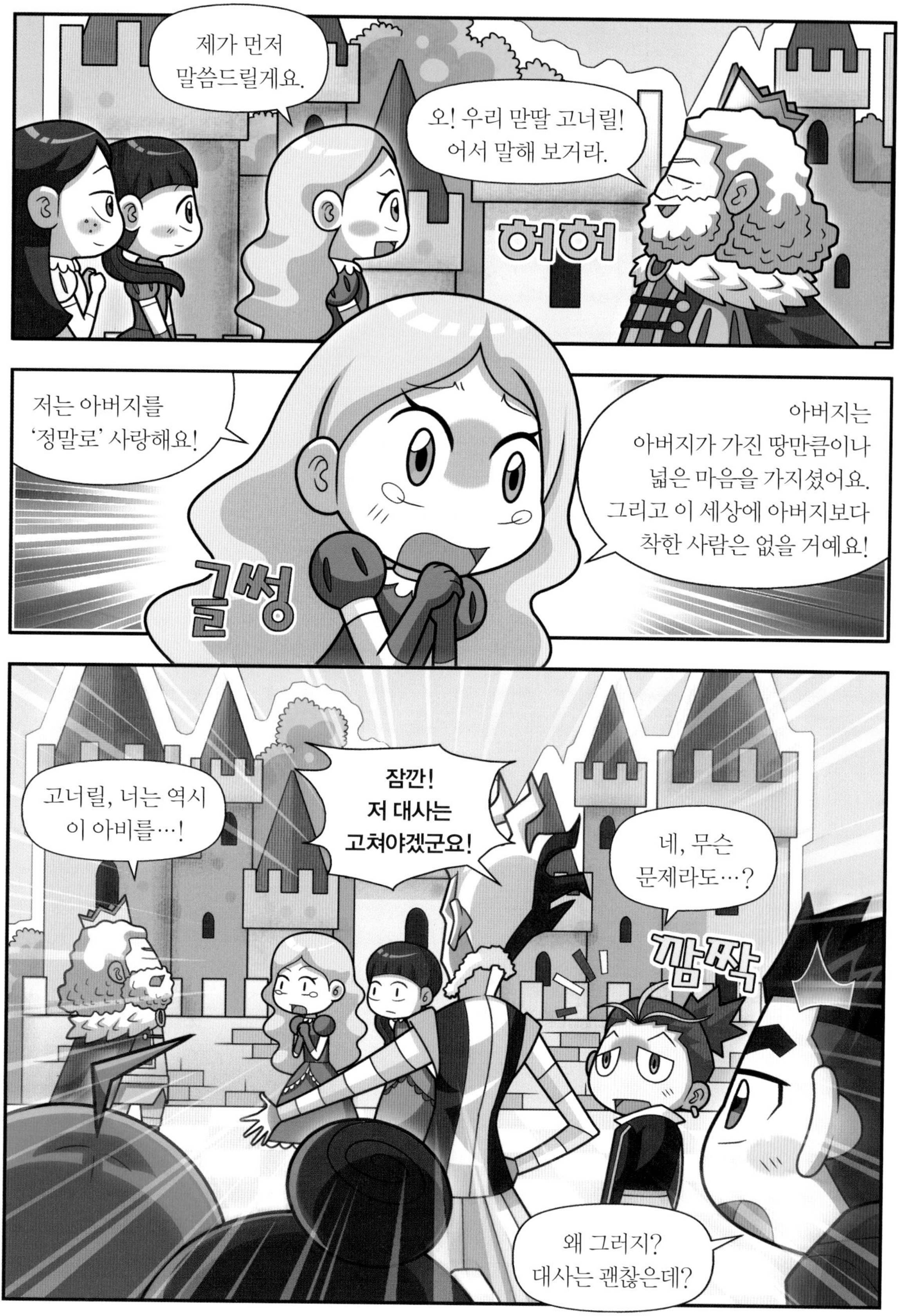

제가 먼저 말씀드릴게요.
오! 우리 맏딸 고너릴! 어서 말해 보거라.
허허
저는 아버지를 '정말로' 사랑해요!
아버지는 아버지가 가진 땅만큼이나 넓은 마음을 가지셨어요. 그리고 이 세상에 아버지보다 착한 사람은 없을 거예요!
글썽
고너릴, 너는 역시 이 아비를…!
잠깐! 저 대사는 고쳐야겠군요!
네, 무슨 문제라도…?
깜짝
왜 그러지? 대사는 괜찮은데?

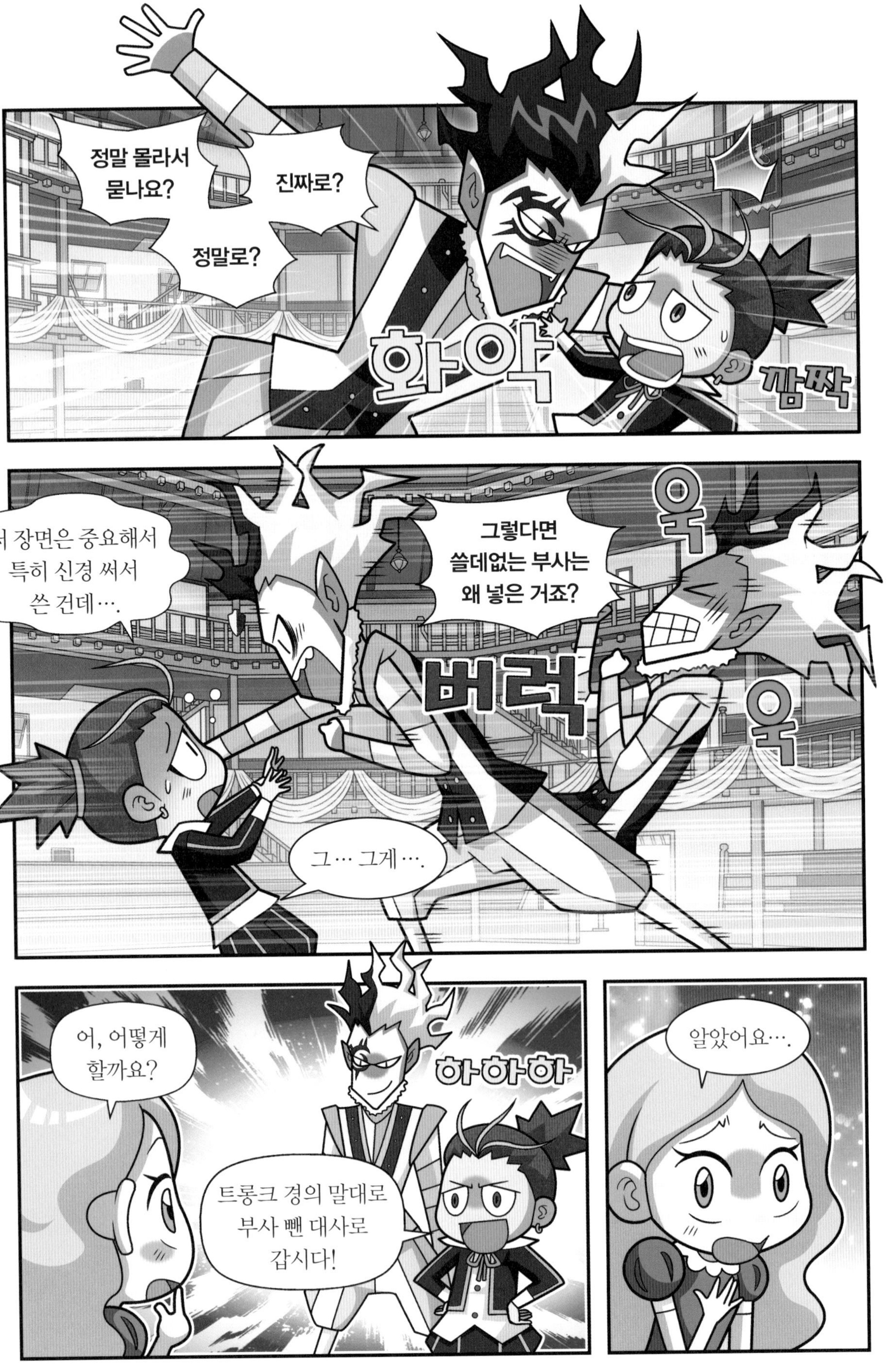
정말 몰라서 묻나요?
진짜로?
정말로?
화악
깜짝
저 장면은 중요해서 특히 신경 써서 쓴 건데….
그렇다면 쓸데없는 부사는 왜 넣은 거죠?
욱
버럭
욱
그… 그게….
어, 어떻게 할까요?
하하하
트롱크 경의 말대로 부사 뺀 대사로 갑시다!
알았어요….

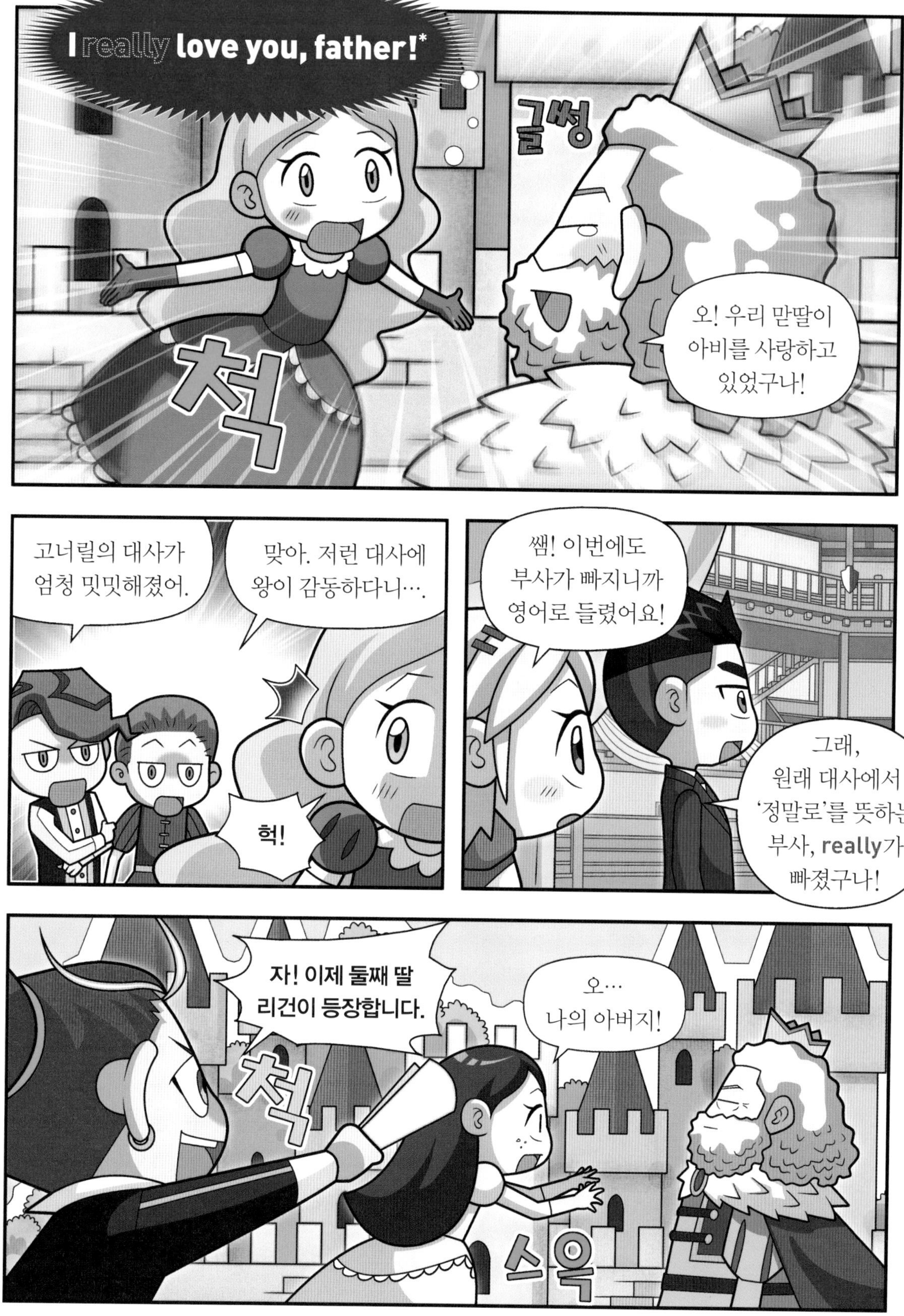
I really love you, father!*
글썽
척
오! 우리 맏딸이 아비를 사랑하고 있었구나!
고너릴의 대사가 엄청 밋밋해졌어.
맞아. 저런 대사에 왕이 감동하다니….
헉!
쌤! 이번에도 부사가 빠지니까 영어로 들렸어요!
그래, 원래 대사에서 '정말로'를 뜻하는 부사, really가 빠졌구나!
자! 이제 둘째 딸 리건이 등장합니다.
척
오… 나의 아버지!
스윽

* 저는 아버지를 (정말로) 사랑해요!
* 분홍색 단어의 발음이 궁금하다면 143쪽을 펼쳐 보세요.

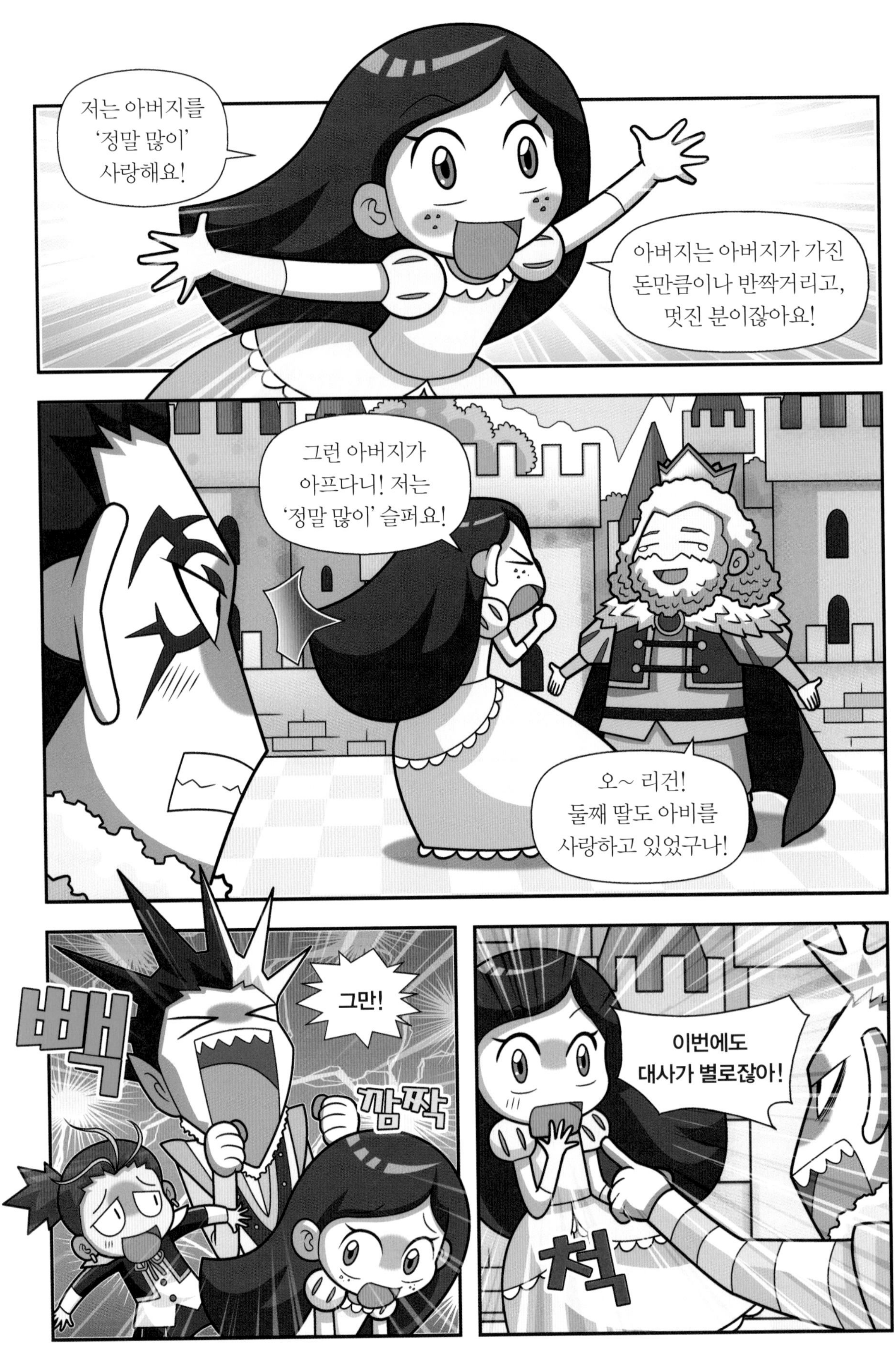
저는 아버지를 '정말 많이' 사랑해요!
아버지는 아버지가 가진 돈만큼이나 반짝거리고, 멋진 분이잖아요!
그런 아버지가 아프다니! 저는 '정말 많이' 슬퍼요!
오~ 리건! 둘째 딸도 아비를 사랑하고 있었구나!
빡
그만!
깜짝
이번에도 대사가 별로잖아!
척

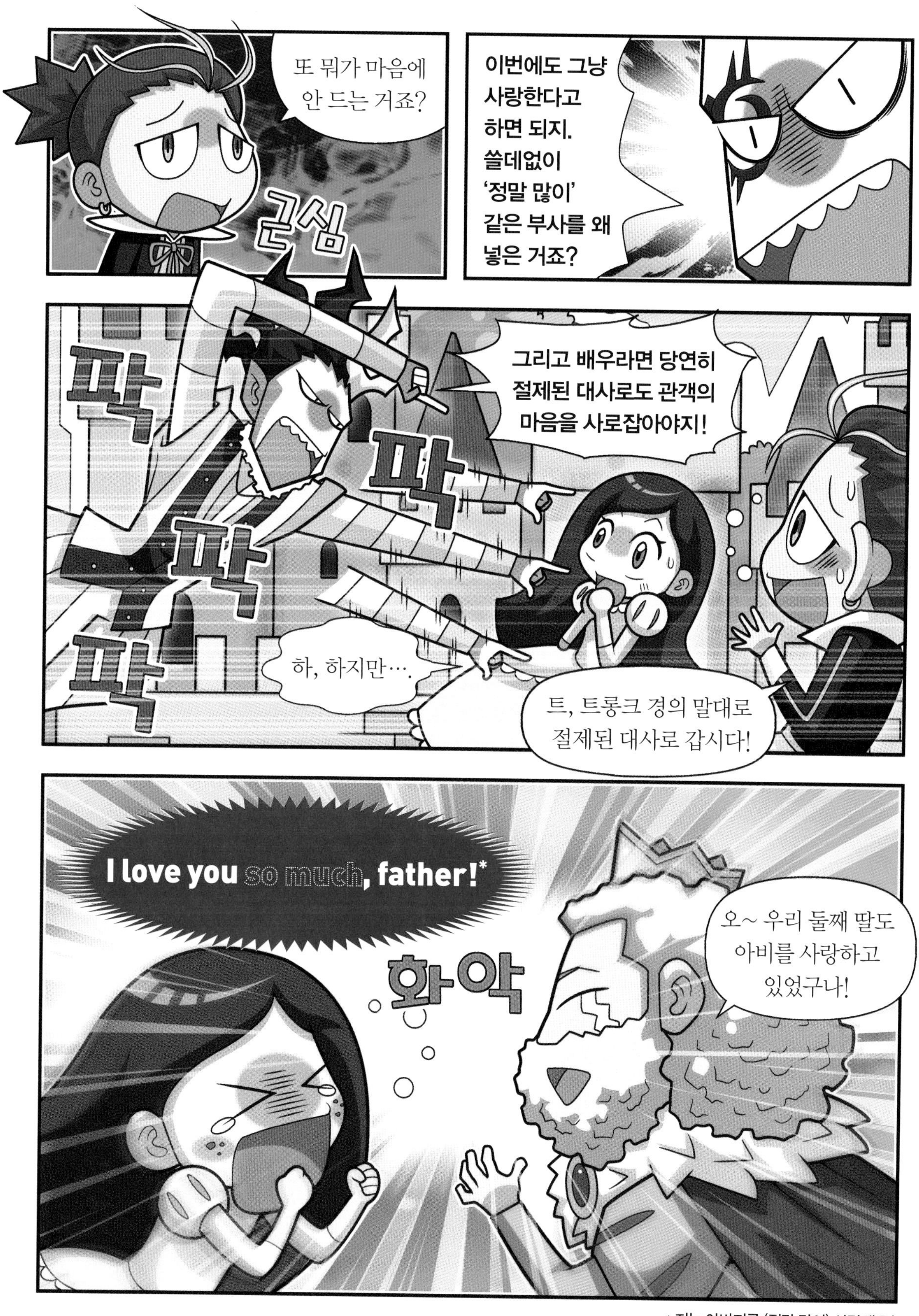
또 뭐가 마음에 안 드는 거죠?
근심
이번에도 그냥 사랑한다고 하면 되지. 쓸데없이 '정말 많이' 같은 부사를 왜 넣은 거죠?
그리고 배우라면 당연히 절제된 대사로도 관객의 마음을 사로잡아야지!
팍 팍 팍 팍
하, 하지만….
트, 트롱크 경의 말대로 절제된 대사로 갑시다!
I love you so much, father!*
화악
오~ 우리 둘째 딸도 아비를 사랑하고 있었구나!

* 저는 아버지를 (정말 많이) 사랑해요!

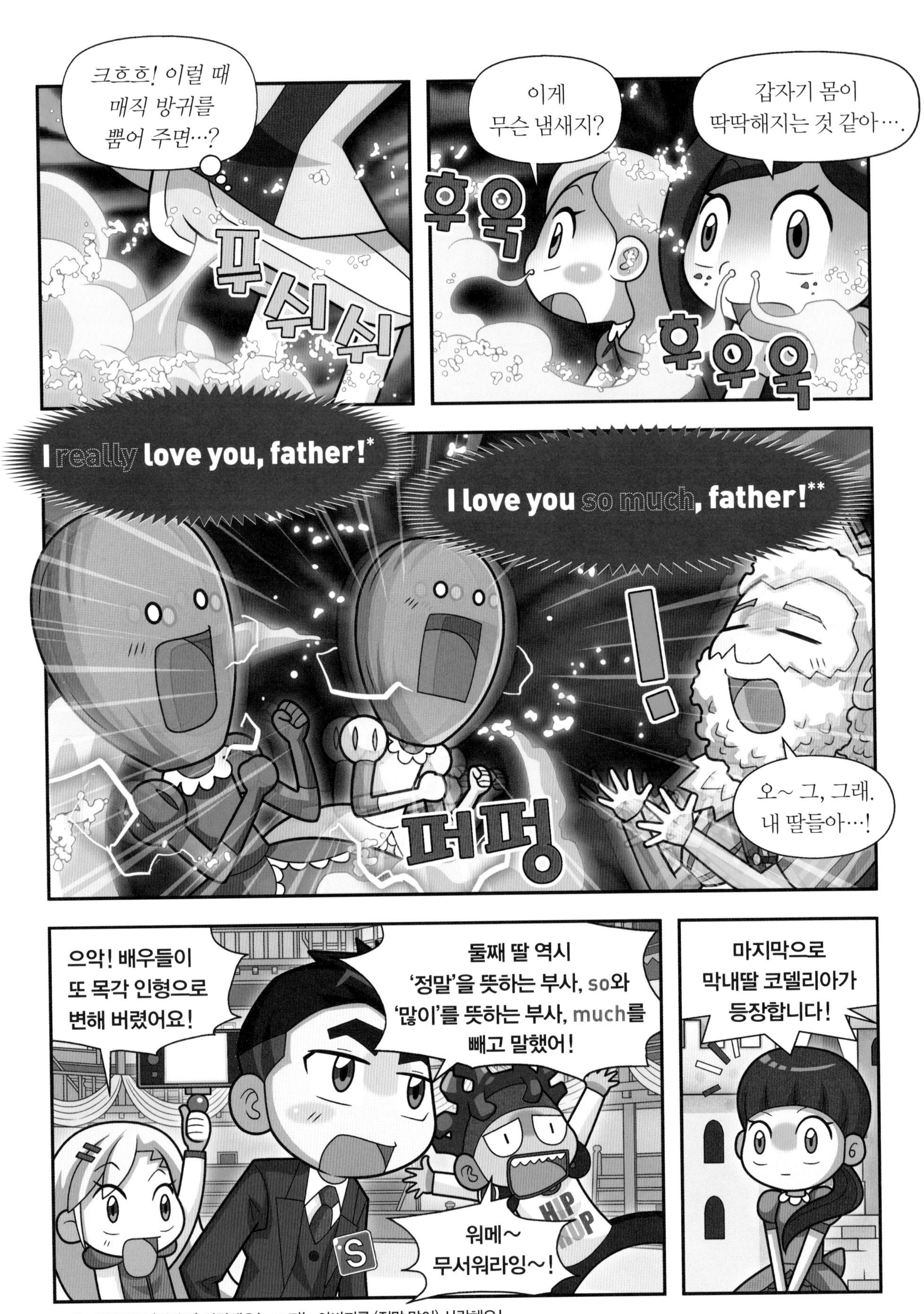

크흐흐! 이럴 때 매직 방귀를 뿜어 주면…?
푸쉬쉬
이게 무슨 냄새지?
갑자기 몸이 딱딱해지는 것 같아….
후욱
후우욱
I really love you, father!*
I love you so much, father!**
!
오~ 그, 그래. 내 딸들아…!
퍼펑
으악! 배우들이 또 목각 인형으로 변해 버렸어요!
둘째 딸 역시 '정말'을 뜻하는 부사, so와 '많이'를 뜻하는 부사, much를 빼고 말했어!
워메~ 무서워라잉~!
마지막으로 막내딸 코델리아가 등장합니다!

* 저는 아버지를 (정말로) 사랑해요! ** 저는 아버지를 (정말 많이) 사랑해요!

* 분홍색 단어의 발음이 궁금하다면 143쪽을 펼쳐 보세요.

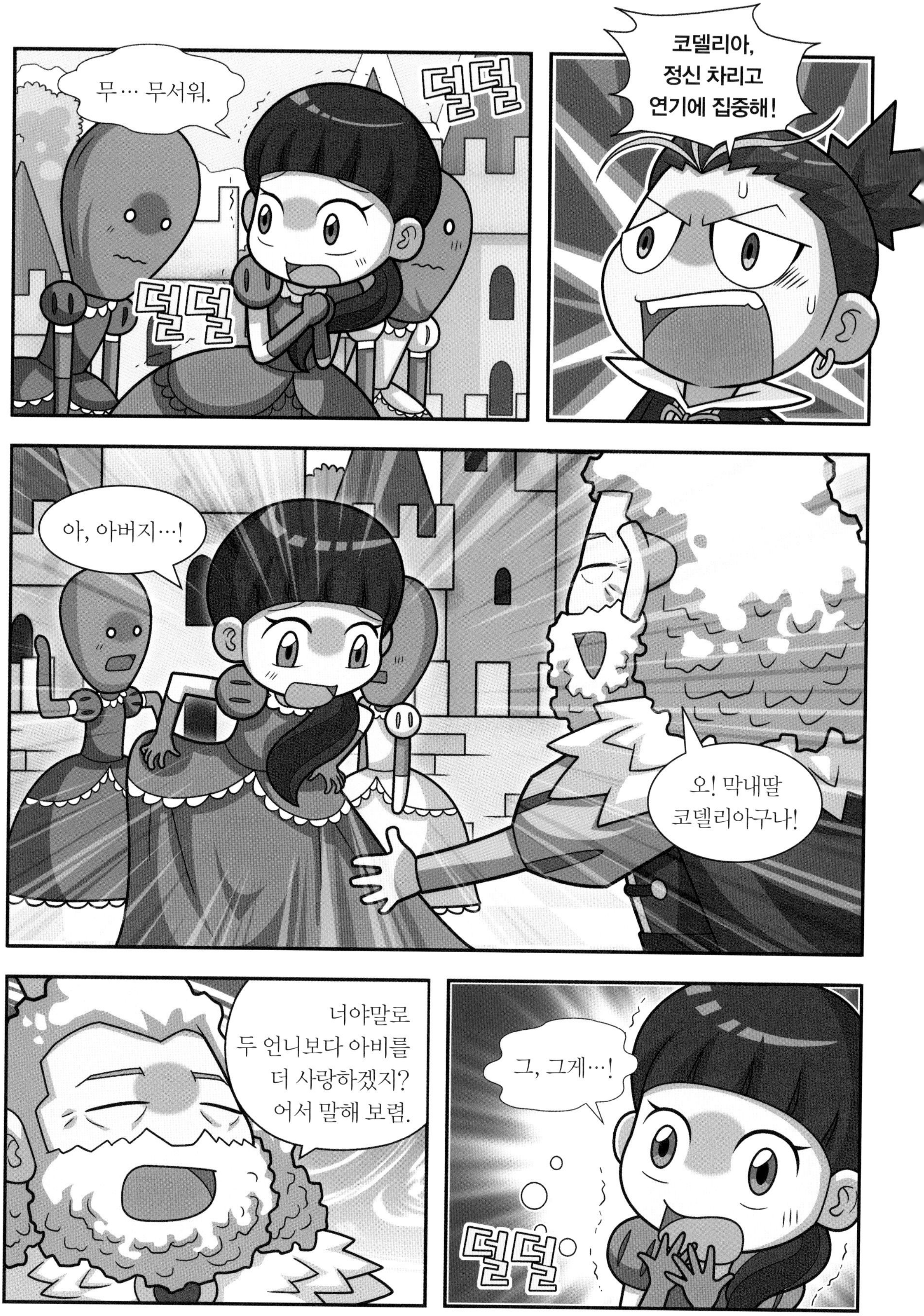
무… 무서워.
덜덜
덜덜
코델리아,
정신 차리고
연기에 집중해!
아, 아버지…!
오! 막내딸
코델리아구나!
너야말로
두 언니보다 아비를
더 사랑하겠지?
어서 말해 보렴.
그, 그게…!
덜덜

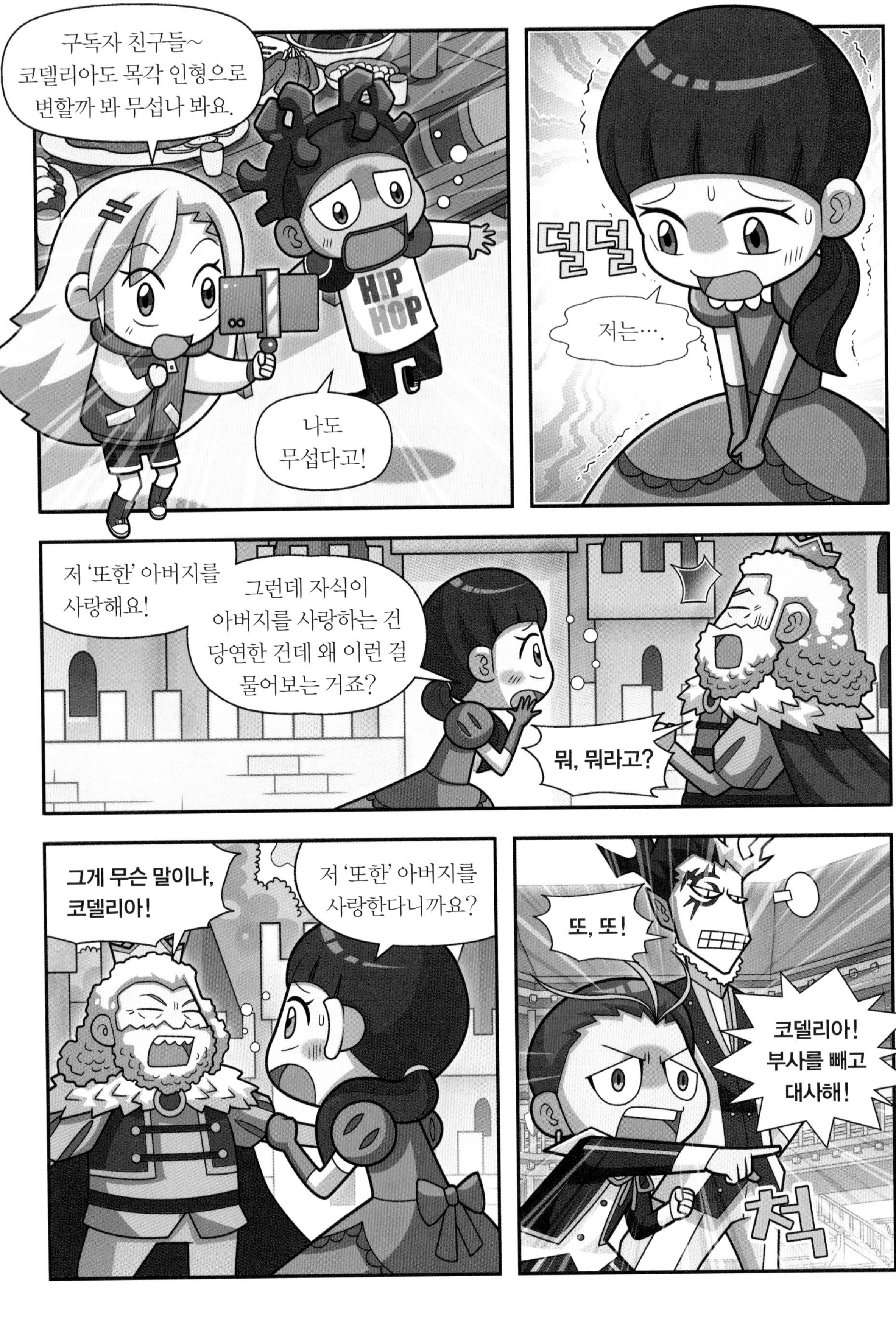
구독자 친구들~
코델리아도 목각 인형으로
변할까 봐 무섭나 봐요.
HIP HOP
나도
무섭다고!
덜덜
저는….
저 '또한' 아버지를
사랑해요!
그런데 자식이
아버지를 사랑하는 건
당연한 건데 왜 이런 걸
물어보는 거죠?
뭐, 뭐라고?
그게 무슨 말이냐,
코델리아!
저 '또한' 아버지를
사랑한다니까요?
또, 또!
코델리아!
부사를 빼고
대사해!
척

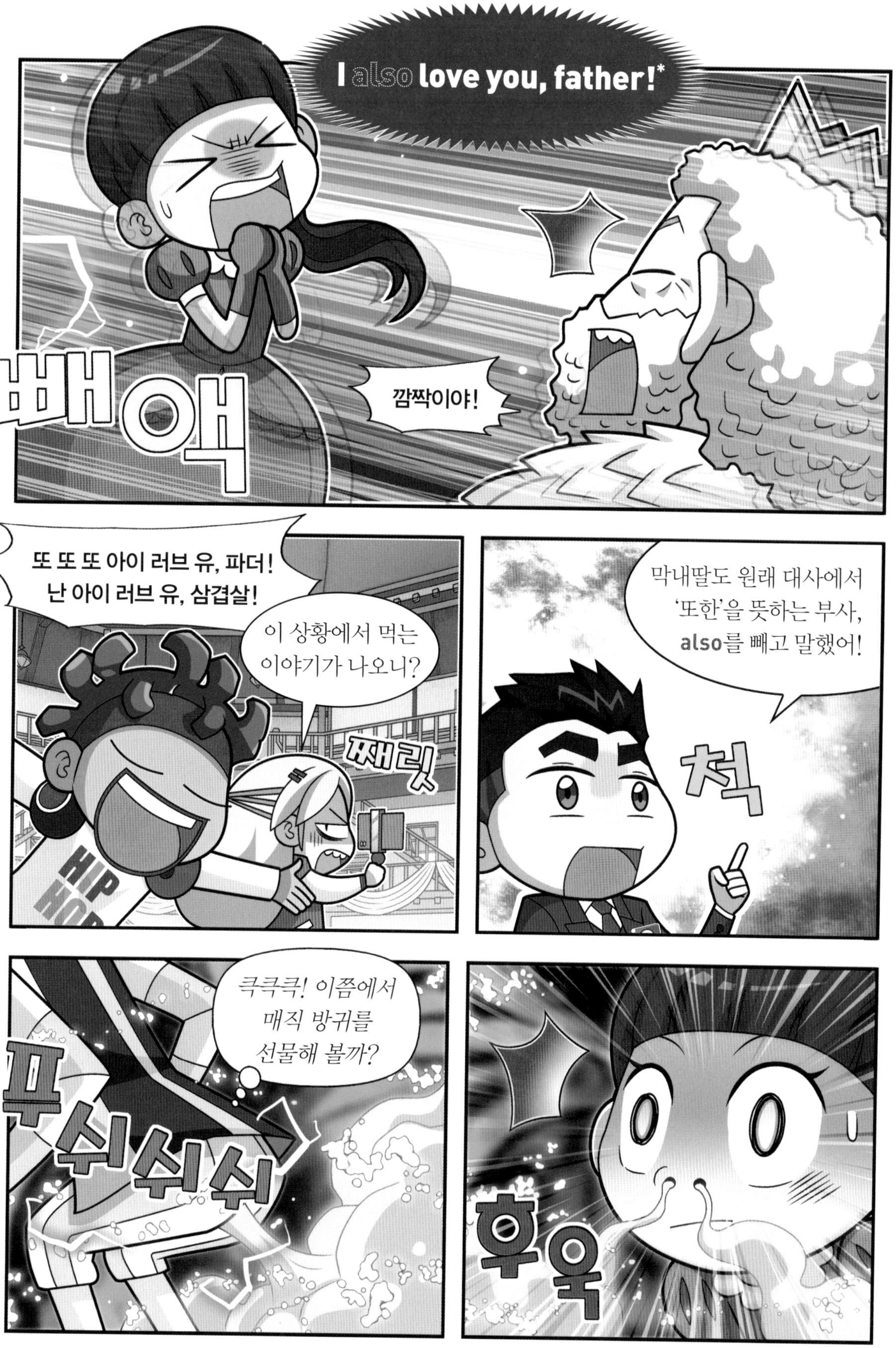
I also love you, father!*
빼액
깜짝이야!
또 또 또 아이 러브 유, 파더!
난 아이 러브 유, 삼겹살!
이 상황에서 먹는 이야기가 나오니?
째릿
HIP HOP
막내딸도 원래 대사에서 '또한'을 뜻하는 부사, also를 빼고 말했어!
척
킥킥킥! 이쯤에서 매직 방귀를 선물해 볼까?
푸쉬쉬쉬
후욱

* 저 (또한) 아버지를 사랑해요!

* 분홍색 단어의 발음이 궁금하다면 143쪽을 펼쳐 보세요.

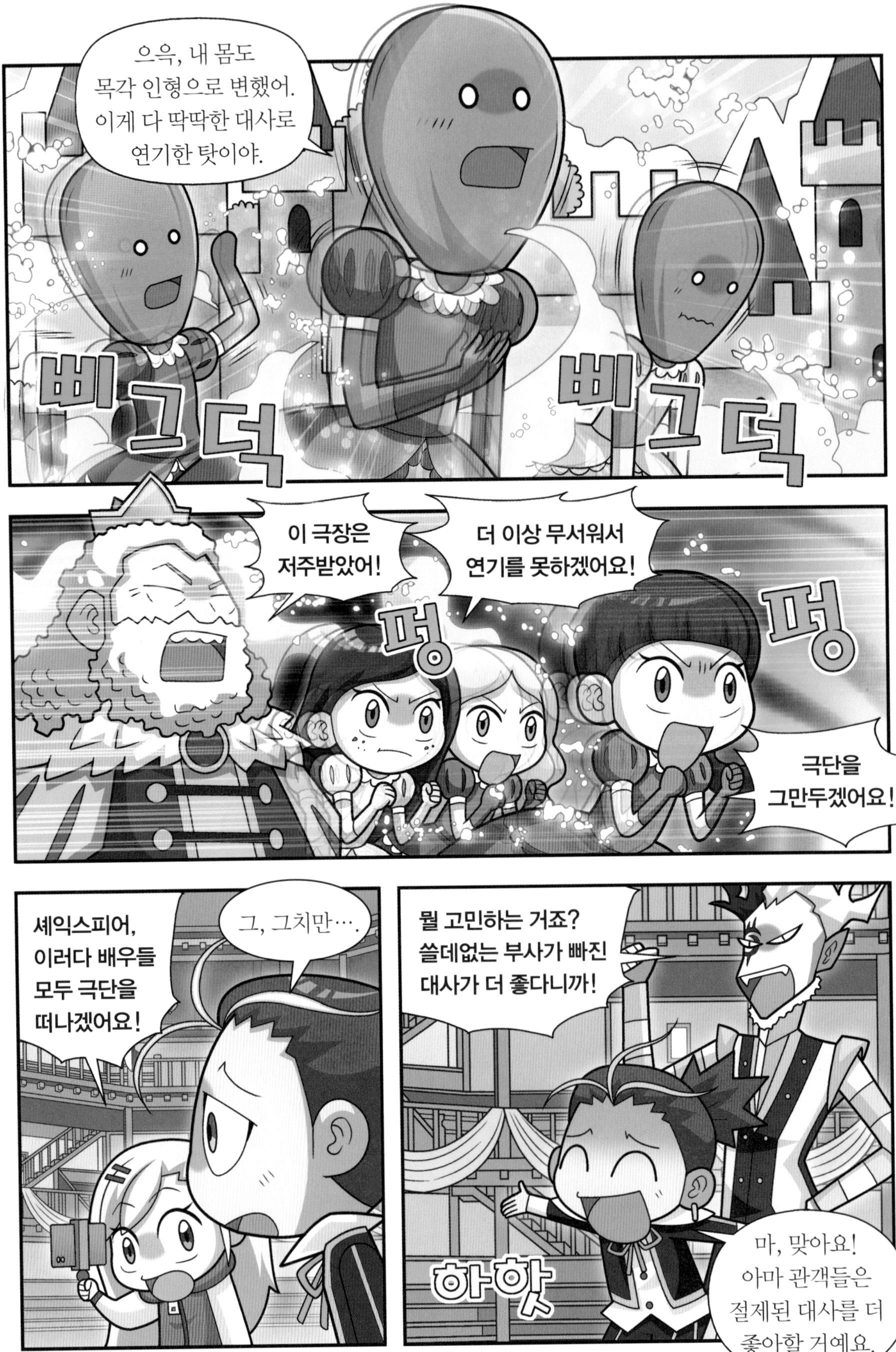

으윽, 내 몸도 목각 인형으로 변했어. 이게 다 딱딱한 대사로 연기한 탓이야.
삐그덕
삐그덕
이 극장은 저주받았어!
더 이상 무서워서 연기를 못하겠어요!
펑
펑
극단을 그만두겠어요!
셰익스피어, 이러다 배우들 모두 극단을 떠나겠어요!
그, 그치만….
뭘 고민하는 거죠? 쓸데없는 부사가 빠진 대사가 더 좋다니까!
하핫
마, 맞아요! 아마 관객들은 절제된 대사를 더 좋아할 거예요.

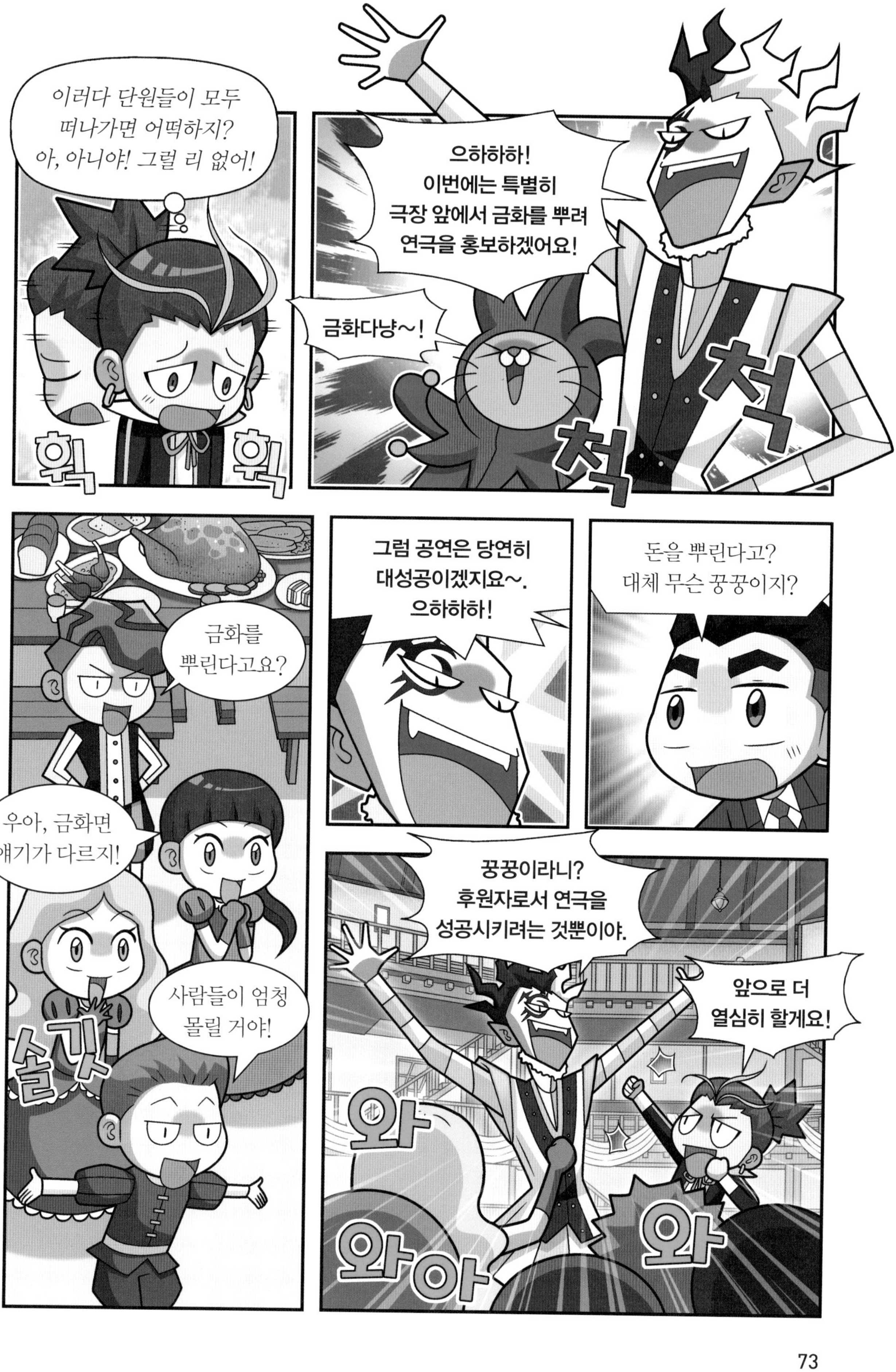
이러다 단원들이 모두 떠나가면 어떡하지? 아, 아니야! 그럴 리 없어!
휙 휙
으하하하! 이번에는 특별히 극장 앞에서 금화를 뿌려 연극을 홍보하겠어요!
금화다냥~!
척 척
금화를 뿌린다고요?
우아, 금화면 얘기가 다르지!
사람들이 엄청 몰릴 거야!
솔깃
그럼 공연은 당연히 대성공이겠지요~. 으하하하!
돈을 뿌린다고? 대체 무슨 꿍꿍이지?
꿍꿍이라니? 후원자로서 연극을 성공시키려는 것뿐이야.
앞으로 더 열심히 할게요!
와 와아 와

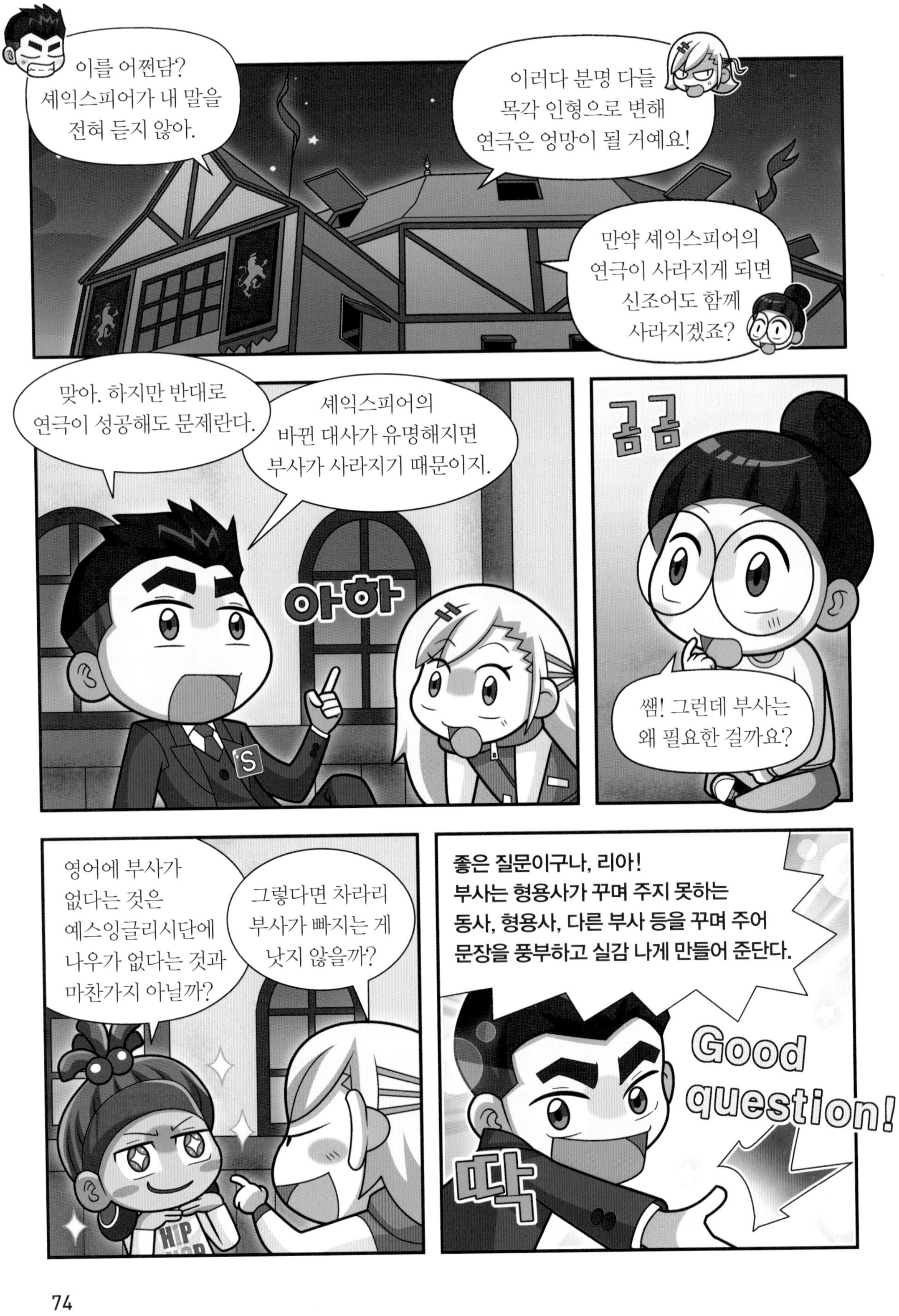
이를 어쩐담? 셰익스피어가 내 말을 전혀 듣지 않아.
이러다 분명 다들 목각 인형으로 변해 연극은 엉망이 될 거예요!
만약 셰익스피어의 연극이 사라지게 되면 신조어도 함께 사라지겠죠?
맞아. 하지만 반대로 연극이 성공해도 문제란다.
셰익스피어의 바뀐 대사가 유명해지면 부사가 사라지기 때문이지.
아하
곰곰
쌤! 그런데 부사는 왜 필요한 걸까요?
영어에 부사가 없다는 것은 예스잉글리시단에 나우가 없다는 것과 마찬가지 아닐까?
그렇다면 차라리 부사가 빠지는 게 낫지 않을까?
좋은 질문이구나, 리아! 부사는 형용사가 꾸며 주지 못하는 동사, 형용사, 다른 부사 등을 꾸며 주어 문장을 풍부하고 실감 나게 만들어 준단다.
Good question!
딱

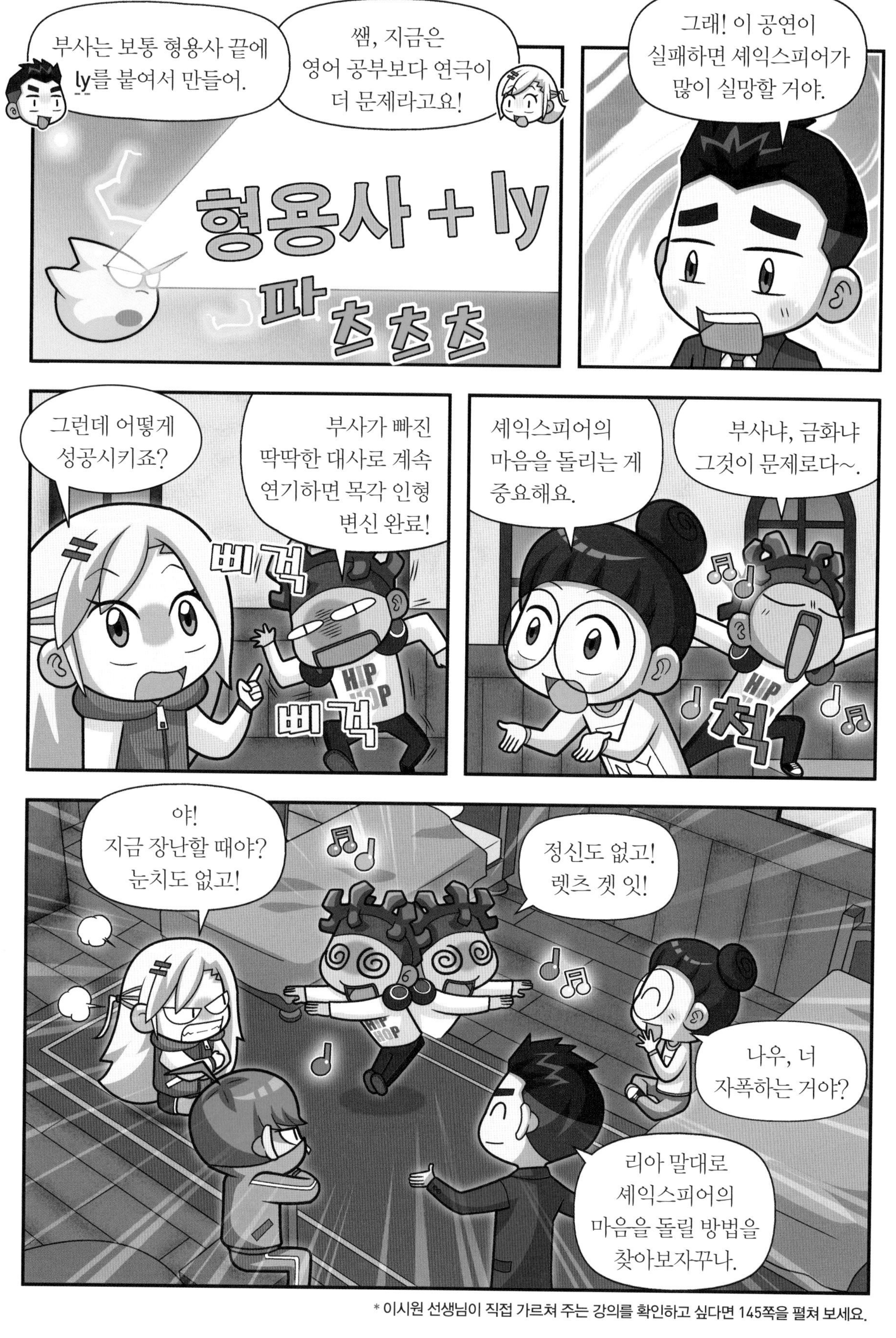
부사는 보통 형용사 끝에 ly를 붙여서 만들어.
쌤, 지금은 영어 공부보다 연극이 더 문제라고요!
형용사 + ly
파츠츠츠
그래! 이 공연이 실패하면 셰익스피어가 많이 실망할 거야.
그런데 어떻게 성공시키죠?
부사가 빠진 딱딱한 대사로 계속 연기하면 목각 인형 변신 완료!
삐걱
삐걱
셰익스피어의 마음을 돌리는 게 중요해요.
부사냐, 금화냐 그것이 문제로다~.
척
야! 지금 장난할 때야? 눈치도 없고!
정신도 없고! 렛츠 겟 잇!
나우, 너 자폭하는 거야?
리아 말대로 셰익스피어의 마음을 돌릴 방법을 찾아보자꾸나.

* 이시원 선생님이 직접 가르쳐 주는 강의를 확인하고 싶다면 145쪽을 펼쳐 보세요.

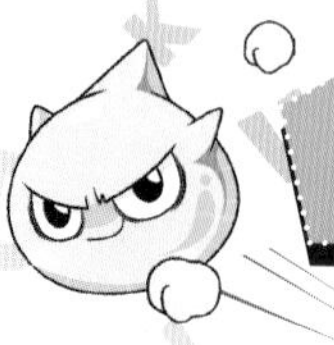

Chapter 4

비밀 요원, 스마일

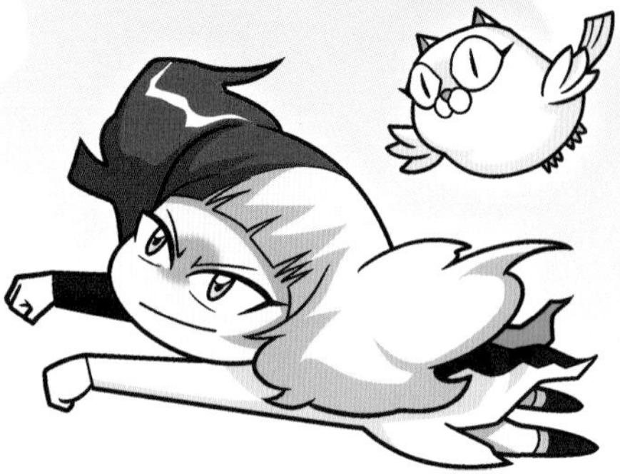

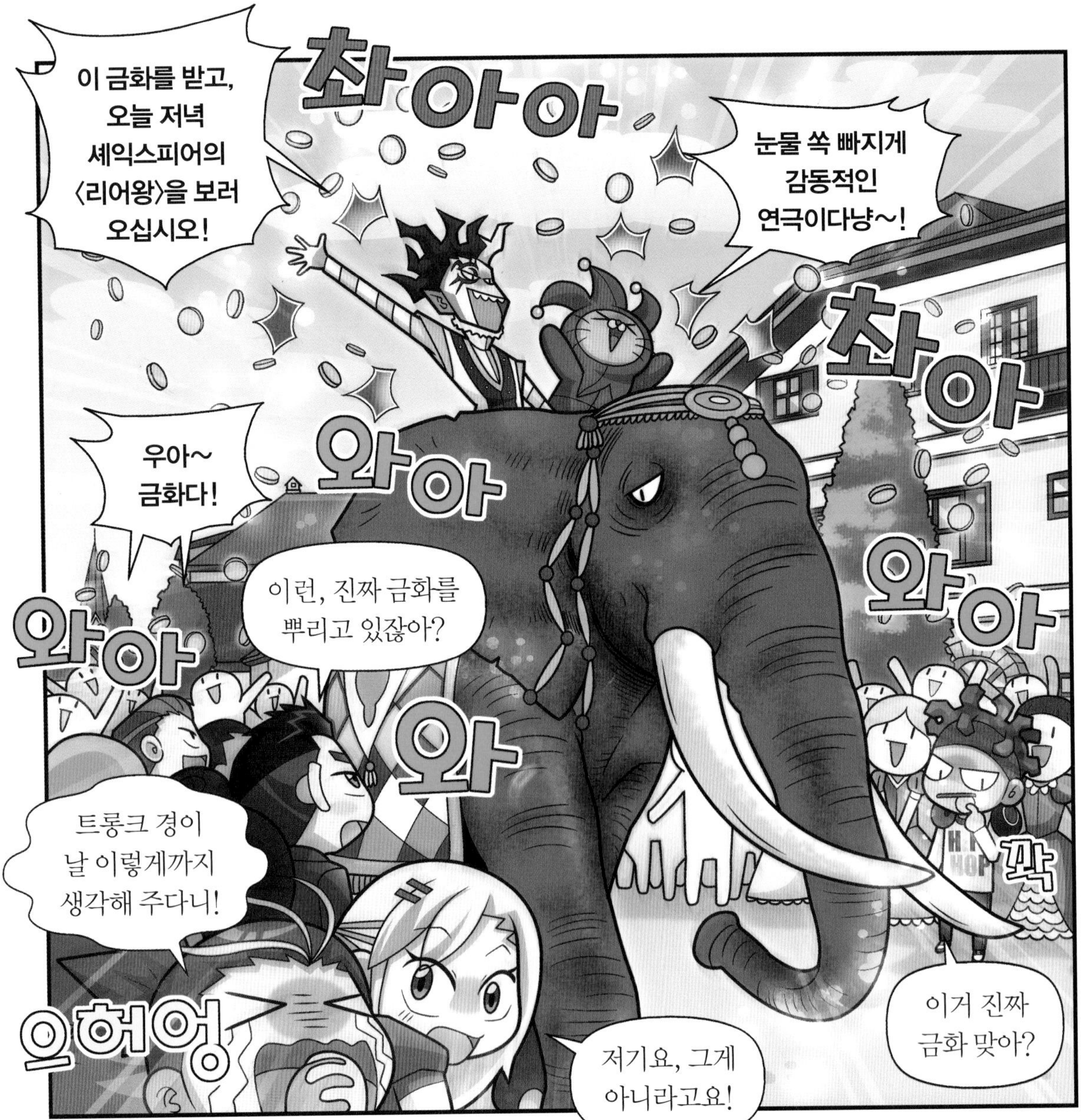

이 금화를 받고, 오늘 저녁 셰익스피어의 〈리어왕〉을 보러 오십시오!
촤아아
눈물 쏙 빠지게 감동적인 연극이다냥~!
촤아
우아~ 금화다!
와아
이런, 진짜 금화를 뿌리고 있잖아?
와아
와아
와
트롱크 경이 날 이렇게까지 생각해 주다니!
꽉
으허엉
저기요, 그게 아니라고요!
이거 진짜 금화 맞아?

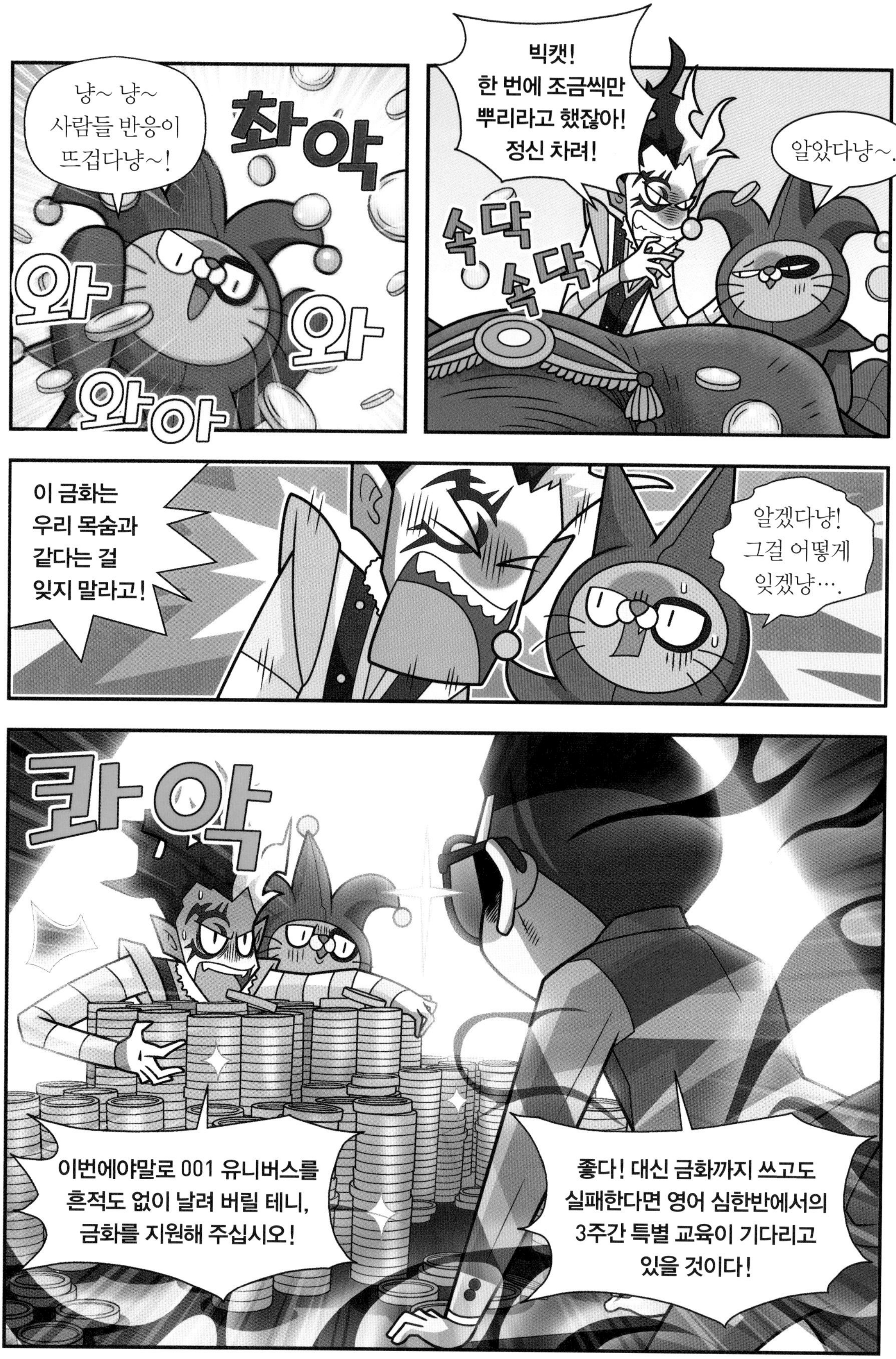
냥~ 냥~
사람들 반응이
뜨겁다냥~!
촤악
와
와
와아
빅캣!
한 번에 조금씩만
뿌리라고 했잖아!
정신 차려!
알았다냥~.
속닥
속닥
이 금화는
우리 목숨과
같다는 걸
잊지 말라고!
알겠다냥!
그걸 어떻게
잊겠냥….
콰악
이번에야말로 001 유니버스를
흔적도 없이 날려 버릴 테니,
금화를 지원해 주십시오!
좋다! 대신 금화까지 쓰고도
실패한다면 영어 심한반에서의
3주간 특별 교육이 기다리고
있을 것이다!

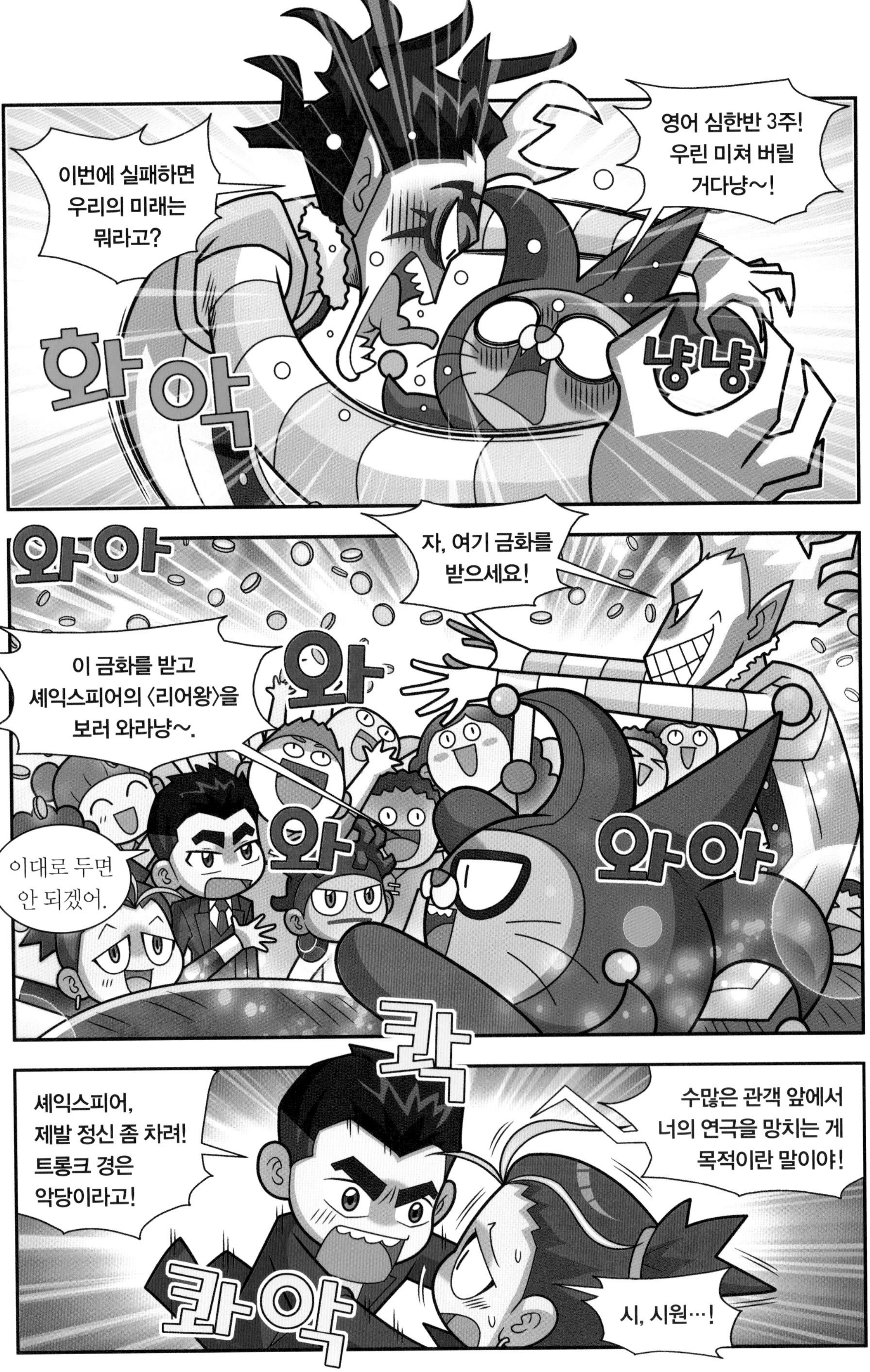
이번에 실패하면 우리의 미래는 뭐라고?
영어 심한반 3주! 우린 미쳐 버릴 거다냥~!
화악
냥냥
와아
자, 여기 금화를 받으세요!
이 금화를 받고 셰익스피어의 〈리어왕〉을 보러 와라냥~.
와
와
와아
이대로 두면 안 되겠어.
콱
셰익스피어, 제발 정신 좀 차려! 트롱크 경은 악당이라고!
수많은 관객 앞에서 너의 연극을 망치는 게 목적이란 말이야!
콰악
시, 시원…!

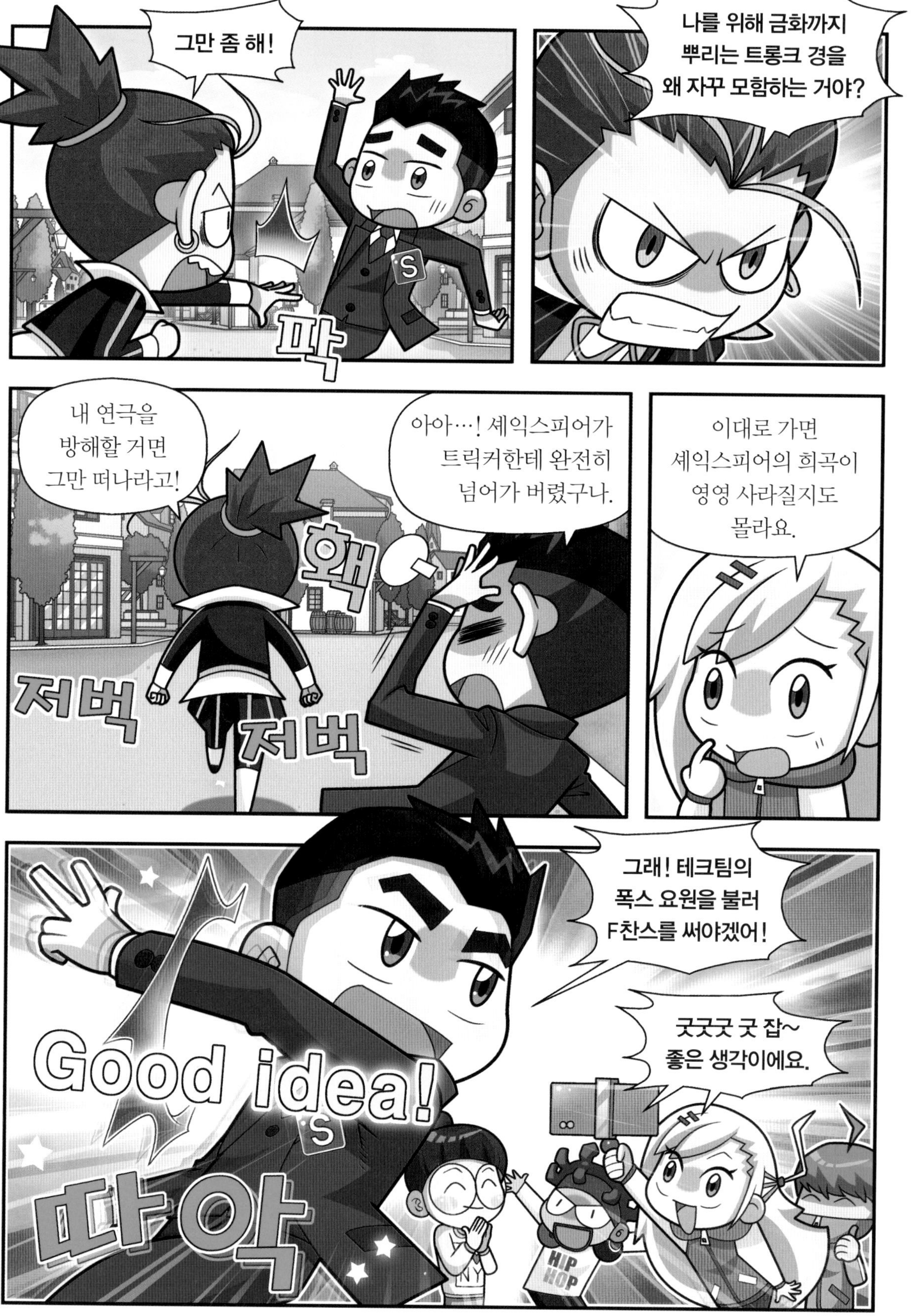
그만 좀 해!
팍
나를 위해 금화까지 뿌리는 트롱크 경을 왜 자꾸 모함하는 거야?
내 연극을 방해할 거면 그만 떠나라고!
아아…! 셰익스피어가 트릭커한테 완전히 넘어가 버렸구나.
홱
저벅
저벅
이대로 가면 셰익스피어의 희곡이 영영 사라질지도 몰라요.
그래! 테크팀의 폭스 요원을 불러 F찬스를 써야겠어!
Good idea!
따악
굿굿굿 굿 잡~ 좋은 생각이에요.
HIP HOP

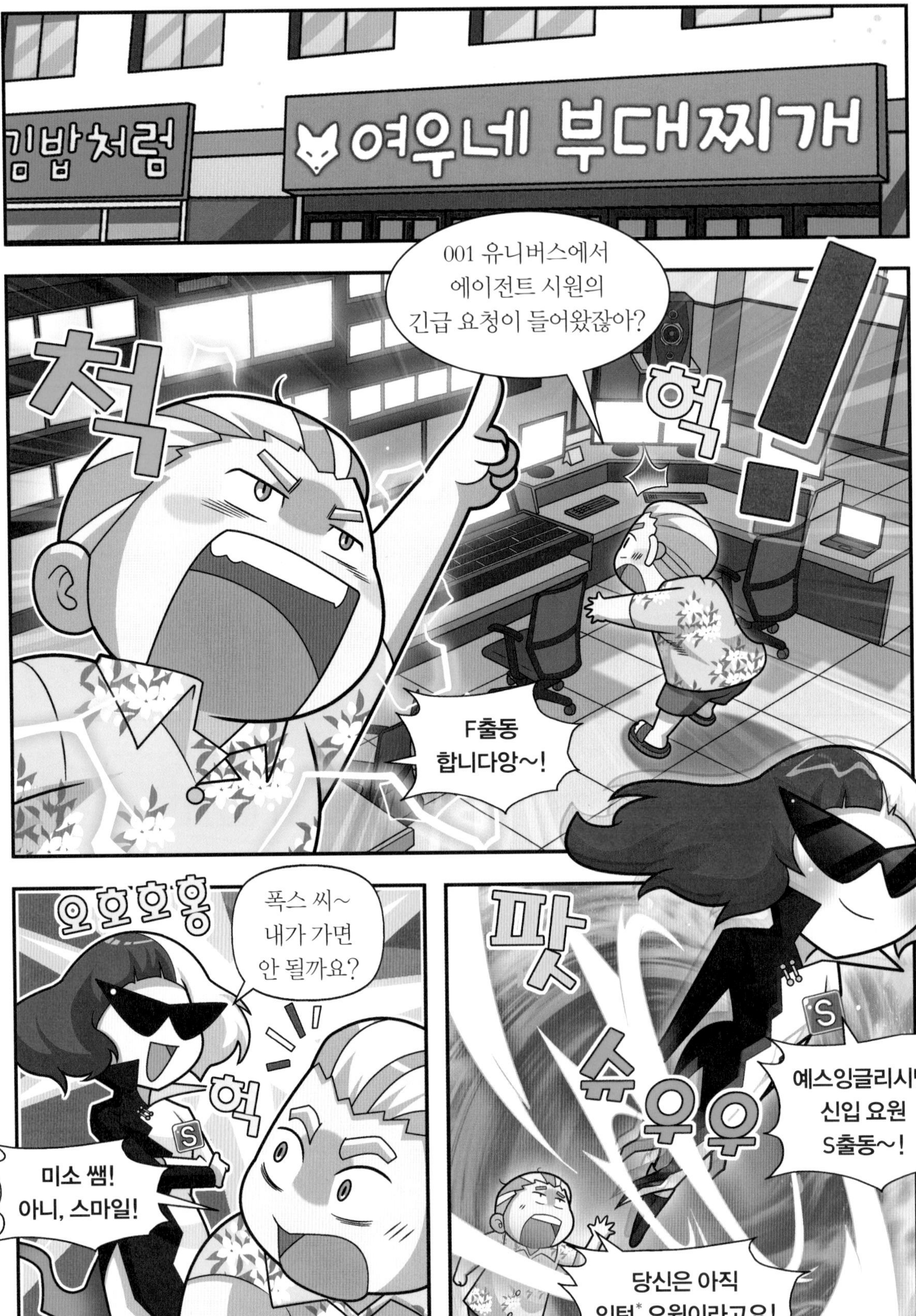
김밥처럼
여우네 부대찌개
척
001 유니버스에서 에이전트 시원의 긴급 요청이 들어왔잖아?
헉
F출동 합니다앙~!
요호호홍
폭스 씨~ 내가 가면 안 될까요?
헉
미소 쌤! 아니, 스마일!
팟
슈우우
예스잉글리시단 신입 요원 S출동~!
당신은 아직 인턴* 요원이라고요! 컴백~ 컴백!

* intern[ˈɪntɜːrn]: 회사나 기관 따위의 정식 구성원이 되기에 앞서 훈련을 받는 사람.

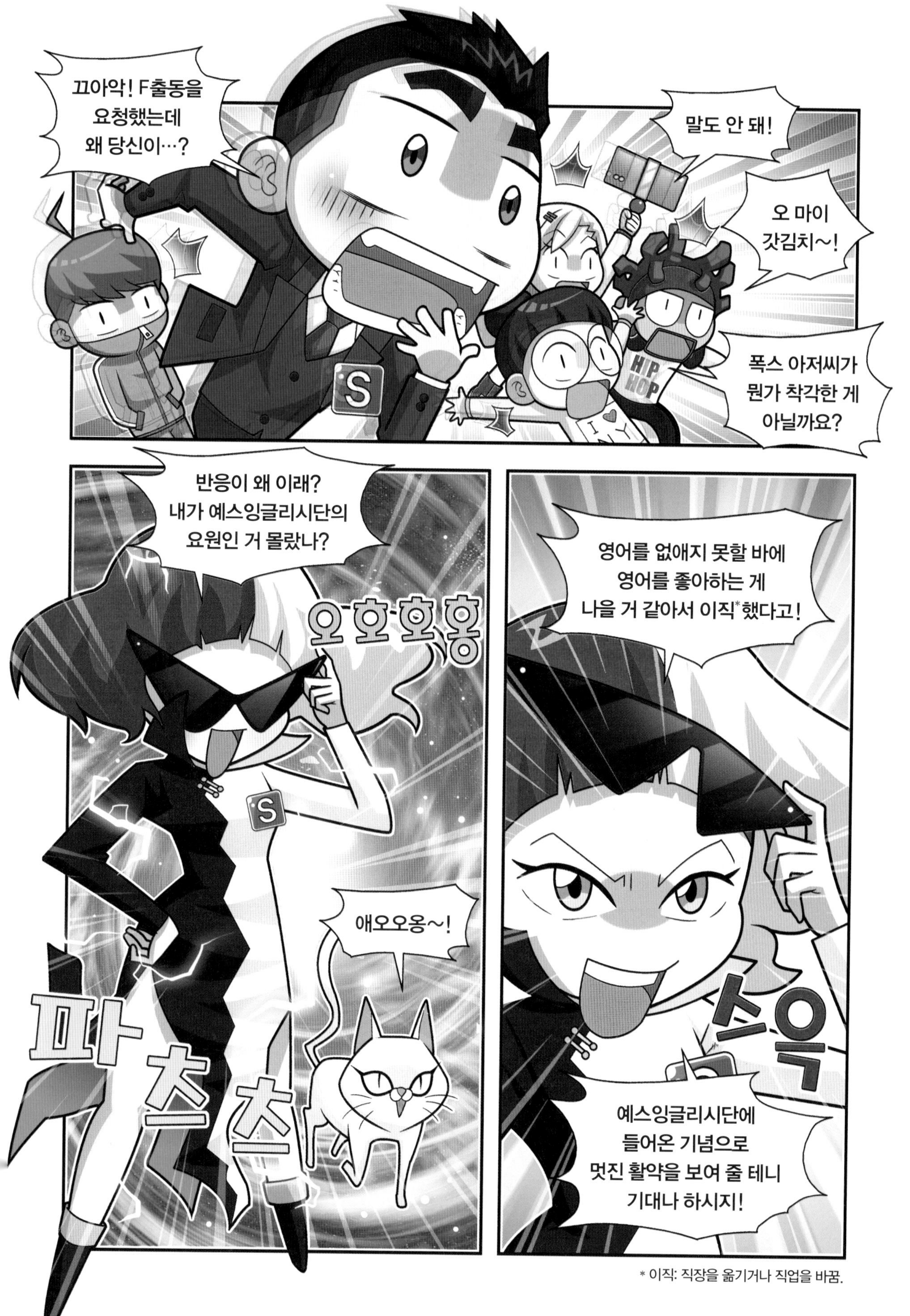

끄아악! F출동을 요청했는데 왜 당신이…?
말도 안 돼!
오 마이 갓김치~!
폭스 아저씨가 뭔가 착각한 게 아닐까요?
반응이 왜 이래? 내가 예스잉글리시단의 요원인 거 몰랐나?
오호호홍
애오오옹~!
파츠츠
영어를 없애지 못할 바에 영어를 좋아하는 게 나을 거 같아서 이직*했다고!
스윽
예스잉글리시단에 들어온 기념으로 멋진 활약을 보여 줄 테니 기대나 하시지!

* 이직: 직장을 옮기거나 직업을 바꿈.

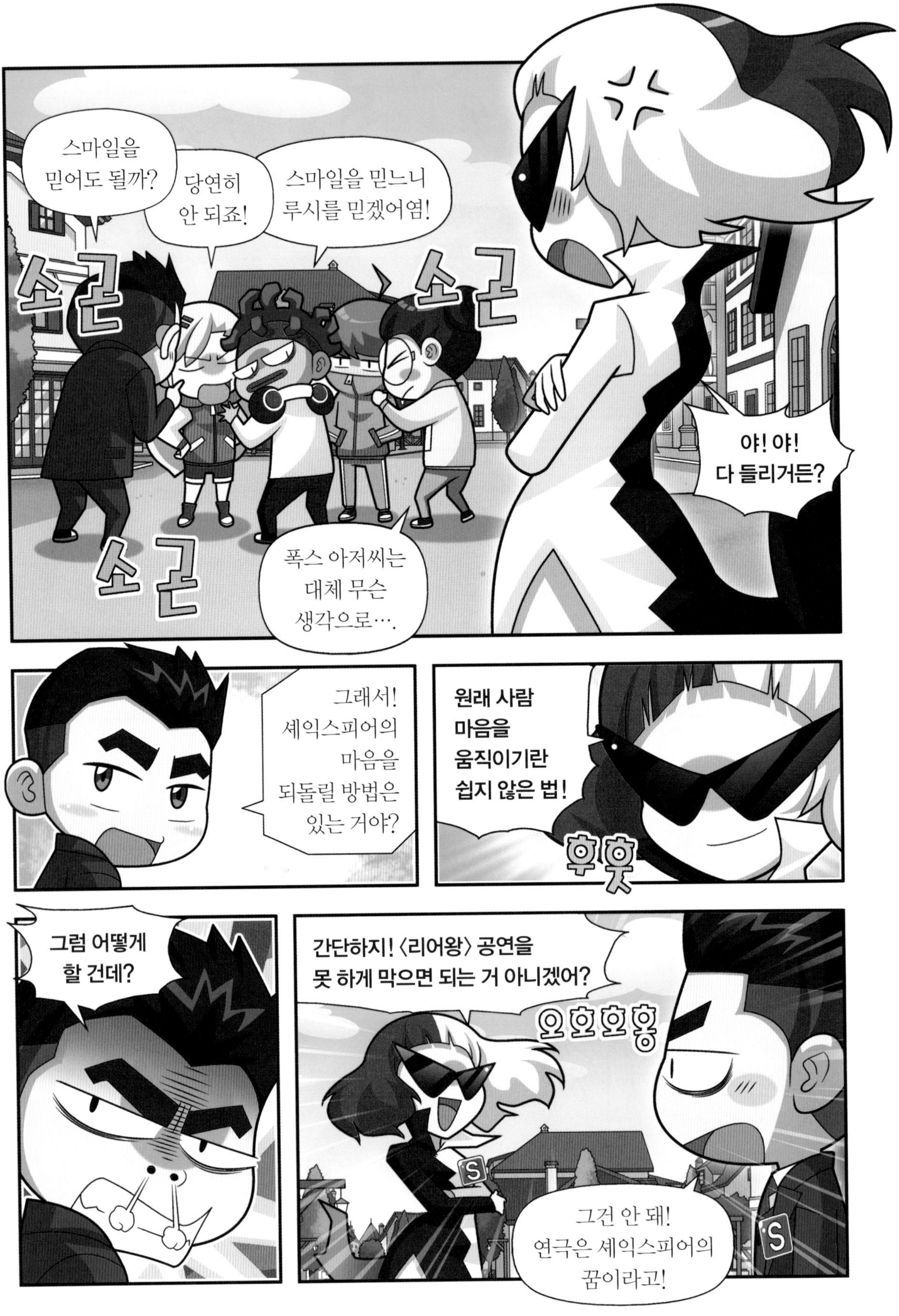

스마일을 믿어도 될까?
당연히 안 되죠!
스마일을 믿느니 루시를 믿겠어염!
소곤
소곤
소곤
폭스 아저씨는 대체 무슨 생각으로….
야! 야! 다 들리거든?
그래서! 셰익스피어의 마음을 되돌릴 방법은 있는 거야?
원래 사람 마음을 움직이기란 쉽지 않은 법!
후훗
그럼 어떻게 할 건데?
간단하지! 〈리어왕〉 공연을 못 하게 막으면 되는 거 아니겠어?
오호호홍
그건 안 돼! 연극은 셰익스피어의 꿈이라고!

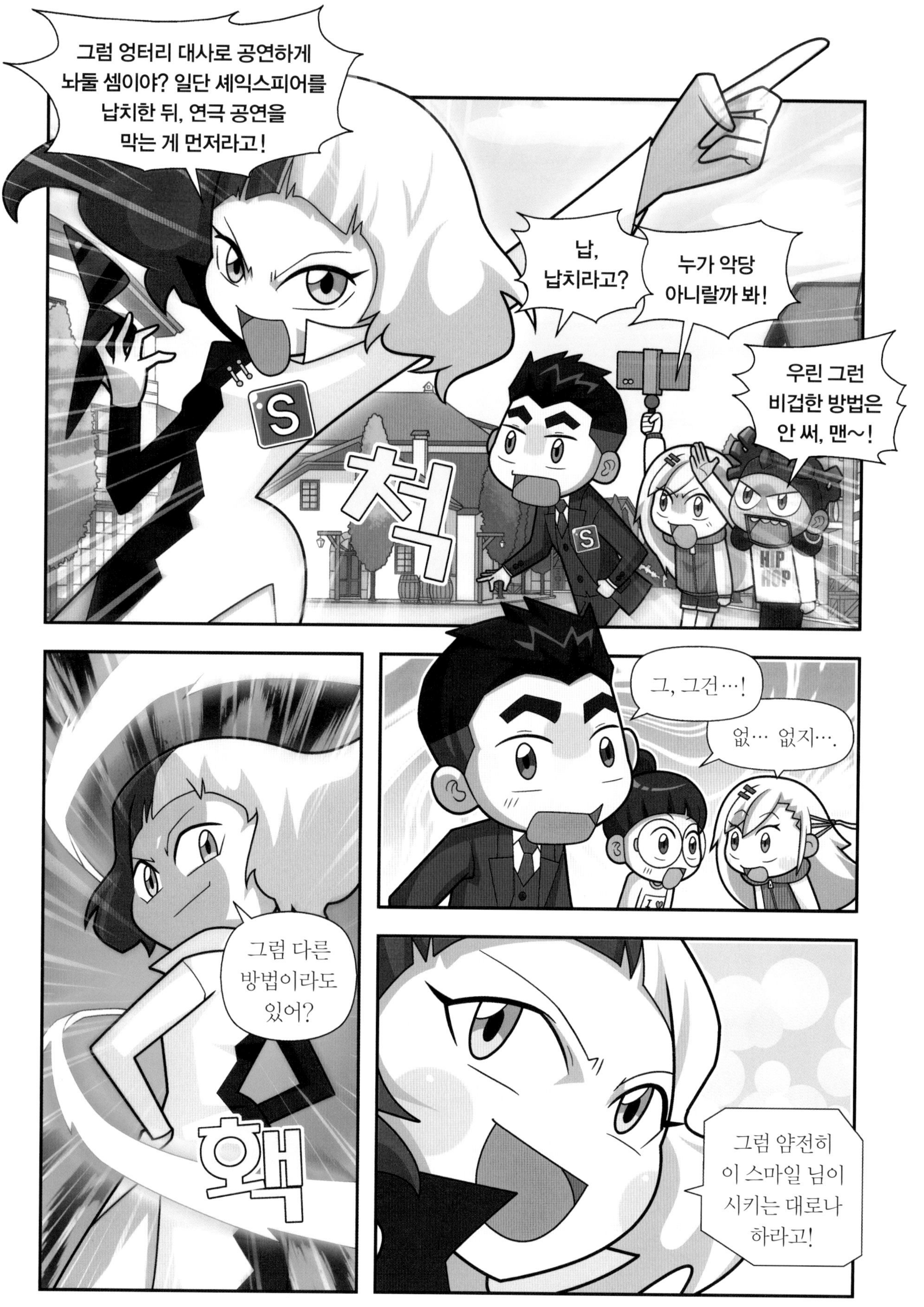
그럼 엉터리 대사로 공연하게 놔둘 셈이야? 일단 셰익스피어를 납치한 뒤, 연극 공연을 막는 게 먼저라고!
척
납, 납치라고?
누가 악당 아니랄까 봐!
우린 그런 비겁한 방법은 안 써, 맨~!
HIP HOP
그럼 다른 방법이라도 있어?
홱
그, 그건…!
없… 없지….
그럼 얌전히 이 스마일 님이 시키는 대로나 하라고!

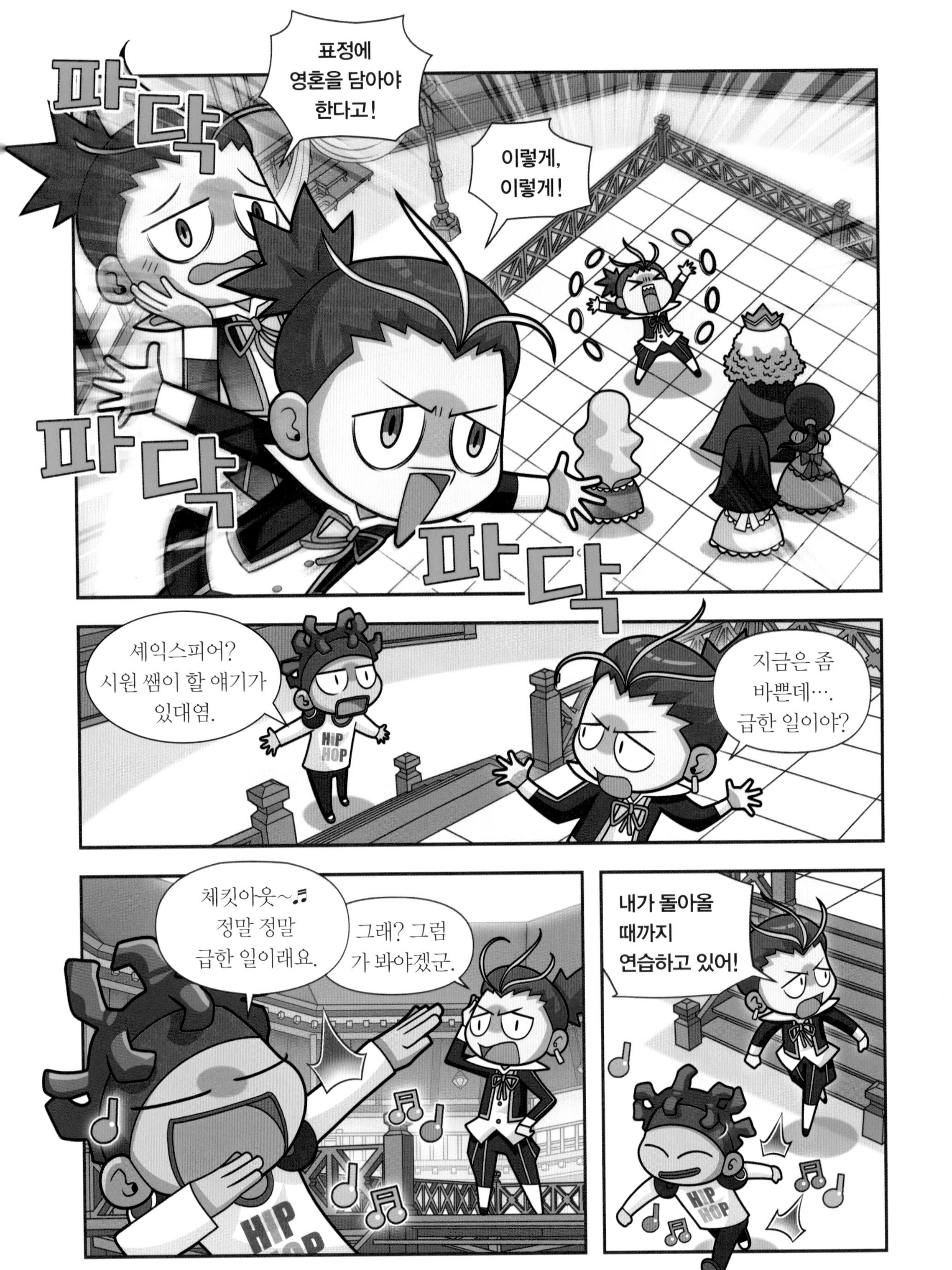
파닥
표정에 영혼을 담아야 한다고!
이렇게, 이렇게!
파닥
파닥
세익스피어? 시원 쌤이 할 얘기가 있대염.
지금은 좀 바쁜데…. 급한 일이야?
체킷아웃~♬ 정말 정말 급한 일이래요.
그래? 그럼 가 봐야겠군.
내가 돌아올 때까지 연습하고 있어!

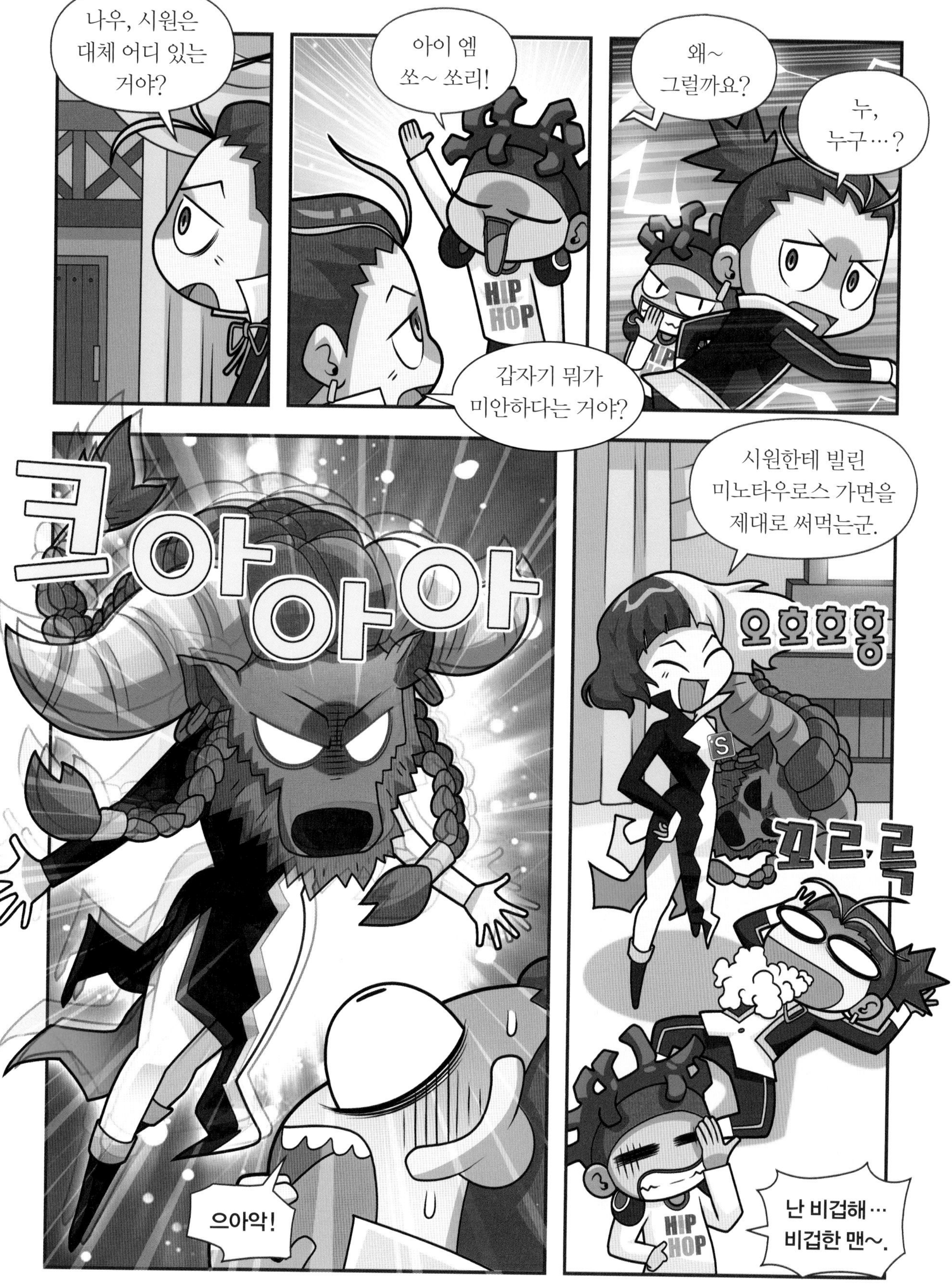
나우, 시원은 대체 어디 있는 거야?
아이 엠 쏘~ 쏘리!
갑자기 뭐가 미안하다는 거야?
왜~ 그럴까요?
누, 누구…?
크아아아
으아악!
시원한테 빌린 미노타우로스 가면을 제대로 써먹는군.
오호호홍
꼬르륵
난 비겁해… 비겁한 맨~.

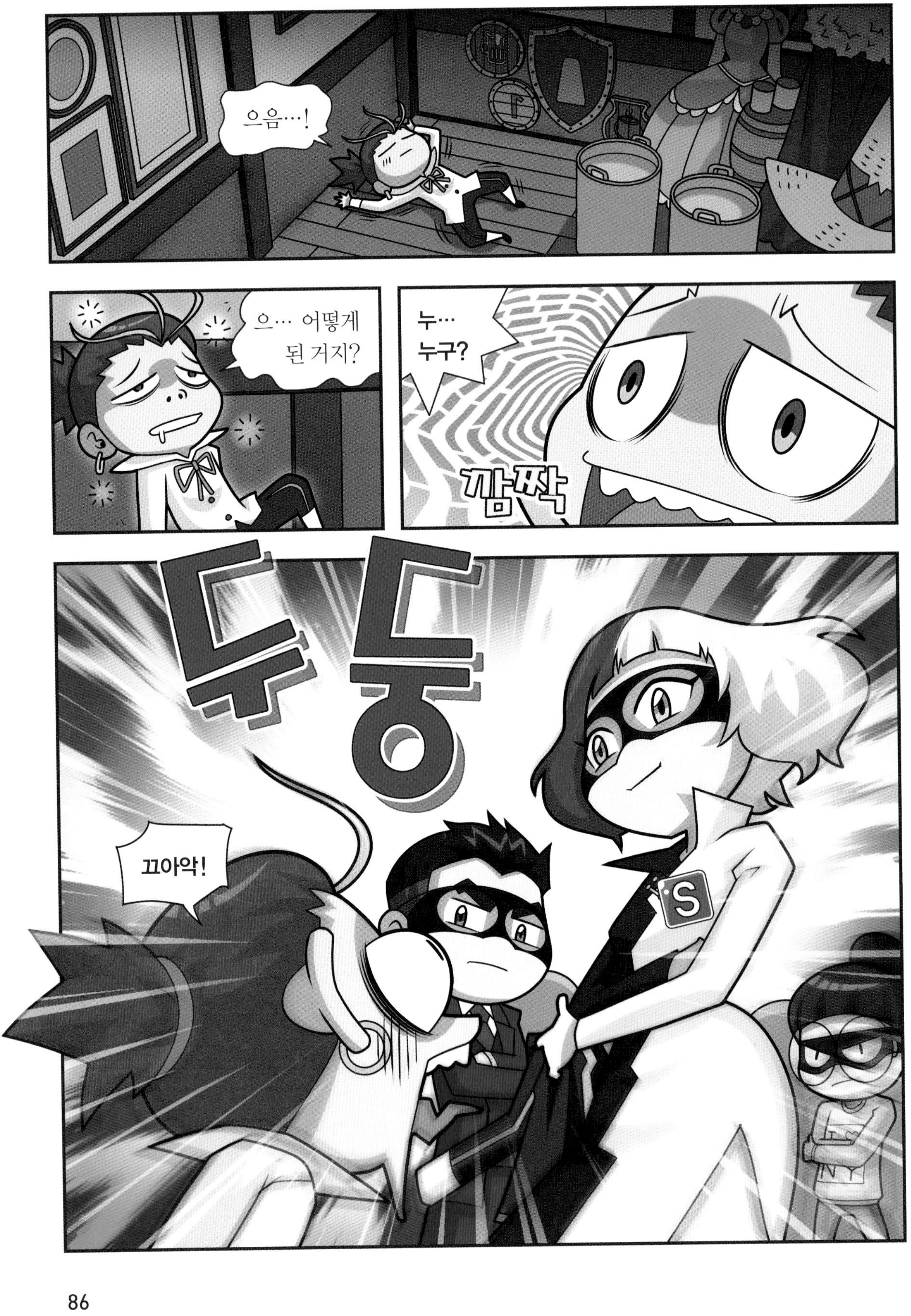
으음…!
으… 어떻게 된 거지?
누… 누구?
깜짝
두둥
끄아악!

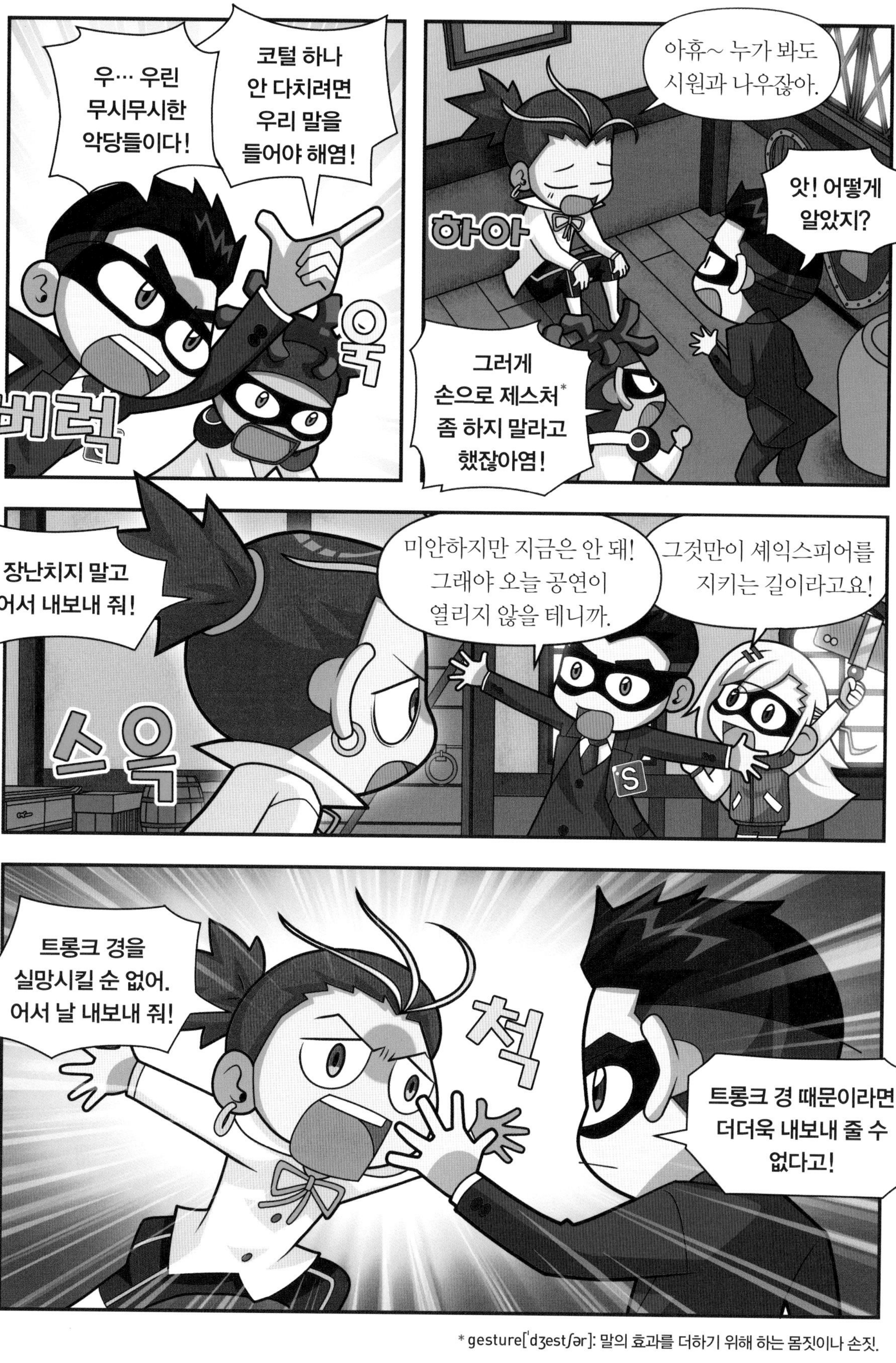
우… 우린 무시무시한 악당들이다!
코털 하나 안 다치려면 우리 말을 들어야 해염!
버럭
욱
아휴~ 누가 봐도 시원과 나우잖아.
하아
앗! 어떻게 알았지?
그러게 손으로 제스처* 좀 하지 말라고 했잖아염!
장난치지 말고 어서 내보내 줘!
미안하지만 지금은 안 돼! 그래야 오늘 공연이 열리지 않을 테니까.
그것만이 셰익스피어를 지키는 길이라고요!
스윽
트롱크 경을 실망시킬 순 없어. 어서 날 내보내 줘!
척
트롱크 경 때문이라면 더더욱 내보내 줄 수 없다고!

* gesture[ˈdʒestʃər]: 말의 효과를 더하기 위해 하는 몸짓이나 손짓.

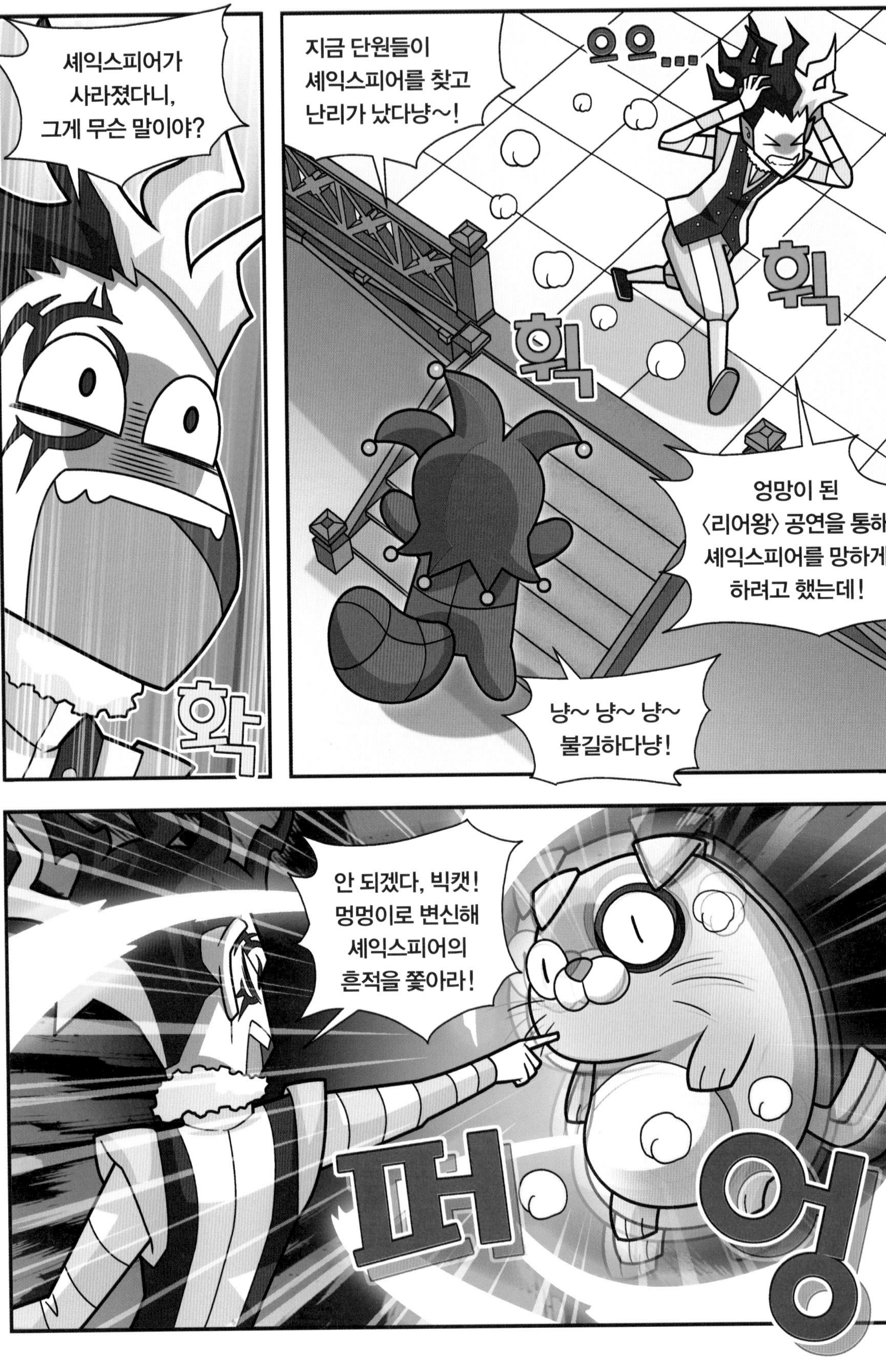
셰익스피어가
사라졌다니,
그게 무슨 말이야?
확
지금 단원들이
셰익스피어를 찾고
난리가 났다냥~!
으으...
휙
휙
엉망이 된
〈리어왕〉 공연을 통해
셰익스피어를 망하게
하려고 했는데!
냥~ 냥~ 냥~
불길하다냥!
안 되겠다, 빅캣!
멍멍이로 변신해
셰익스피어의
흔적을 쫓아라!
펑
엉

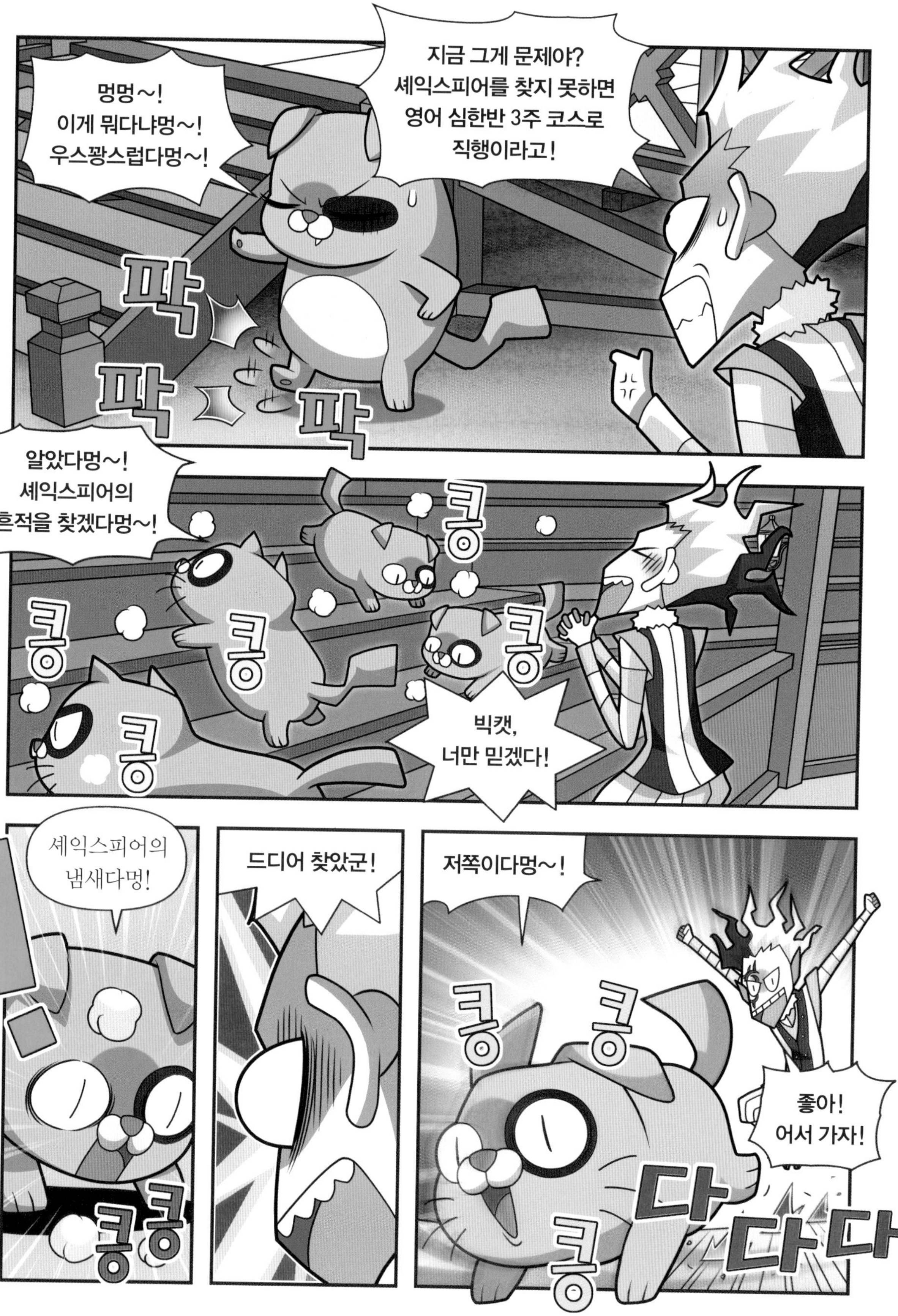
멍멍~!
이게 뭐다냐멍~!
우스꽝스럽다멍~!
지금 그게 문제야?
셰익스피어를 찾지 못하면
영어 심한반 3주 코스로
직행이라고!
팍
팍
팍
알았다멍~!
셰익스피어의
흔적을 찾겠다멍~!
쿵
쿵
쿵
쿵
쿵
빅캣,
너만 믿겠다!
셰익스피어의
냄새다멍!
!
쿵쿵
드디어 찾았군!
저쪽이다멍~!
쿵
쿵
좋아!
어서 가자!
쿵
다
다다다

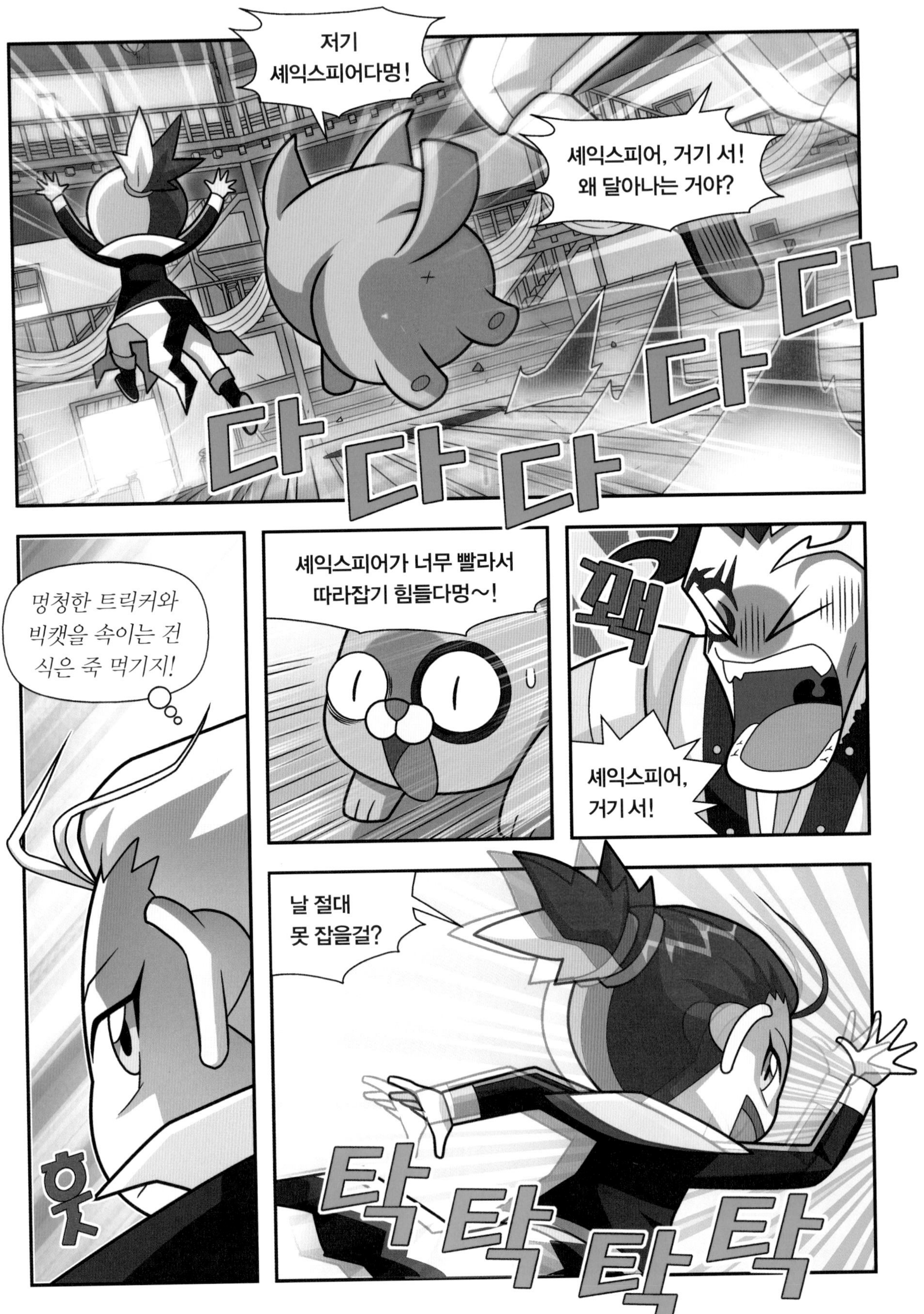
저기 셰익스피어다멍!
셰익스피어, 거기 서! 왜 달아나는 거야?
다다다다다
멍청한 트릭커와 빅캣을 속이는 건 식은 죽 먹기지!
셰익스피어가 너무 빨라서 따라잡기 힘들다멍~!
꽥
셰익스피어, 거기 서!
날 절대 못 잡을걸?
훗
탁탁탁탁

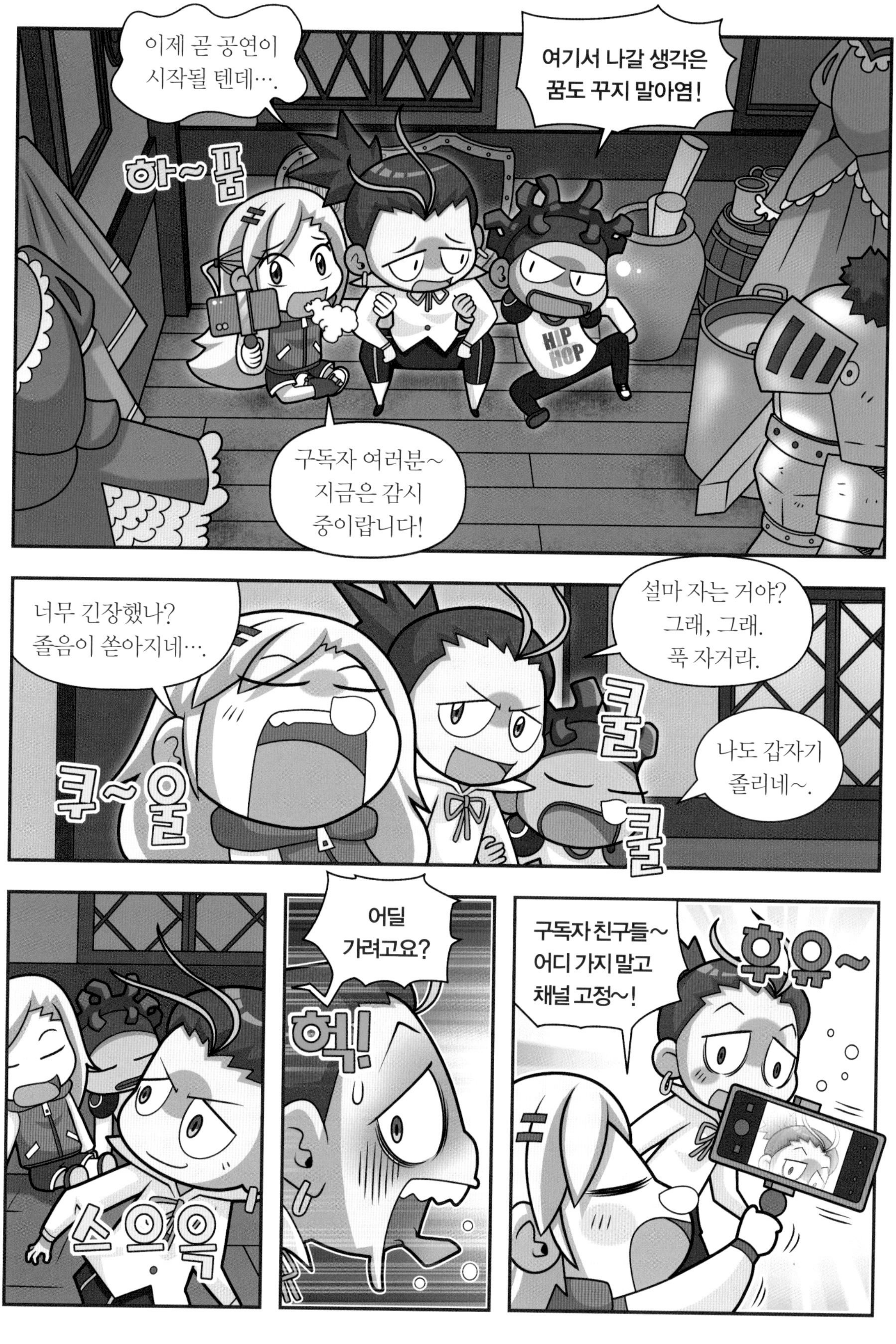
이제 곧 공연이 시작될 텐데….
여기서 나갈 생각은 꿈도 꾸지 말아염!
하~품
구독자 여러분~ 지금은 감시 중이랍니다!
HIP HOP
너무 긴장했나? 졸음이 쏟아지네….
설마 자는 거야? 그래, 그래. 푹 자거라.
쿠~울
쿨
쿨
나도 갑자기 졸리네~.
어딜 가려고요?
헉!
스으윽
구독자 친구들~ 어디 가지 말고 채널 고정~!
후유~

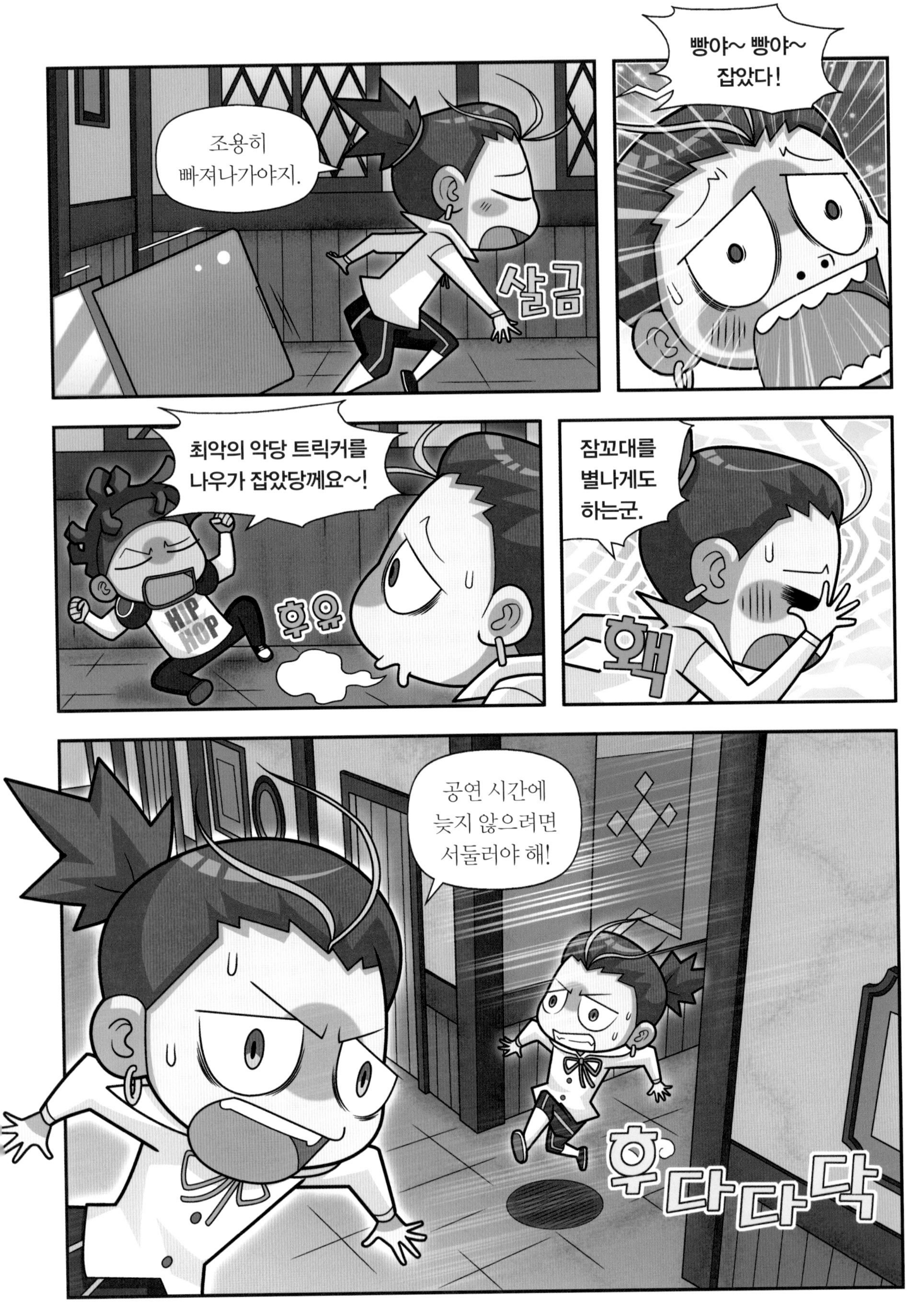
조용히
빠져나가야지.
살금
빵야~ 빵야~
잡았다!
최악의 악당 트릭커를
나우가 잡았당께요~!
HIP HOP
후유
잠꼬대를
별나게도
하는군.
홱
공연 시간에
늦지 않으려면
서둘러야 해!
후다다닥

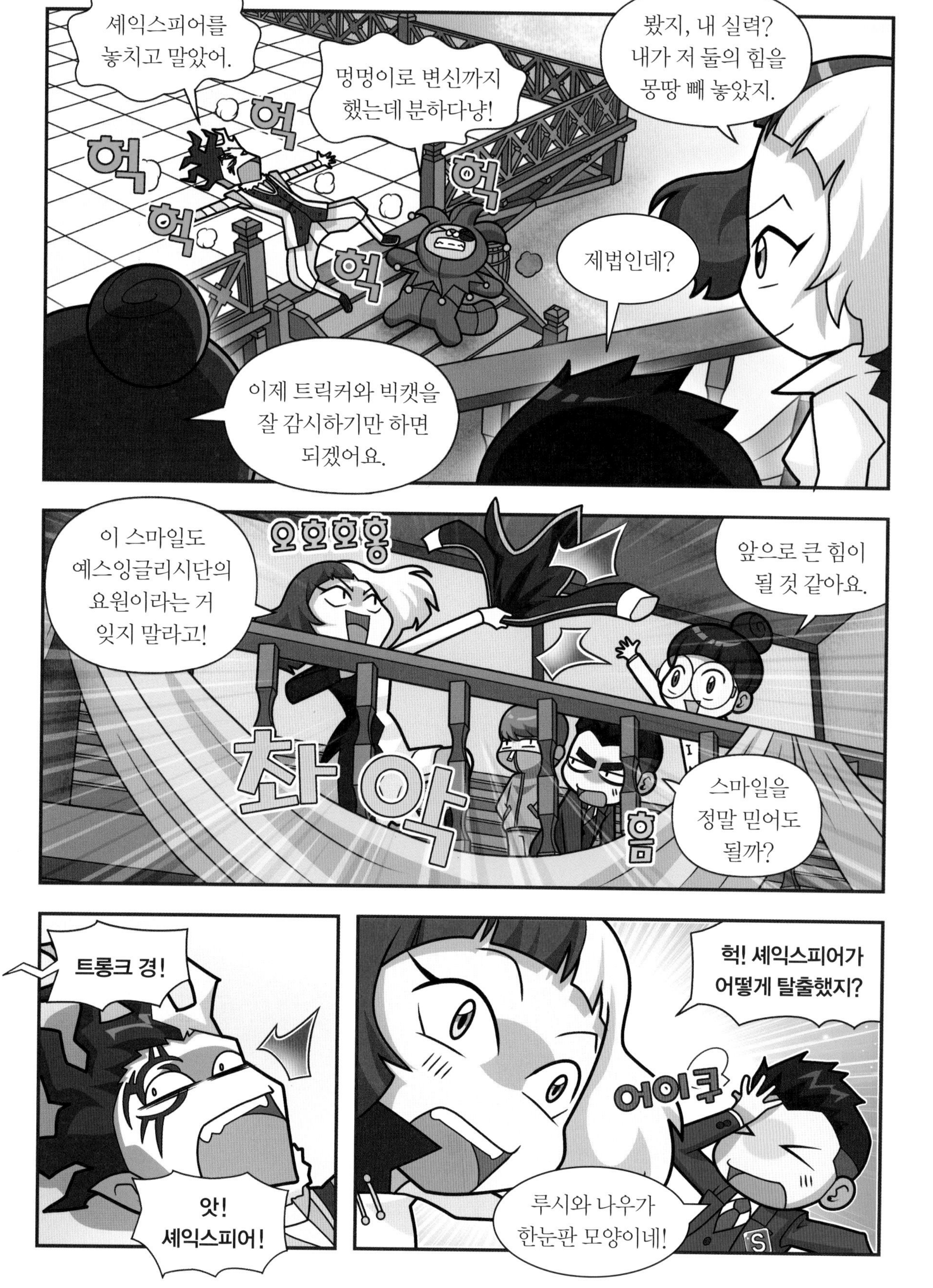
셰익스피어를 놓치고 말았어.
멍멍이로 변신까지 했는데 분하다냥!
헉
헉
헉
헉
헉
봤지, 내 실력? 내가 저 둘의 힘을 몽땅 빼 놓았지.
제법인데?
이제 트릭커와 빅캣을 잘 감시하기만 하면 되겠어요.
이 스마일도 예스잉글리시단의 요원이라는 거 잊지 말라고!
오호호홍
앞으로 큰 힘이 될 것 같아요.
촤악
흠
스마일을 정말 믿어도 될까?
트롱크 경!
앗! 셰익스피어!
헉! 셰익스피어가 어떻게 탈출했지?
어이쿠
루시와 나우가 한눈판 모양이네!

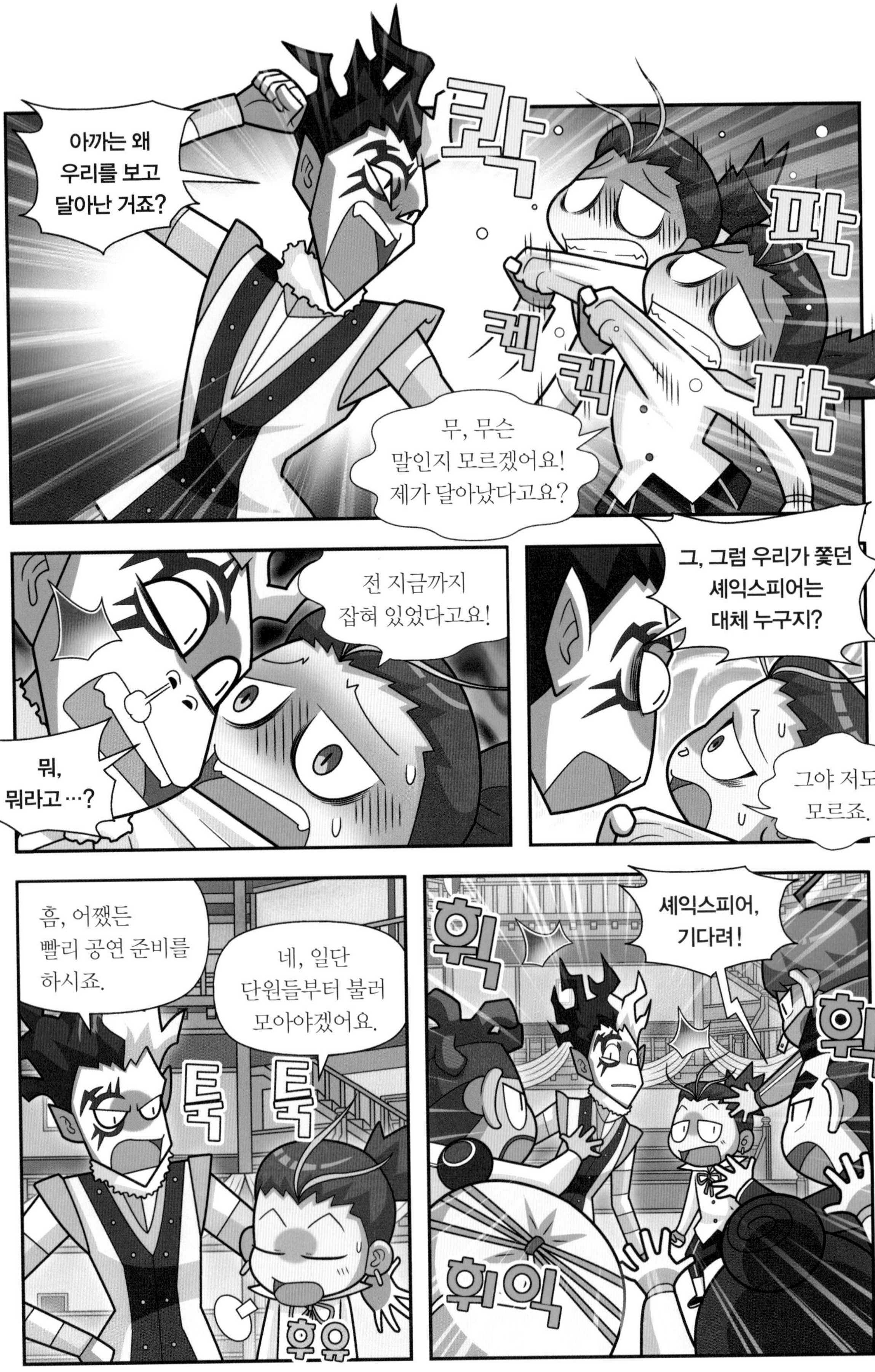

아까는 왜 우리를 보고 달아난 거죠?
콱
파
팍
켁
켁
팍
무, 무슨 말인지 모르겠어요! 제가 달아났다고요?
전 지금까지 잡혀 있었다고요!
뭐, 뭐라고…?
그, 그럼 우리가 쫓던 셰익스피어는 대체 누구지?
그야 저도 모르죠.
흠, 어쨌든 빨리 공연 준비를 하시죠.
네, 일단 단원들부터 불러 모아야겠어요.
툭
툭
후유
셰익스피어, 기다려!
휙
휙
휘익

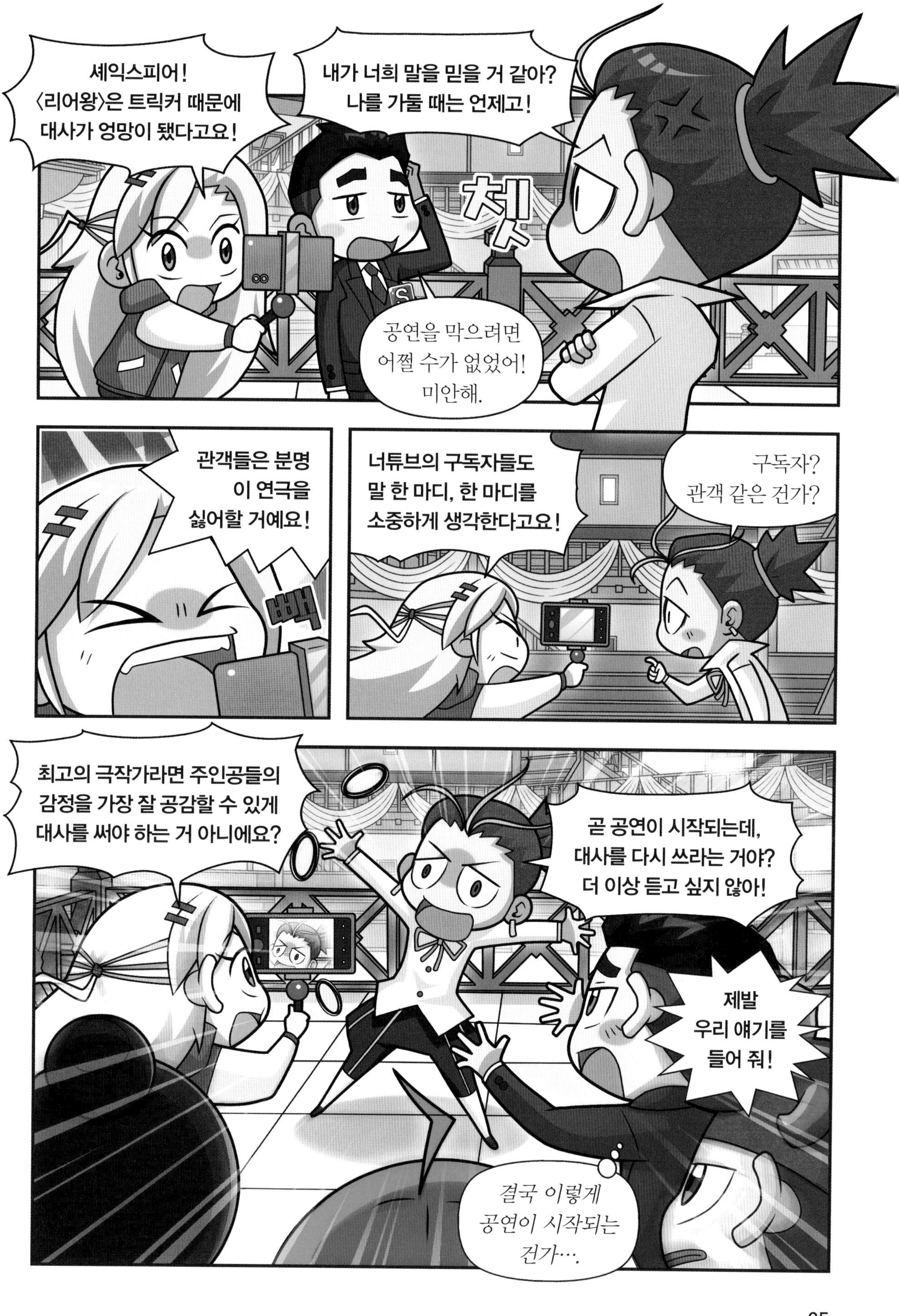
셰익스피어!
〈리어왕〉은 트릭커 때문에 대사가 엉망이 됐다고요!
내가 너희 말을 믿을 거 같아? 나를 가둘 때는 언제고!
챗
공연을 막으려면 어쩔 수가 없었어! 미안해.
관객들은 분명 이 연극을 싫어할 거예요!
빡
너튜브의 구독자들도 말 한 마디, 한 마디를 소중하게 생각한다고요!
구독자? 관객 같은 건가?
최고의 극작가라면 주인공들의 감정을 가장 잘 공감할 수 있게 대사를 써야 하는 거 아니에요?
곧 공연이 시작되는데, 대사를 다시 쓰라는 거야? 더 이상 듣고 싶지 않아!
제발 우리 얘기를 들어 줘!
결국 이렇게 공연이 시작되는 건가….

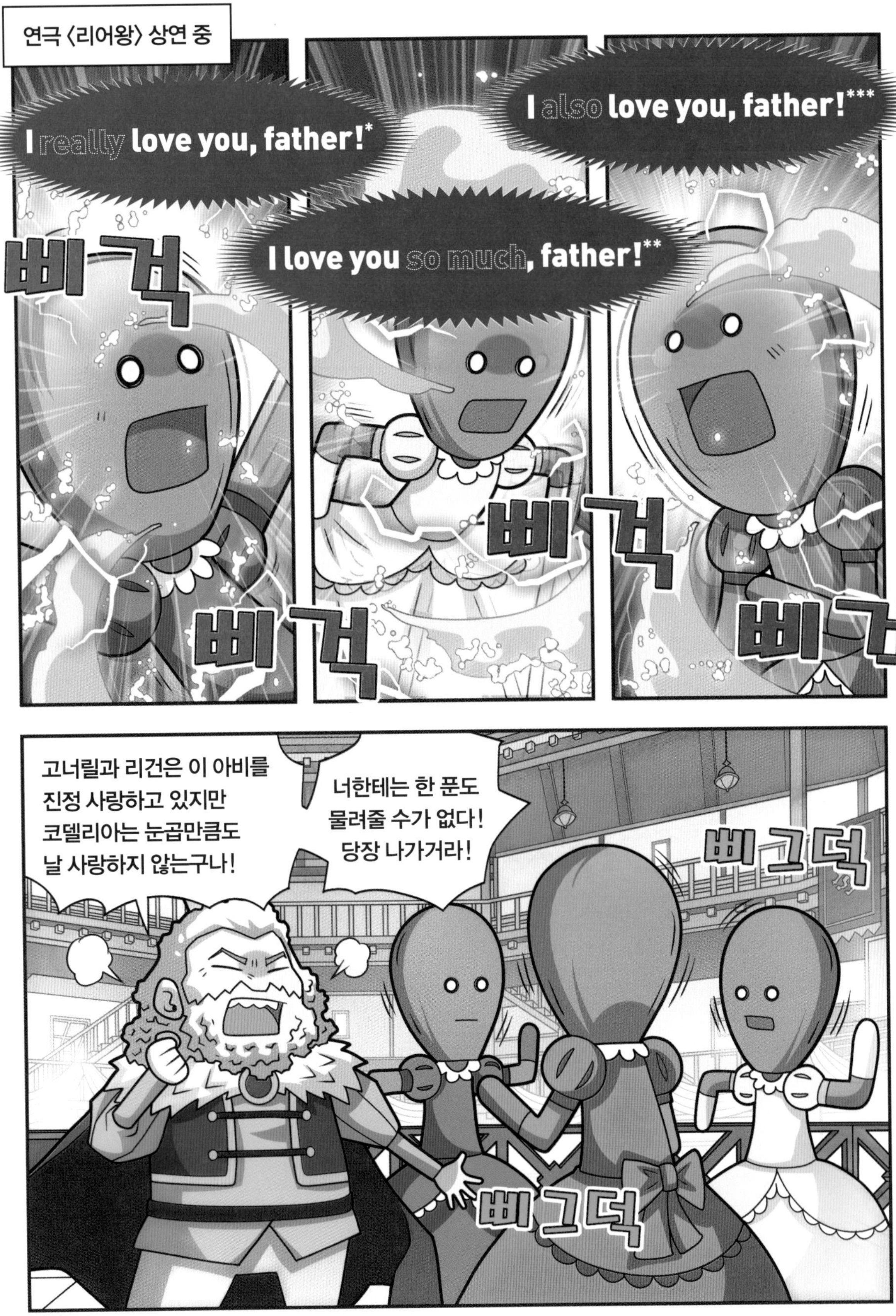
연극 〈리어왕〉 상연 중
I really love you, father!*
I love you so much, father!**
I also love you, father!***
삐걱
삐걱
삐걱
삐걱
삐걱
삐걱
고너릴과 리건은 이 아비를 진정 사랑하고 있지만 코델리아는 눈곱만큼도 날 사랑하지 않는구나!
너한테는 한 푼도 물려줄 수가 없다! 당장 나가거라!
삐그덕
삐그덕

* 저는 아버지를 (정말로) 사랑해요! ** 저는 아버지를 (정말 많이) 사랑해요! *** 저 (또한) 아버지를 사랑해요!

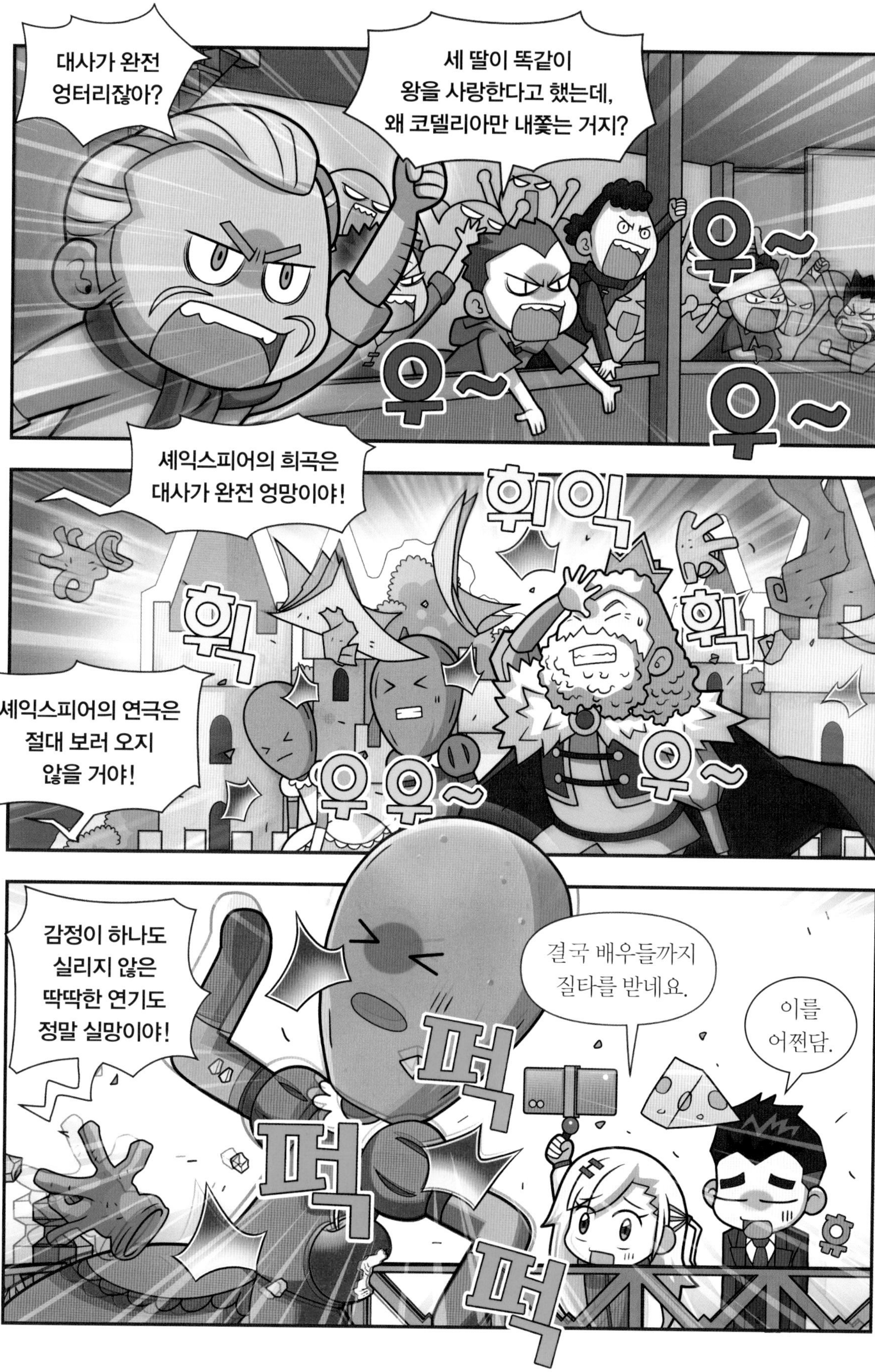

대사가 완전 엉터리잖아?
세 딸이 똑같이 왕을 사랑한다고 했는데, 왜 코델리아만 내쫓는 거지?
우~
우~
우~
셰익스피어의 희곡은 대사가 완전 엉망이야!
휘익
휙
휙
셰익스피어의 연극은 절대 보러 오지 않을 거야!
우우~
우~
감정이 하나도 실리지 않은 딱딱한 연기도 정말 실망이야!
결국 배우들까지 질타를 받네요.
이를 어쩐담.
퍽
퍽
퍽
후

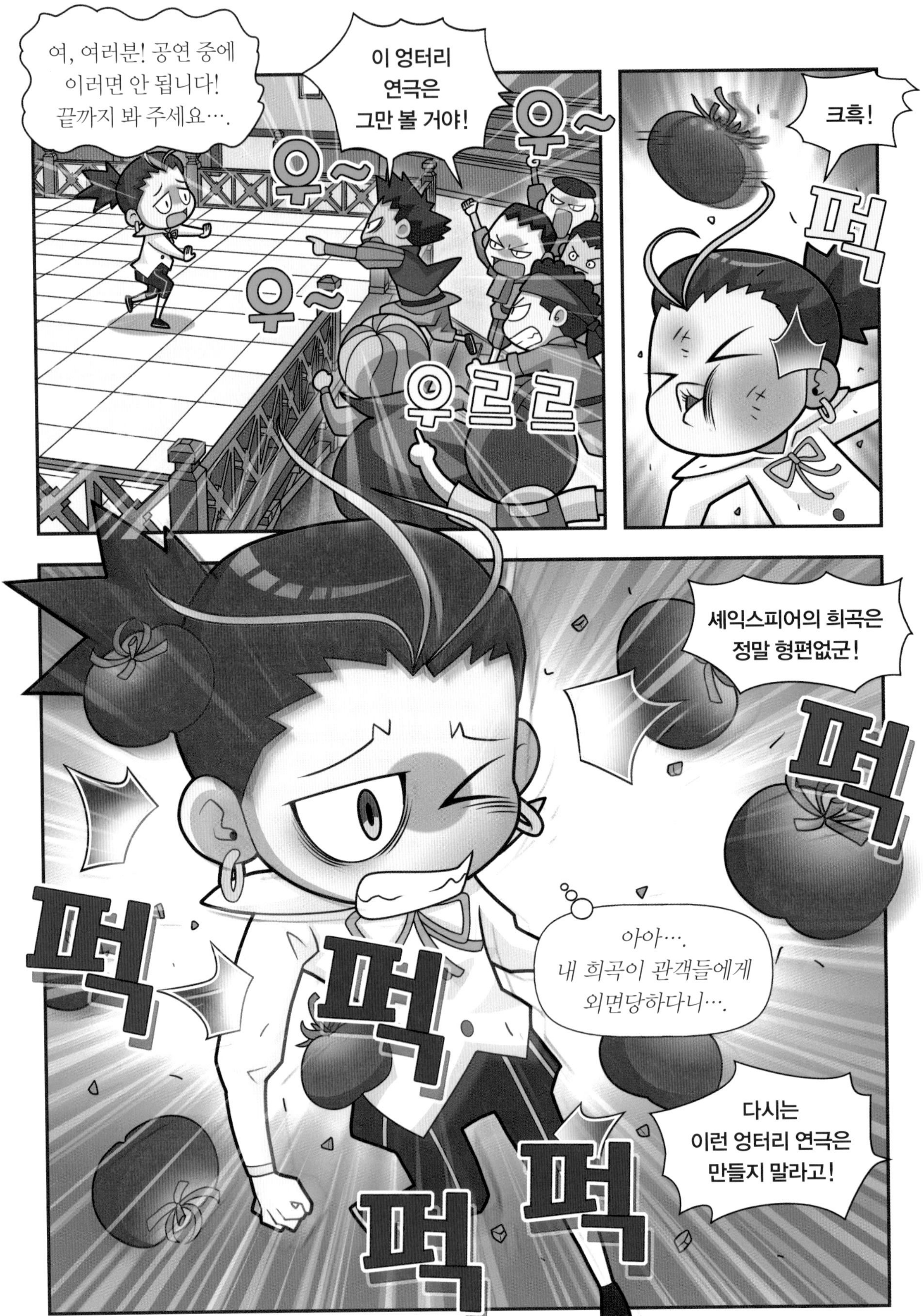
여, 여러분! 공연 중에 이러면 안 됩니다! 끝까지 봐 주세요….
이 엉터리 연극은 그만 볼 거야!
우~
우~
우~
우르르
크흑!
퍽
셰익스피어의 희곡은 정말 형편없군!
퍽
퍽
퍽
아아…. 내 희곡이 관객들에게 외면당하다니….
다시는 이런 엉터리 연극은 만들지 말라고!
퍽
퍽

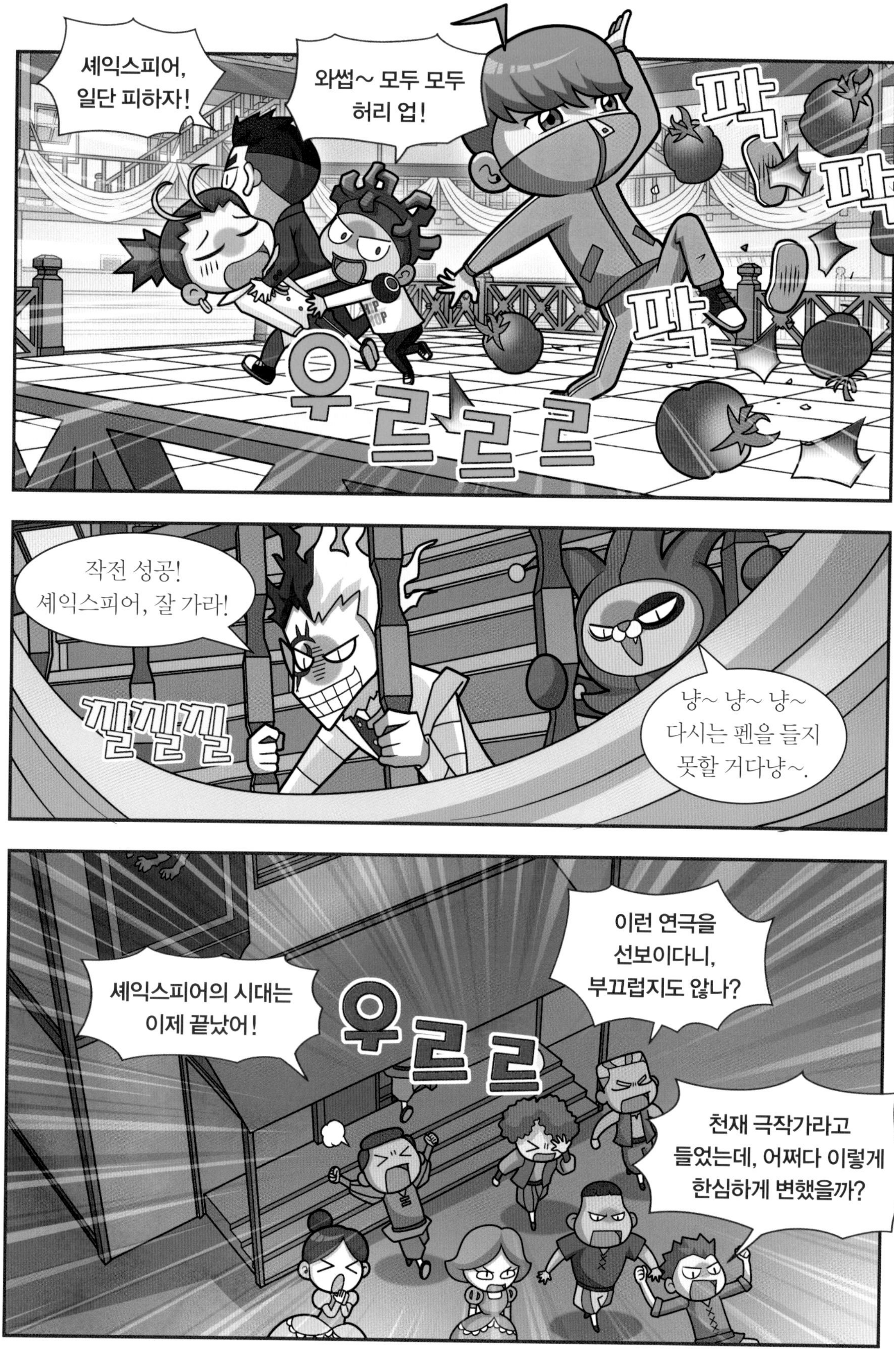

셰익스피어,
일단 피하자!
와썹~ 모두 모두
허리 업!
HIP HOP
팍
팍
팍
우르르르
작전 성공!
셰익스피어, 잘 가라!
찔찔찔
냥~ 냥~ 냥~
다시는 펜을 들지
못할 거다냥~.
셰익스피어의 시대는
이제 끝났어!
이런 연극을
선보이다니,
부끄럽지도 않나?
우르르
천재 극작가라고
들었는데, 어쩌다 이렇게
한심하게 변했을까?

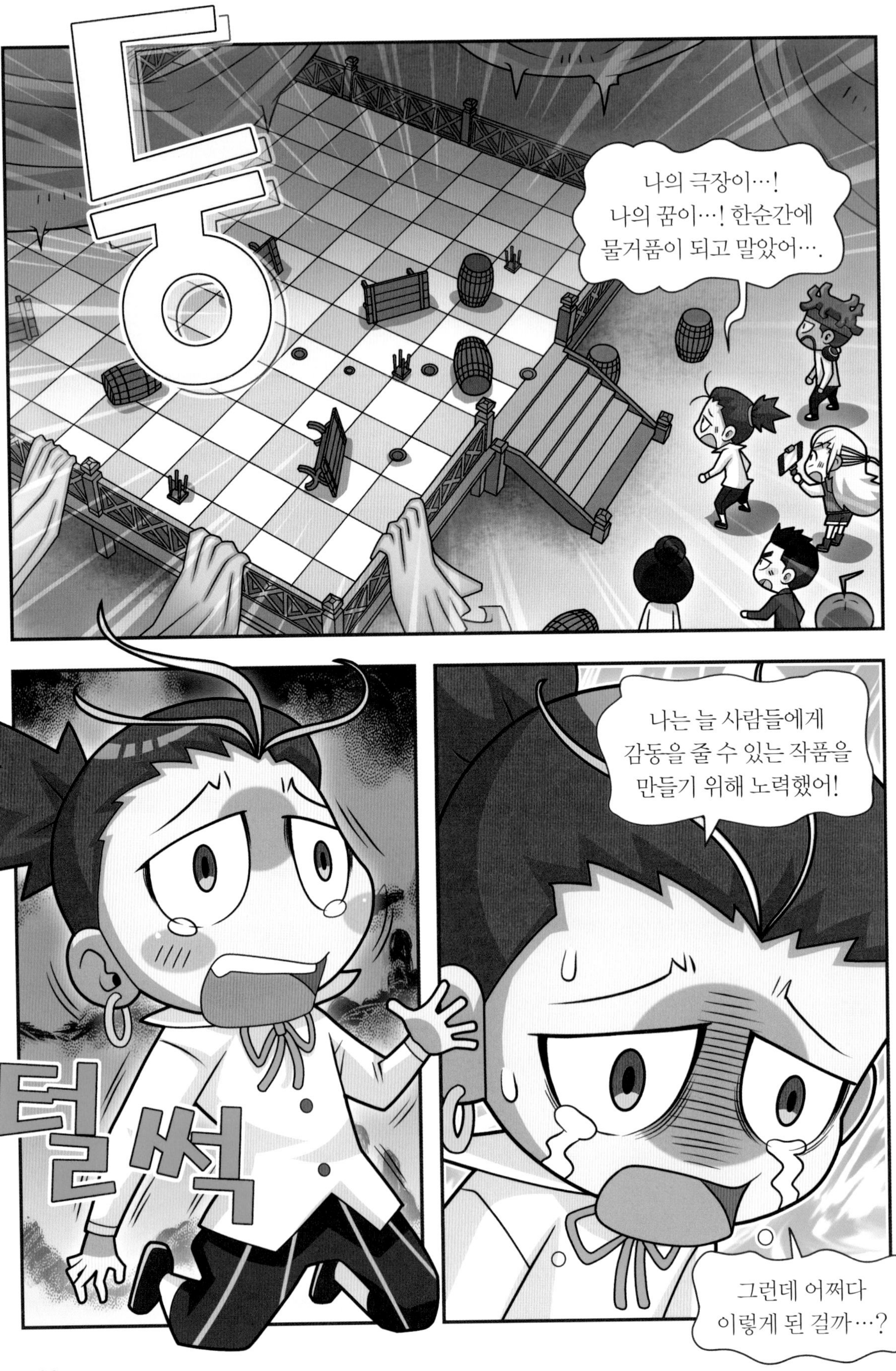
둥
나의 극장이…! 나의 꿈이…! 한순간에 물거품이 되고 말았어….
털썩
나는 늘 사람들에게 감동을 줄 수 있는 작품을 만들기 위해 노력했어!
그런데 어쩌다 이렇게 된 걸까…?

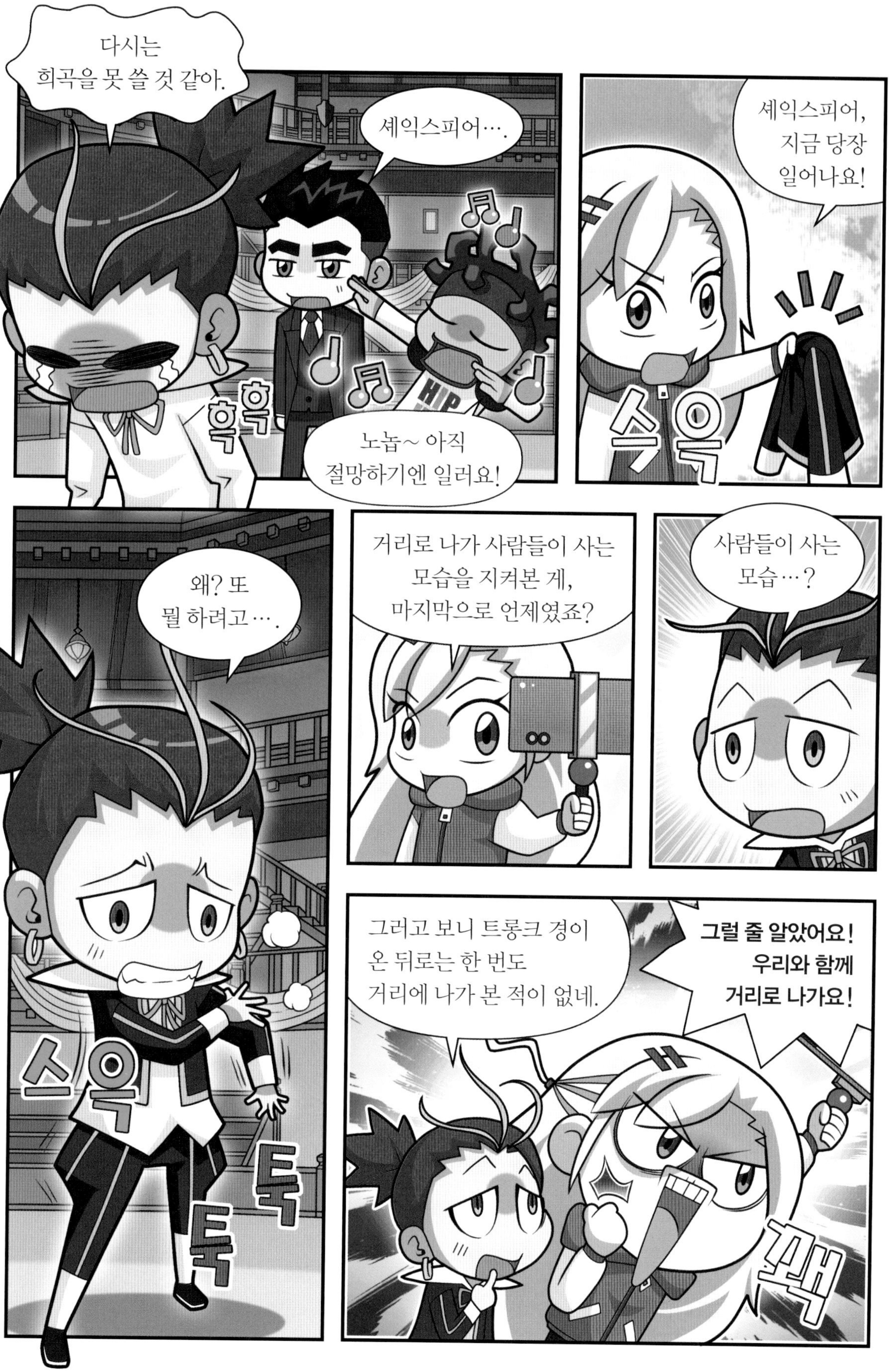
다시는
희곡을 못 쓸 것 같아.
셰익스피어….
노놉~ 아직
절망하기엔 일러요!
흑흑
셰익스피어,
지금 당장
일어나요!
스윽
왜? 또
뭘 하려고….
스윽
툭
툭
거리로 나가 사람들이 사는
모습을 지켜본 게,
마지막으로 언제였죠?
사람들이 사는
모습…?
그러고 보니 트롱크 경이
온 뒤로는 한 번도
거리에 나가 본 적이 없네.
그럴 줄 알았어요!
우리와 함께
거리로 나가요!
꽥

Chapter 5

삶이 곧 연극

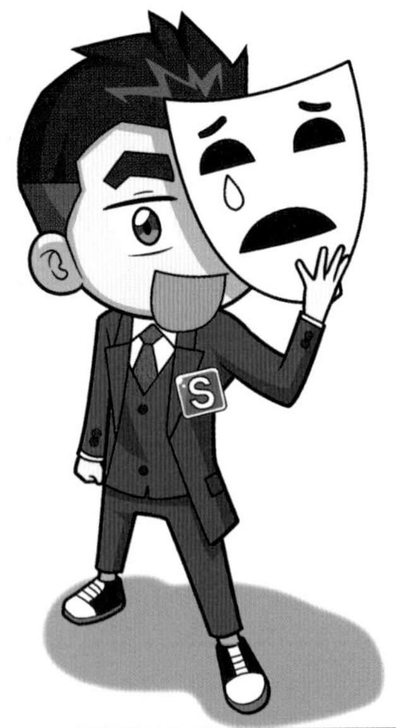

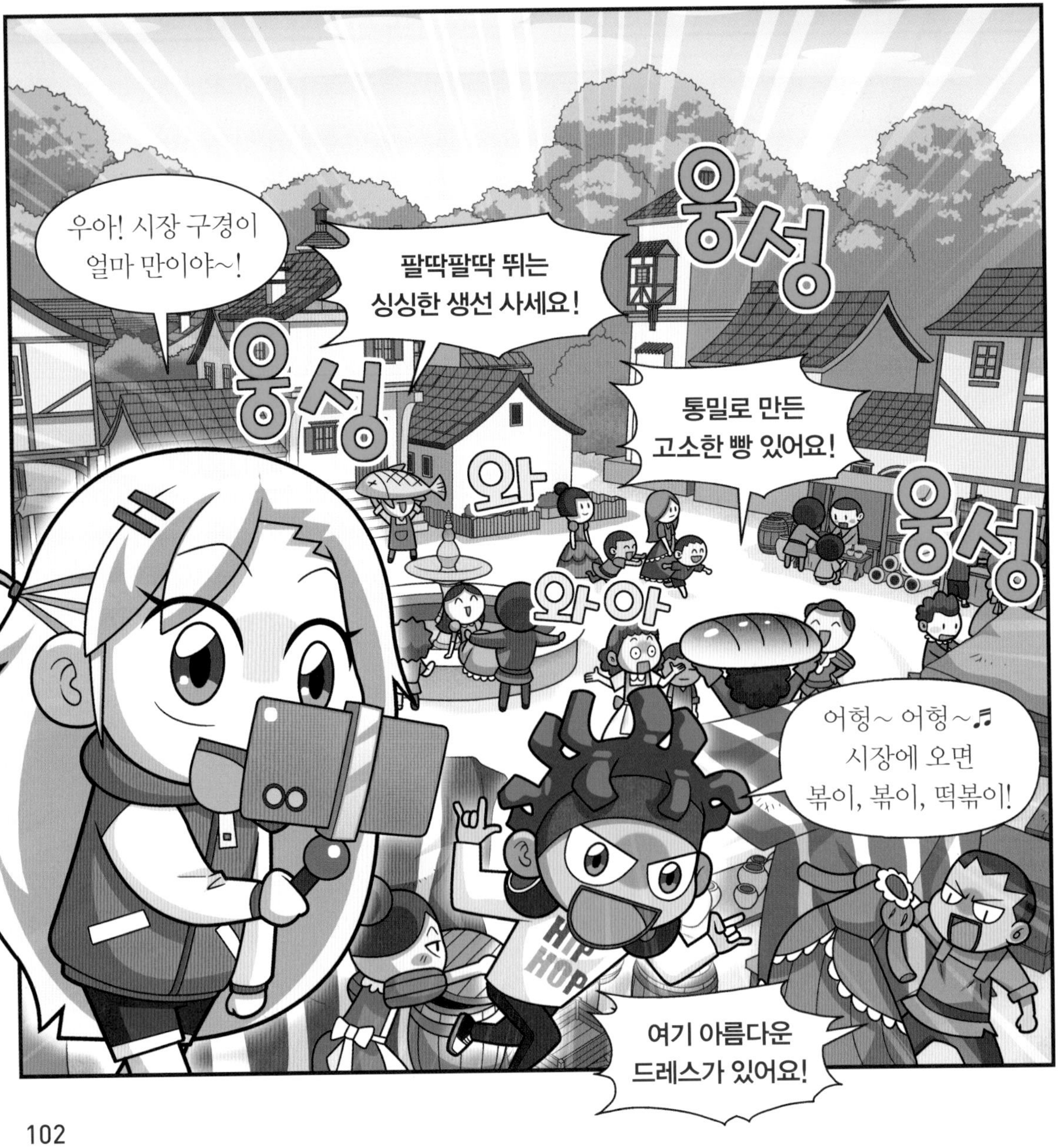

우아! 시장 구경이 얼마 만이야~!
팔딱팔딱 뛰는 싱싱한 생선 사세요!
웅성
웅성
통밀로 만든 고소한 빵 있어요!
와
웅성
와아
어헝~ 어헝~♬ 시장에 오면 볶이, 볶이, 떡볶이!
HIP HOP
여기 아름다운 드레스가 있어요!

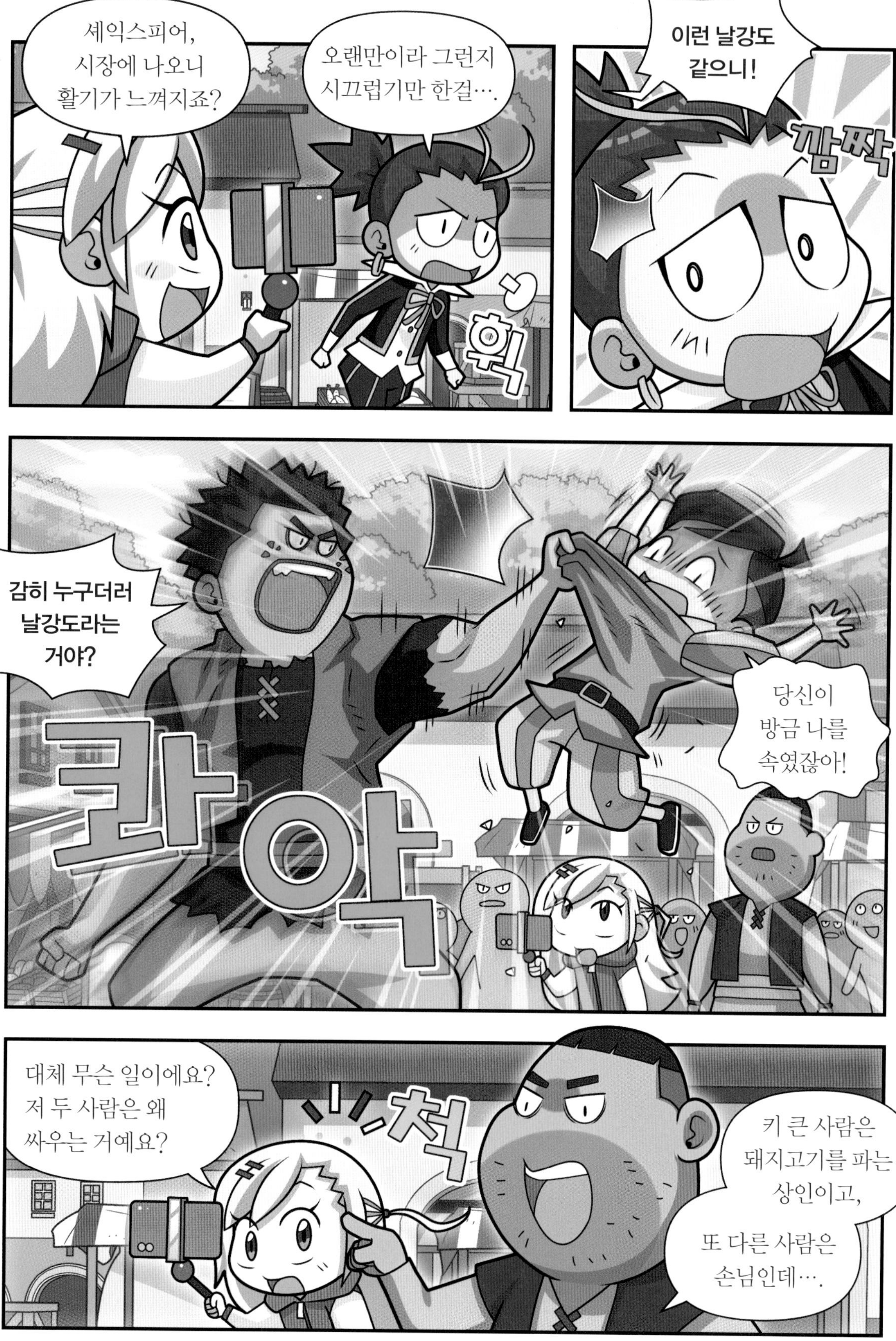

셰익스피어, 시장에 나오니 활기가 느껴지죠?
오랜만이라 그런지 시끄럽기만 한걸….
휙
이런 날강도 같으니!
깜짝
감히 누구더러 날강도라는 거야?
콰악
당신이 방금 나를 속였잖아!
대체 무슨 일이에요? 저 두 사람은 왜 싸우는 거예요?
척
키 큰 사람은 돼지고기를 파는 상인이고,
또 다른 사람은 손님인데….

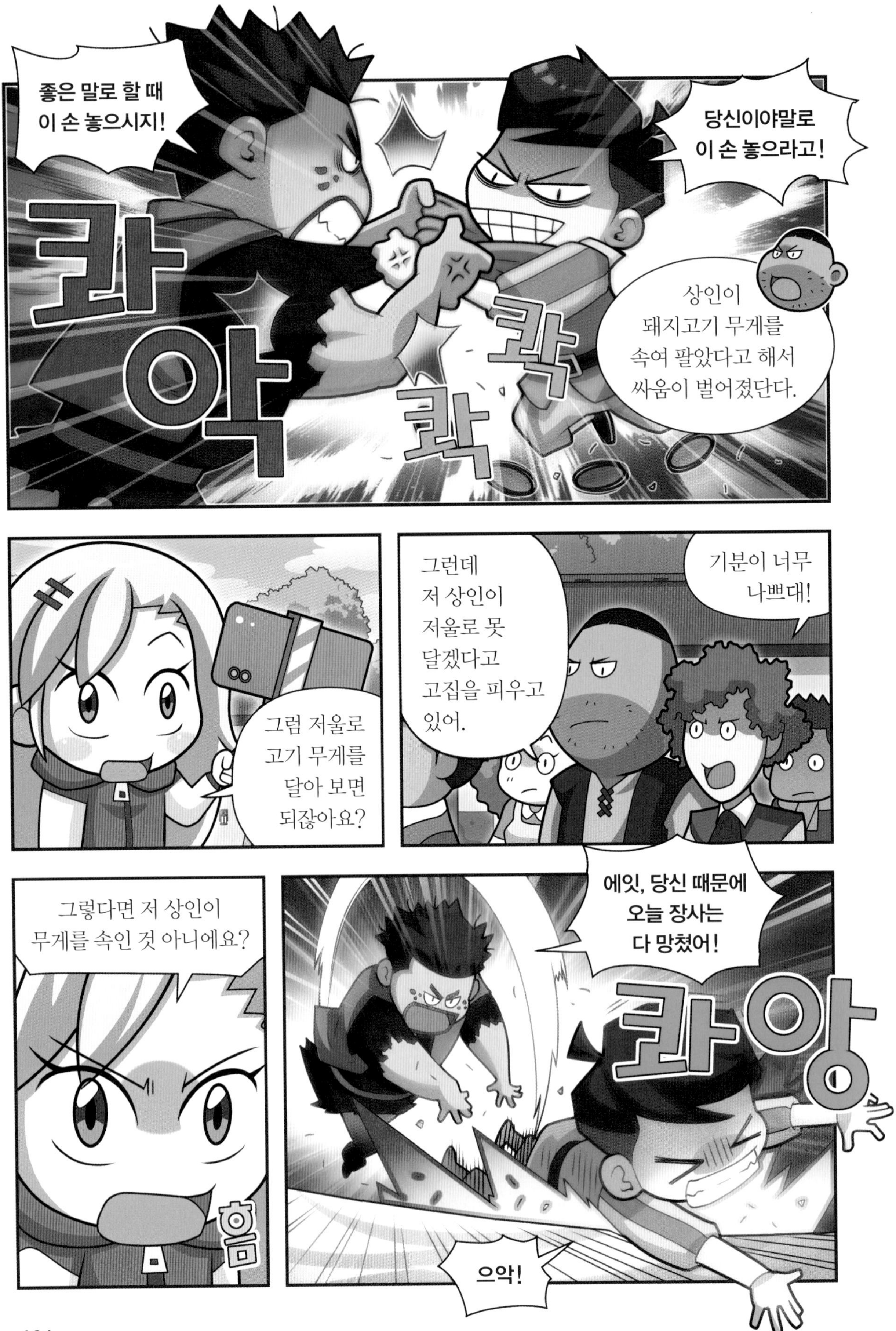
좋은 말로 할 때 이 손 놓으시지!
당신이야말로 이 손 놓으라고!
콰악
콱 콱
상인이 돼지고기 무게를 속여 팔았다고 해서 싸움이 벌어졌단다.
그럼 저울로 고기 무게를 달아 보면 되잖아요?
그런데 저 상인이 저울로 못 달겠다고 고집을 피우고 있어.
기분이 너무 나쁘대!
그렇다면 저 상인이 무게를 속인 것 아니에요?
흠
에잇, 당신 때문에 오늘 장사는 다 망쳤어!
콰앙
으악!

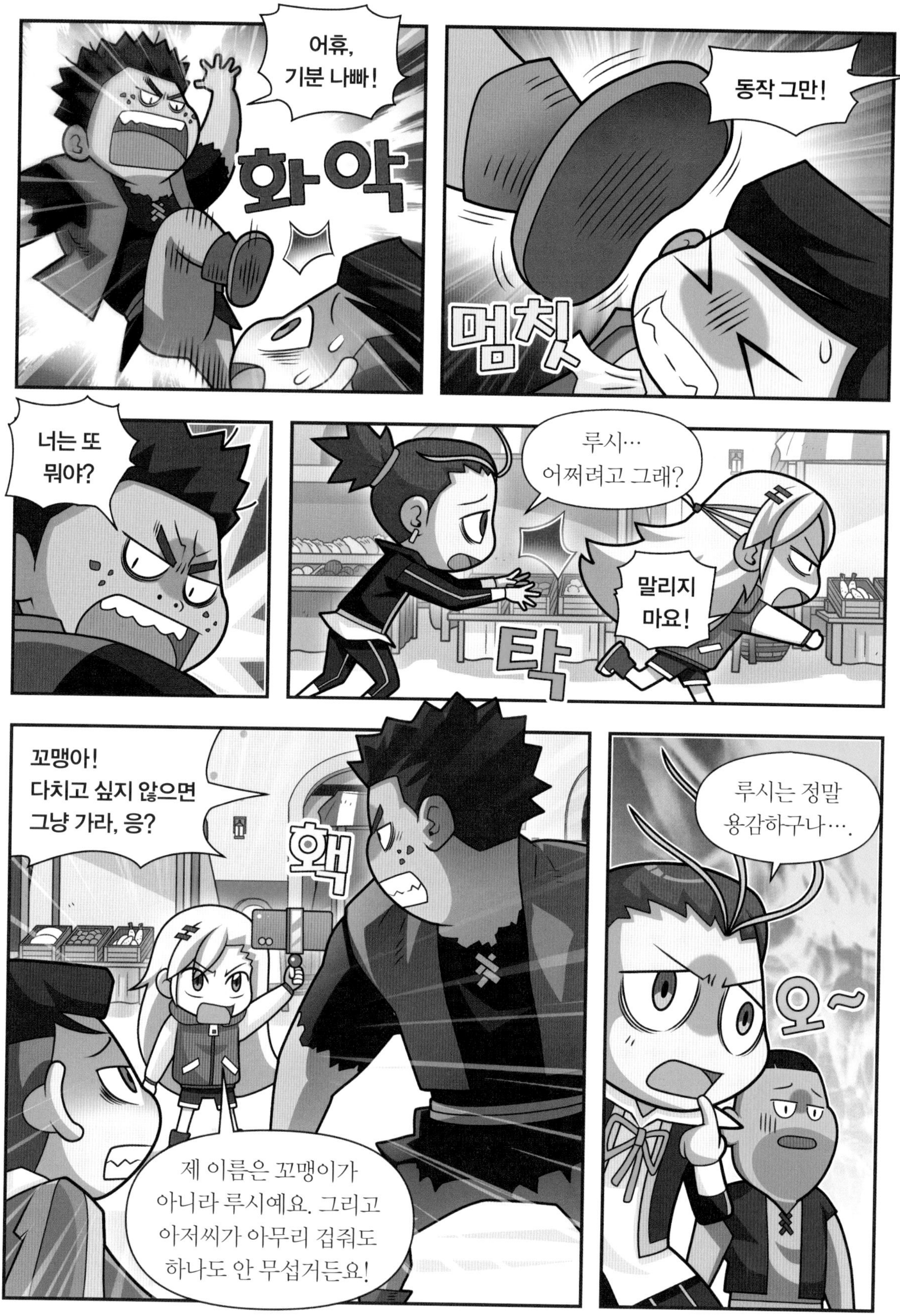
어휴,
기분 나빠!
화악
동작 그만!
멈칫
너는 또
뭐야?
루시…
어쩌려고 그래?
말리지
마요!
탁
꼬맹아!
다치고 싶지 않으면
그냥 가라, 응?
홱
제 이름은 꼬맹이가
아니라 루시예요. 그리고
아저씨가 아무리 겁줘도
하나도 안 무섭거든요!
루시는 정말
용감하구나….
오~

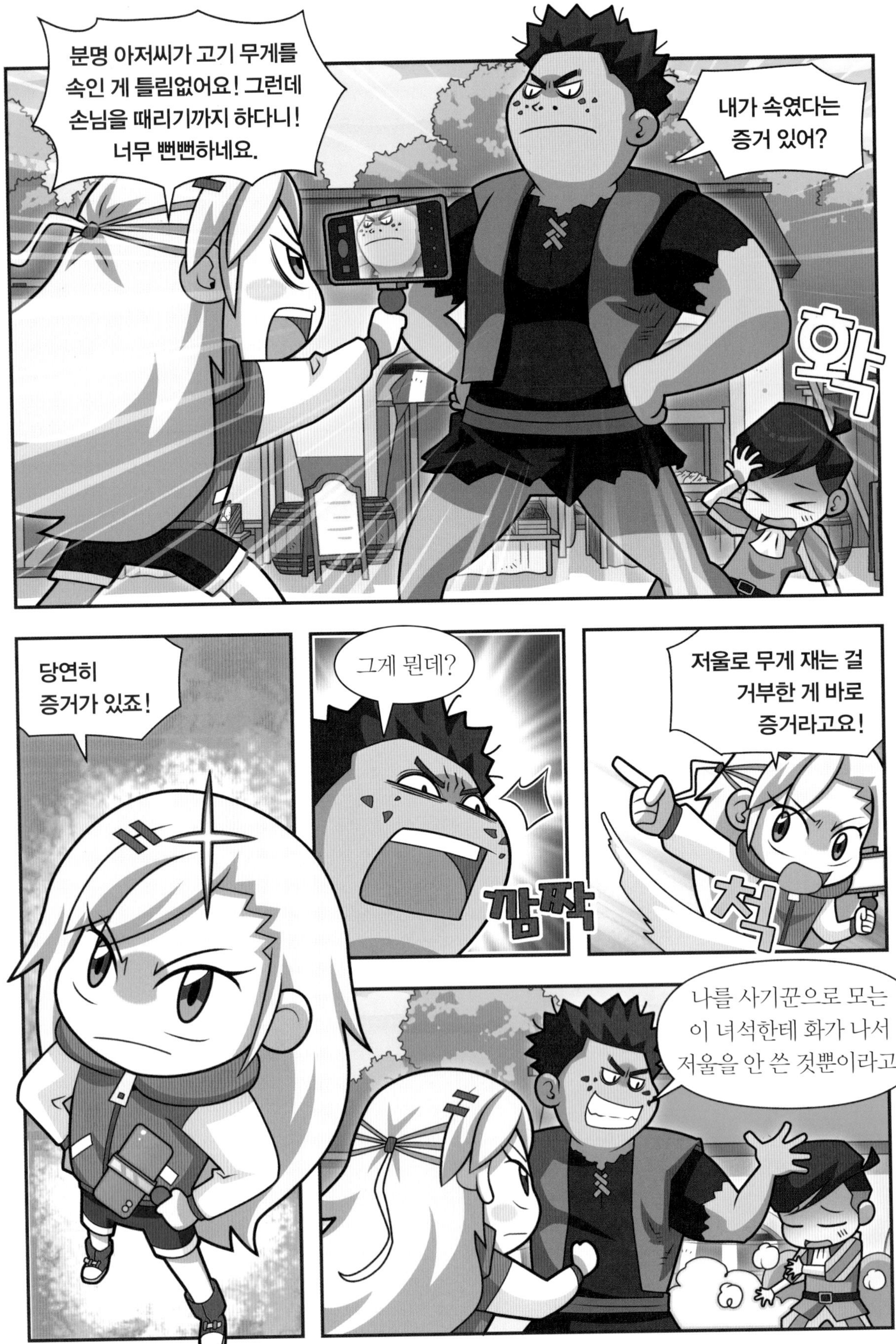
분명 아저씨가 고기 무게를 속인 게 틀림없어요! 그런데 손님을 때리기까지 하다니! 너무 뻔뻔하네요.
내가 속였다는 증거 있어?
확
당연히 증거가 있죠!
그게 뭔데?
깜짝
저울로 무게 재는 걸 거부한 게 바로 증거라고요!
척
나를 사기꾼으로 모는 이 녀석한테 화가 나서 저울을 안 쓴 것뿐이라고!

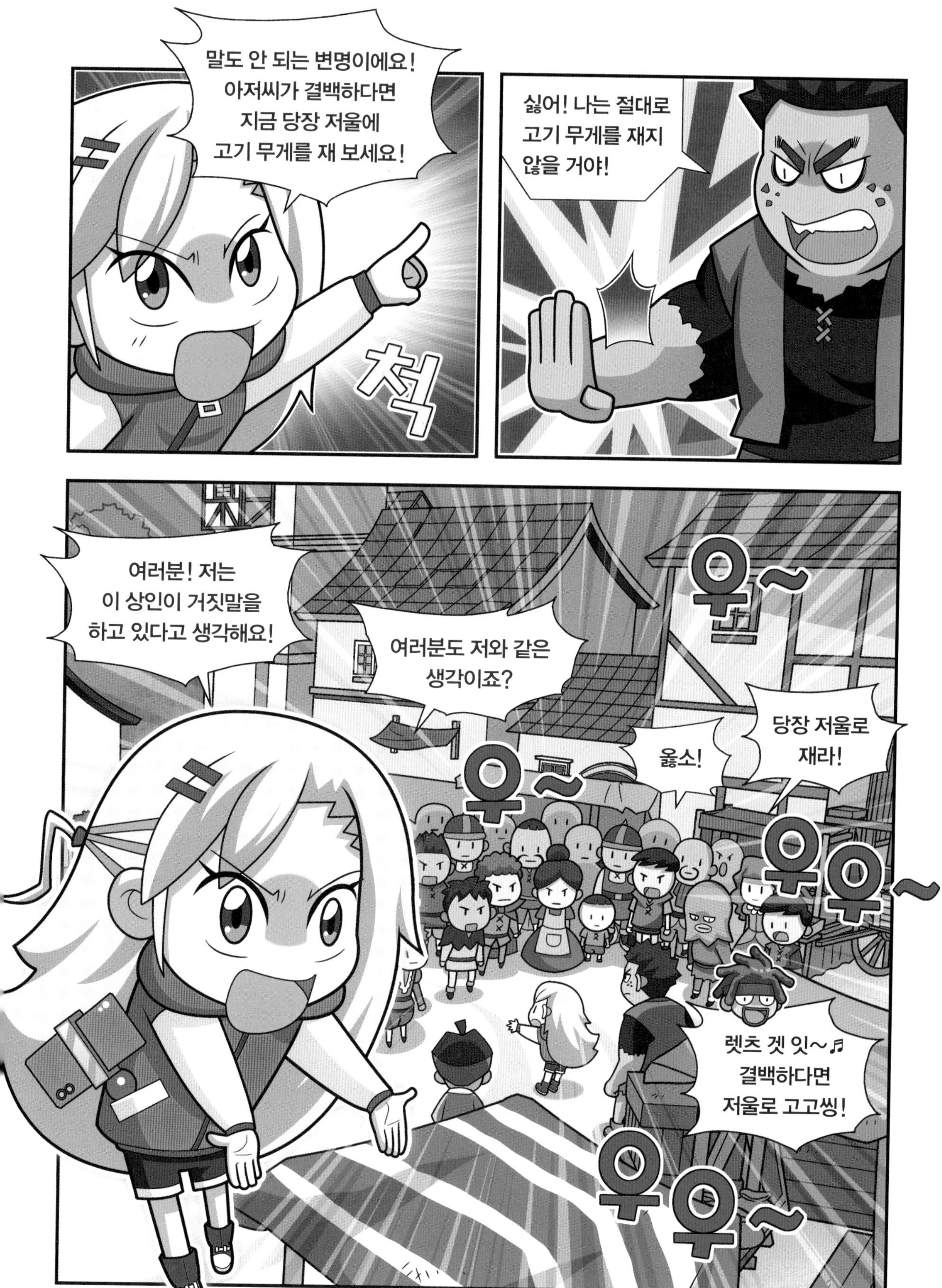
말도 안 되는 변명이에요! 아저씨가 결백하다면 지금 당장 저울에 고기 무게를 재 보세요!
척
싫어! 나는 절대로 고기 무게를 재지 않을 거야!
여러분! 저는 이 상인이 거짓말을 하고 있다고 생각해요!
여러분도 저와 같은 생각이죠?
우~
우~
옳소!
당장 저울로 재라!
우우~
렛츠 겟 잇~♬ 결백하다면 저울로 고고씽!
우우~

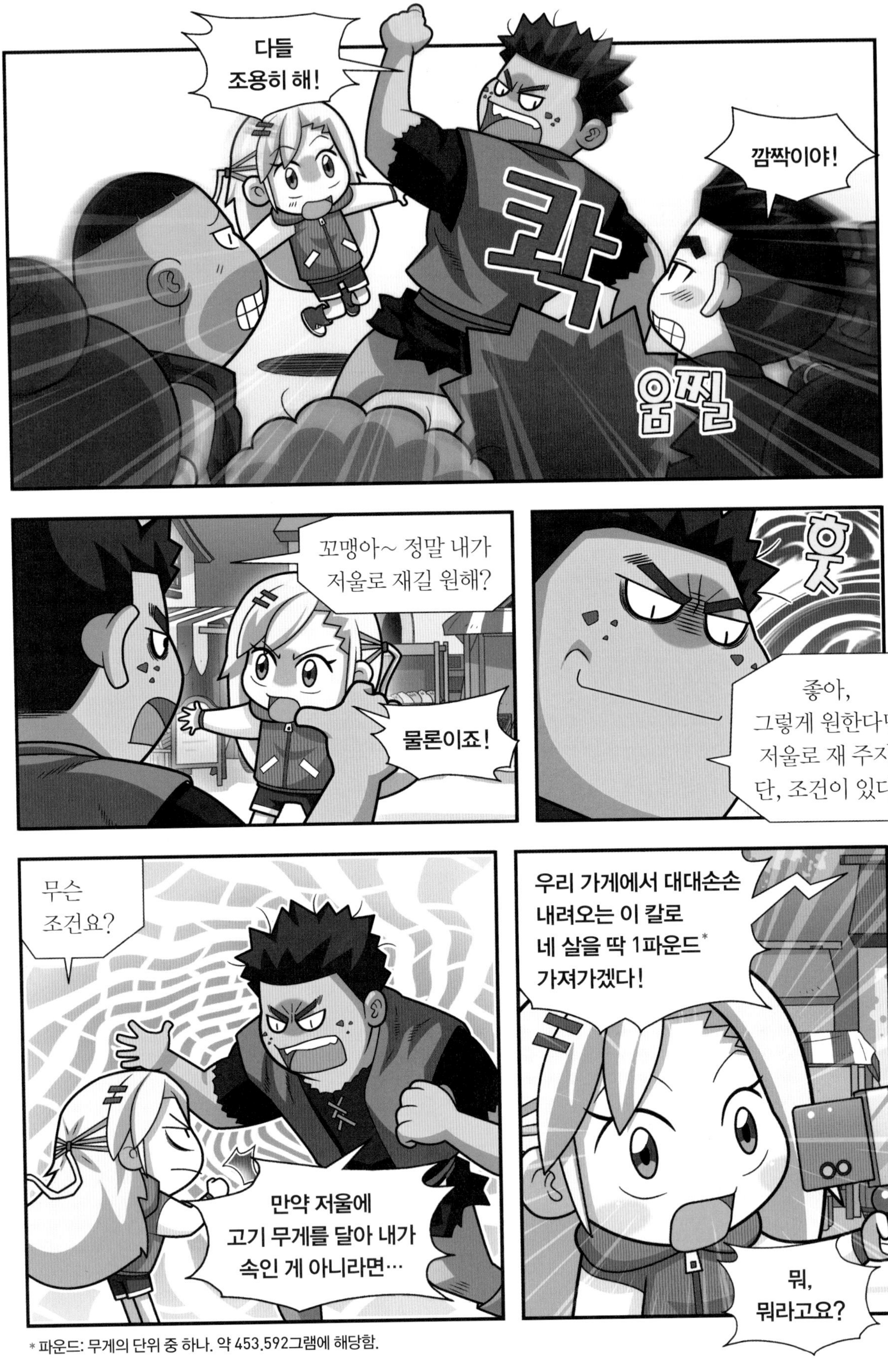

다들 조용히 해!
깜짝이야!
콱
움찔
꼬맹아~ 정말 내가 저울로 재길 원해?
물론이죠!
훗
좋아, 그렇게 원한다면 저울로 재 주지. 단, 조건이 있다!
무슨 조건요?
만약 저울에 고기 무게를 달아 내가 속인 게 아니라면…
우리 가게에서 대대손손 내려오는 이 칼로 네 살을 딱 1파운드* 가져가겠다!
뭐, 뭐라고요?

* 파운드: 무게의 단위 중 하나. 약 453.592그램에 해당함.

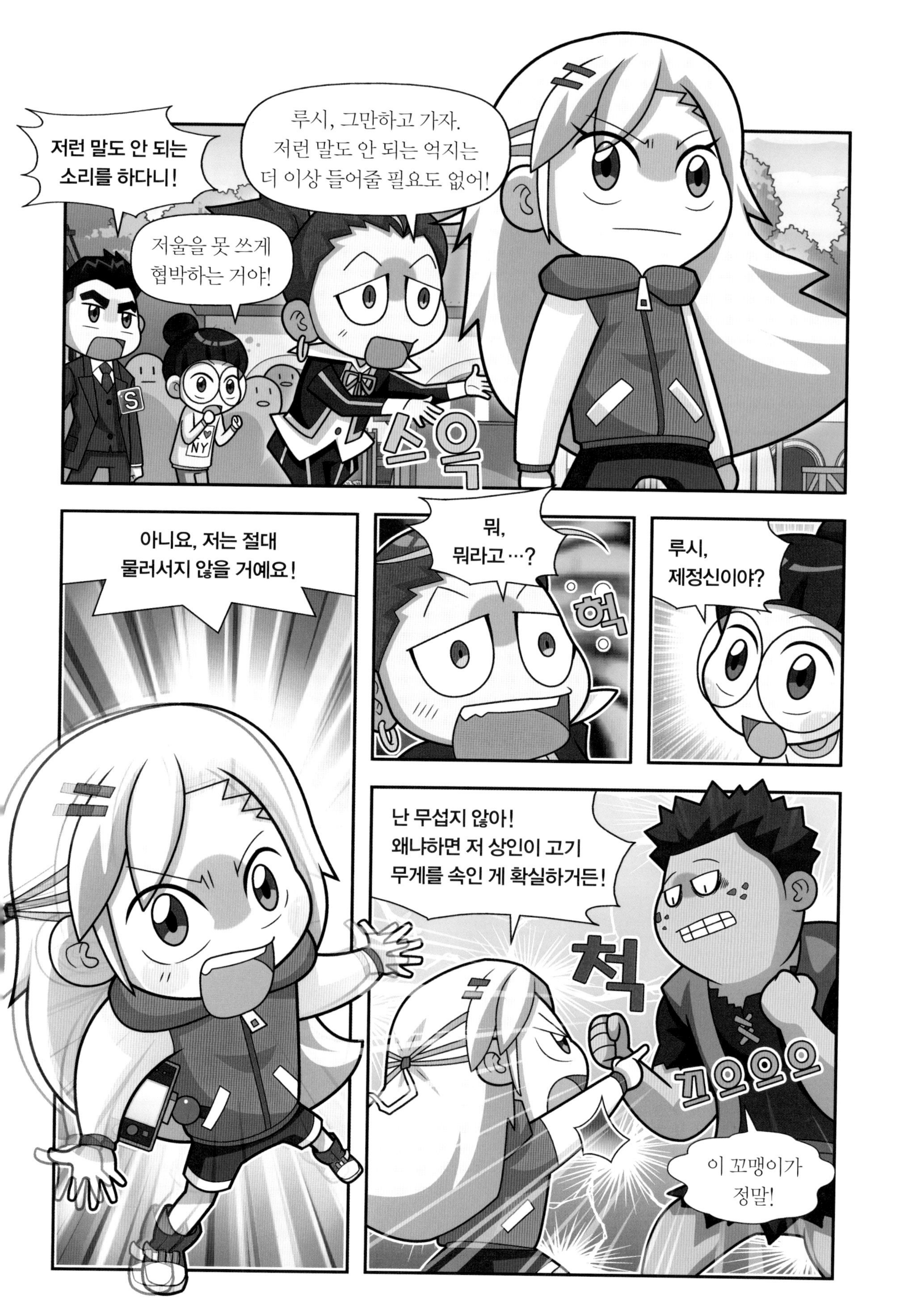
저런 말도 안 되는 소리를 하다니!
루시, 그만하고 가자. 저런 말도 안 되는 억지는 더 이상 들어줄 필요도 없어!
저울을 못 쓰게 협박하는 거야!
스윽
아니요, 저는 절대 물러서지 않을 거예요!
뭐, 뭐라고…?
헉
루시, 제정신이야?
난 무섭지 않아! 왜냐하면 저 상인이 고기 무게를 속인 게 확실하거든!
척
끄으으으
이 꼬맹이가 정말!

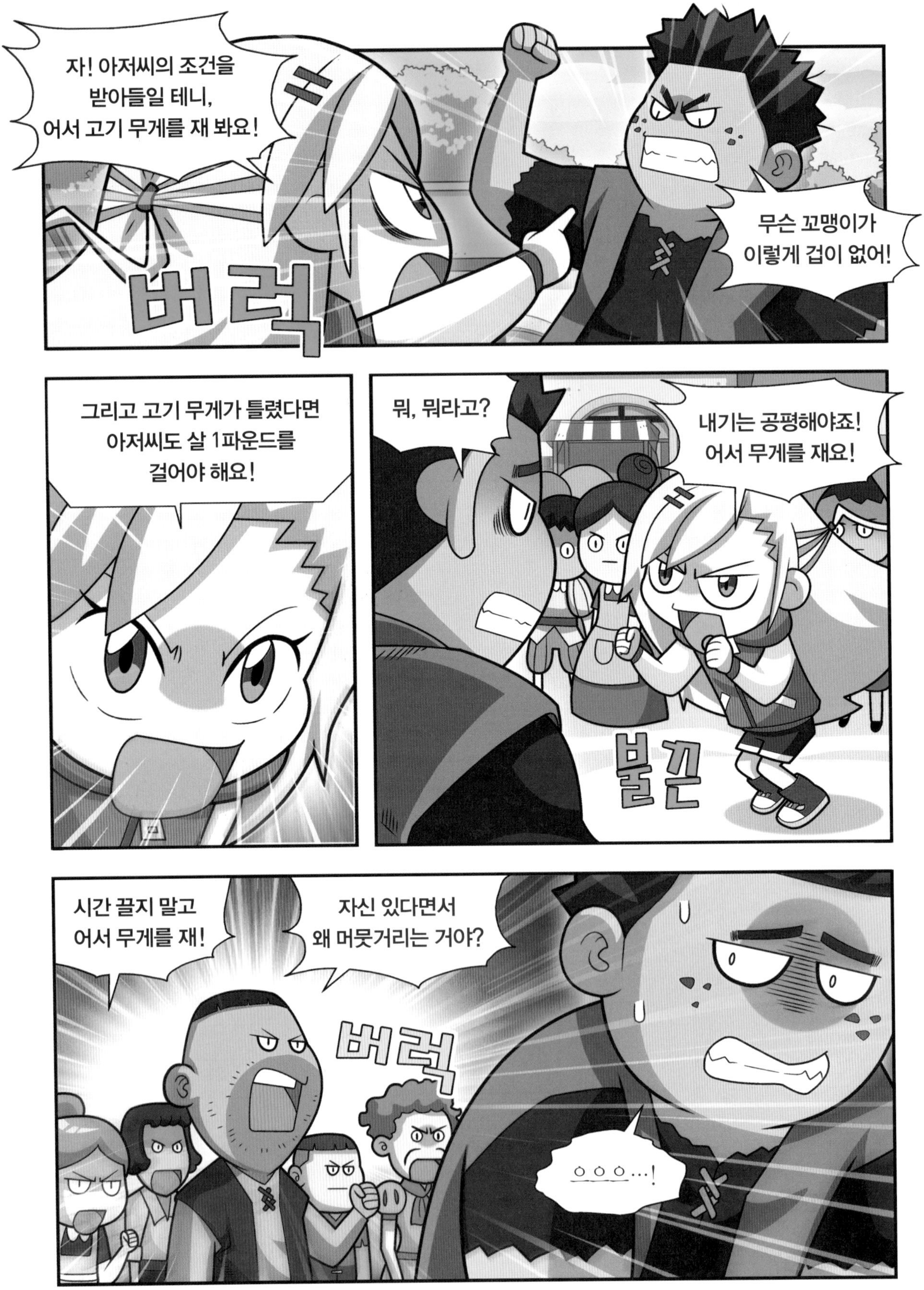

자! 아저씨의 조건을
받아들일 테니,
어서 고기 무게를 재 봐요!
무슨 꼬맹이가
이렇게 겁이 없어!
버럭
그리고 고기 무게가 틀렸다면
아저씨도 살 1파운드를
걸어야 해요!
뭐, 뭐라고?
내기는 공평해야죠!
어서 무게를 재요!
불끈
시간 끌지 말고
어서 무게를 재!
자신 있다면서
왜 머뭇거리는 거야?
버럭
ㅇㅇㅇ…!

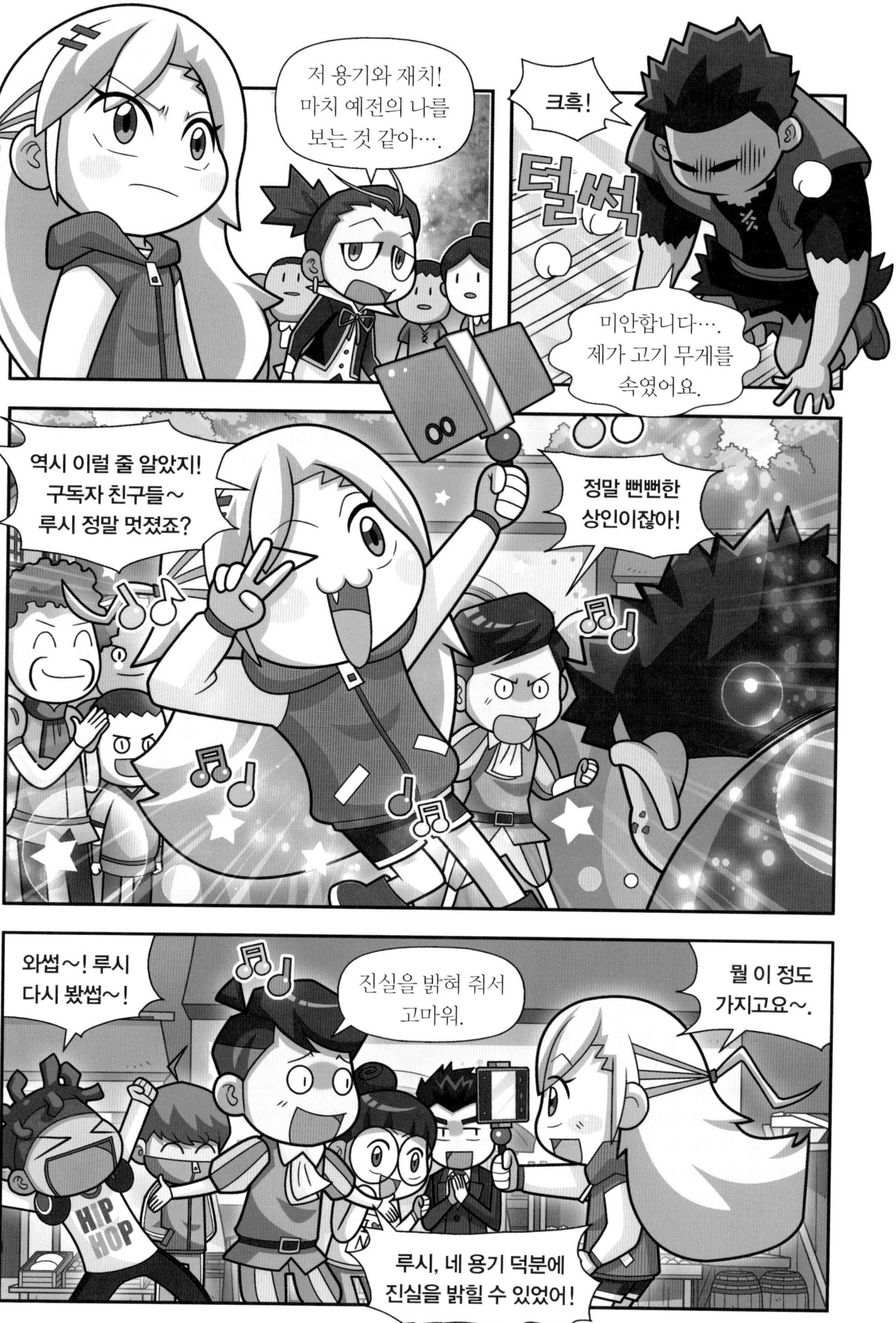
저 용기와 재치!
마치 예전의 나를
보는 것 같아….
크흑!
털썩
미안합니다….
제가 고기 무게를
속였어요.
역시 이럴 줄 알았지!
구독자 친구들~
루시 정말 멋졌죠?
정말 뻔뻔한
상인이잖아!
와썹~! 루시
다시 봤썹~!
진실을 밝혀 줘서
고마워.
뭘 이 정도
가지고요~.
HIP
HOP
루시, 네 용기 덕분에
진실을 밝힐 수 있었어!

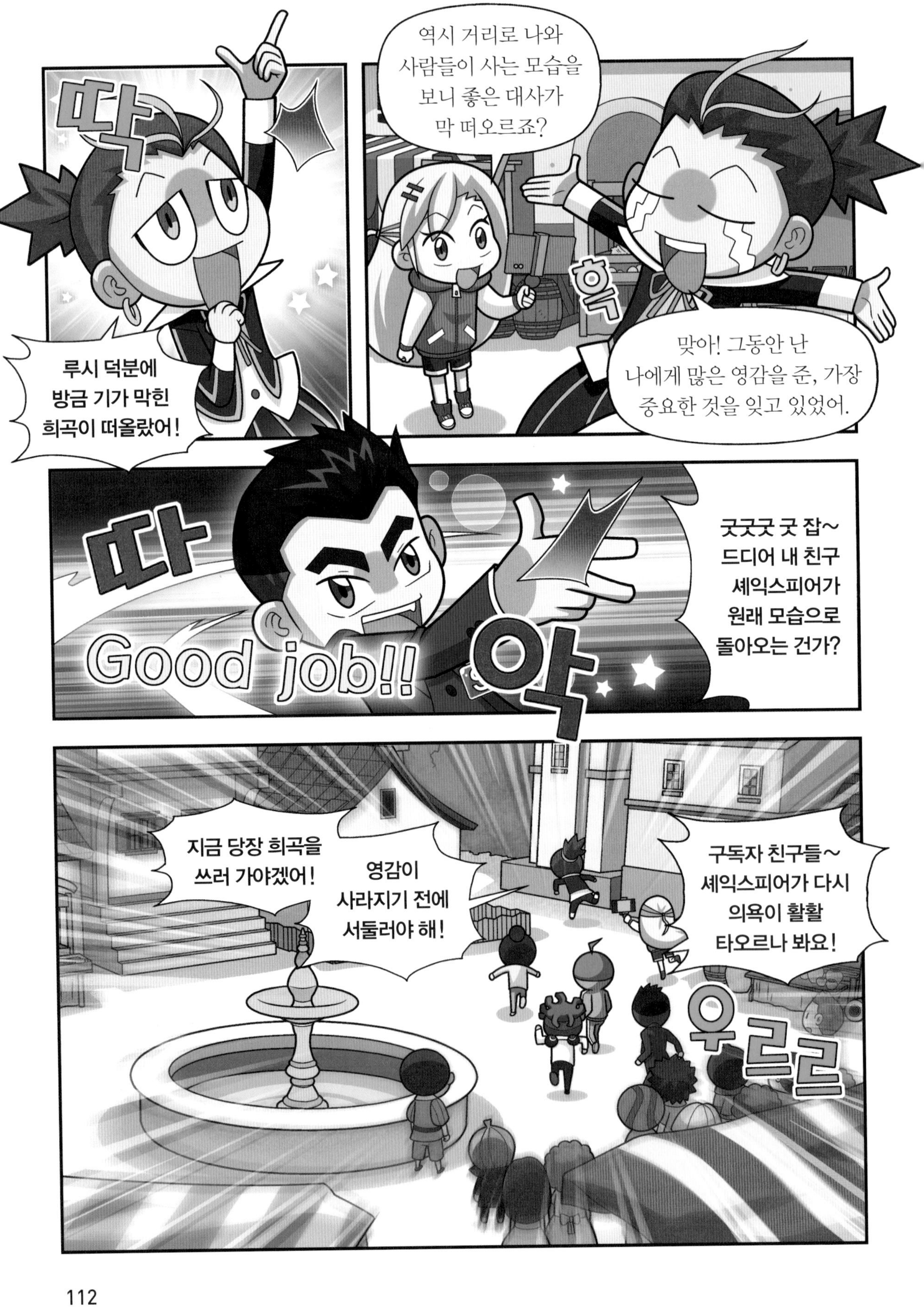
딱
역시 거리로 나와 사람들이 사는 모습을 보니 좋은 대사가 막 떠오르죠?
루시 덕분에 방금 기가 막힌 희곡이 떠올랐어!
훅
맞아! 그동안 난 나에게 많은 영감을 준, 가장 중요한 것을 잊고 있었어.
따
Good job!!
악
굿굿굿 굿 잡~ 드디어 내 친구 셰익스피어가 원래 모습으로 돌아오는 건가?
지금 당장 희곡을 쓰러 가야겠어!
영감이 사라지기 전에 서둘러야 해!
구독자 친구들~ 셰익스피어가 다시 의욕이 활활 타오르나 봐요!
우르르

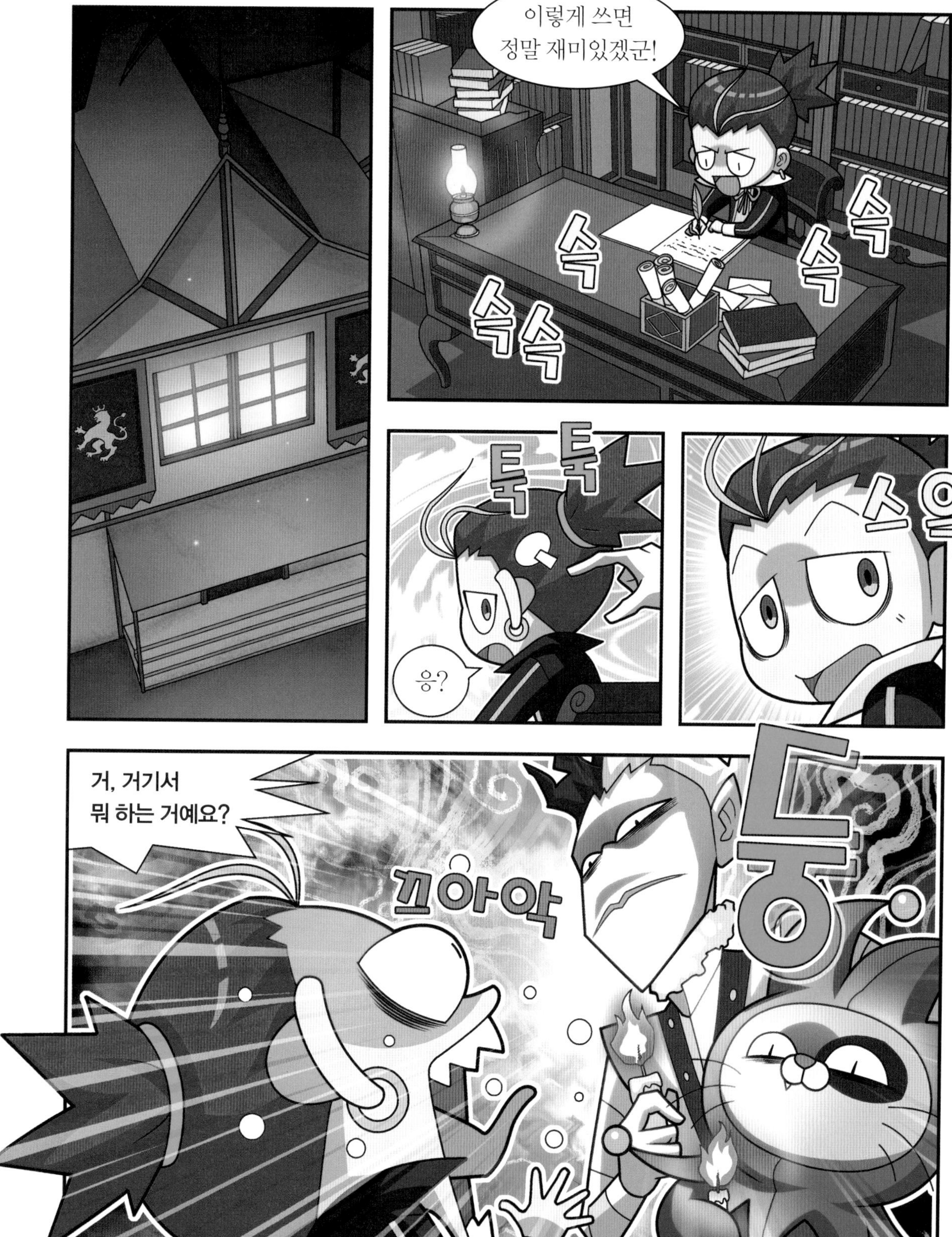

이렇게 쓰면
정말 재미있겠군!
슥슥
슥
슥
슥
툭 툭
응?
스윽
거, 거기서
뭐 하는 거예요?
끄아악
둥

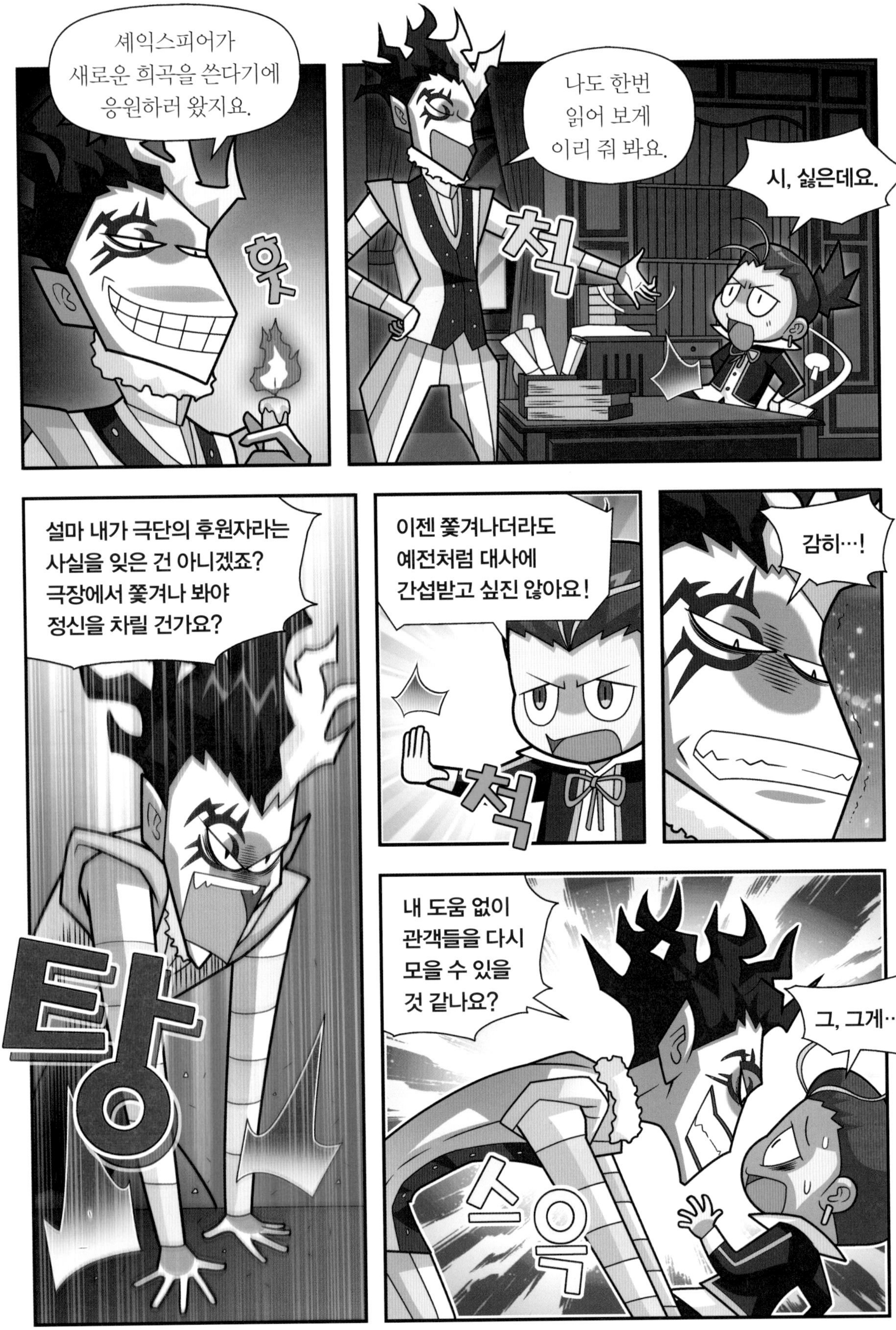

셰익스피어가
새로운 희곡을 쓴다기에
응원하러 왔지요.
훗
나도 한번
읽어 보게
이리 줘 봐요.
척
시, 싫은데요.
설마 내가 극단의 후원자라는
사실을 잊은 건 아니겠죠?
극장에서 쫓겨나 봐야
정신을 차릴 건가요?
탕
이젠 쫓겨나더라도
예전처럼 대사에
간섭받고 싶진 않아요!
척
감히…!
내 도움 없이
관객들을 다시
모을 수 있을
것 같나요?
그, 그게….
스윽

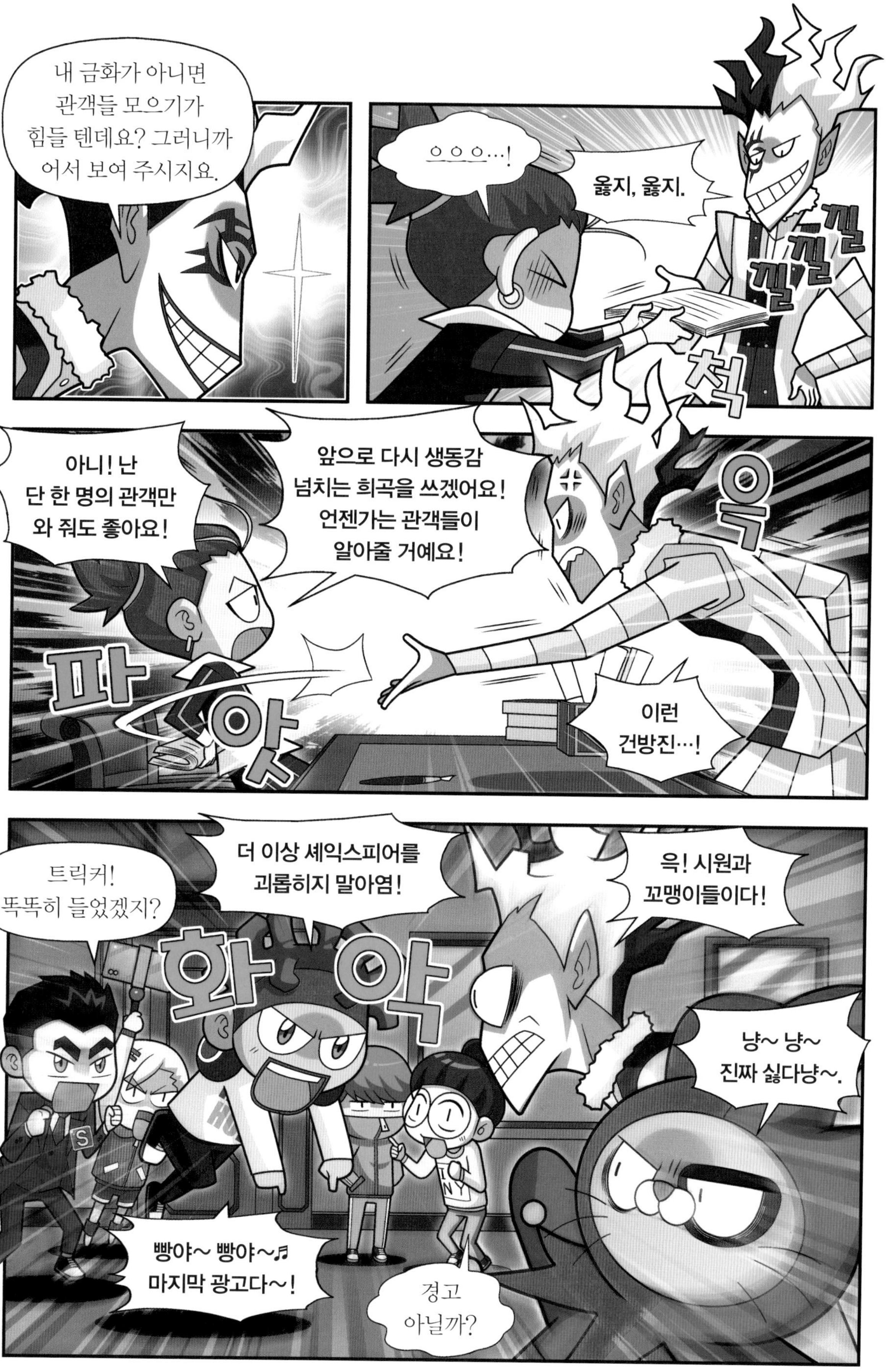
내 금화가 아니면 관객들 모으기가 힘들 텐데요? 그러니까 어서 보여 주시지요.
으으으…!
옳지, 옳지.
낄 낄 낄
척
아니! 난 단 한 명의 관객만 와 줘도 좋아요!
앞으로 다시 생동감 넘치는 희곡을 쓰겠어요! 언젠가는 관객들이 알아줄 거예요!
윽
파 앗
이런 건방진…!
트릭커! 똑똑히 들었겠지?
더 이상 셰익스피어를 괴롭히지 말아염!
윽! 시원과 꼬맹이들이다!
화 악
냥~ 냥~ 진짜 싫다냥~.
빵야~ 빵야~♬ 마지막 광고다~!
경고 아닐까?

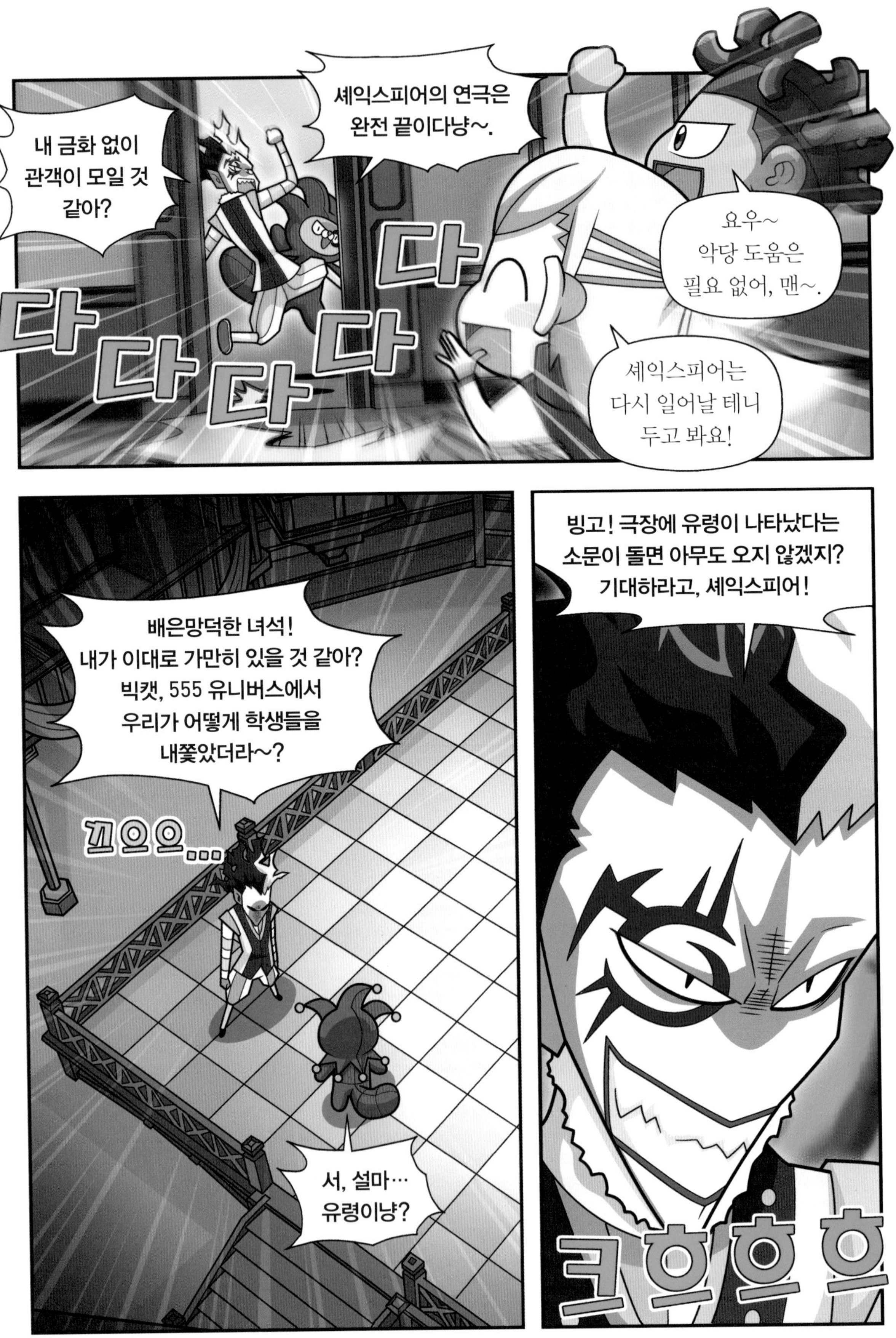
셰익스피어의 연극은 완전 끝이다냥~.
내 금화 없이 관객이 모일 것 같아?
요우~ 악당 도움은 필요 없어, 맨~.
다다다다다
셰익스피어는 다시 일어날 테니 두고 봐요!
배은망덕한 녀석! 내가 이대로 가만히 있을 것 같아? 빅캣, 555 유니버스에서 우리가 어떻게 학생들을 내쫓았더라~?
끄으으…
서, 설마… 유령이냥?
빙고! 극장에 유령이 나타났다는 소문이 돌면 아무도 오지 않겠지? 기대하라고, 셰익스피어!
크흐흐흐

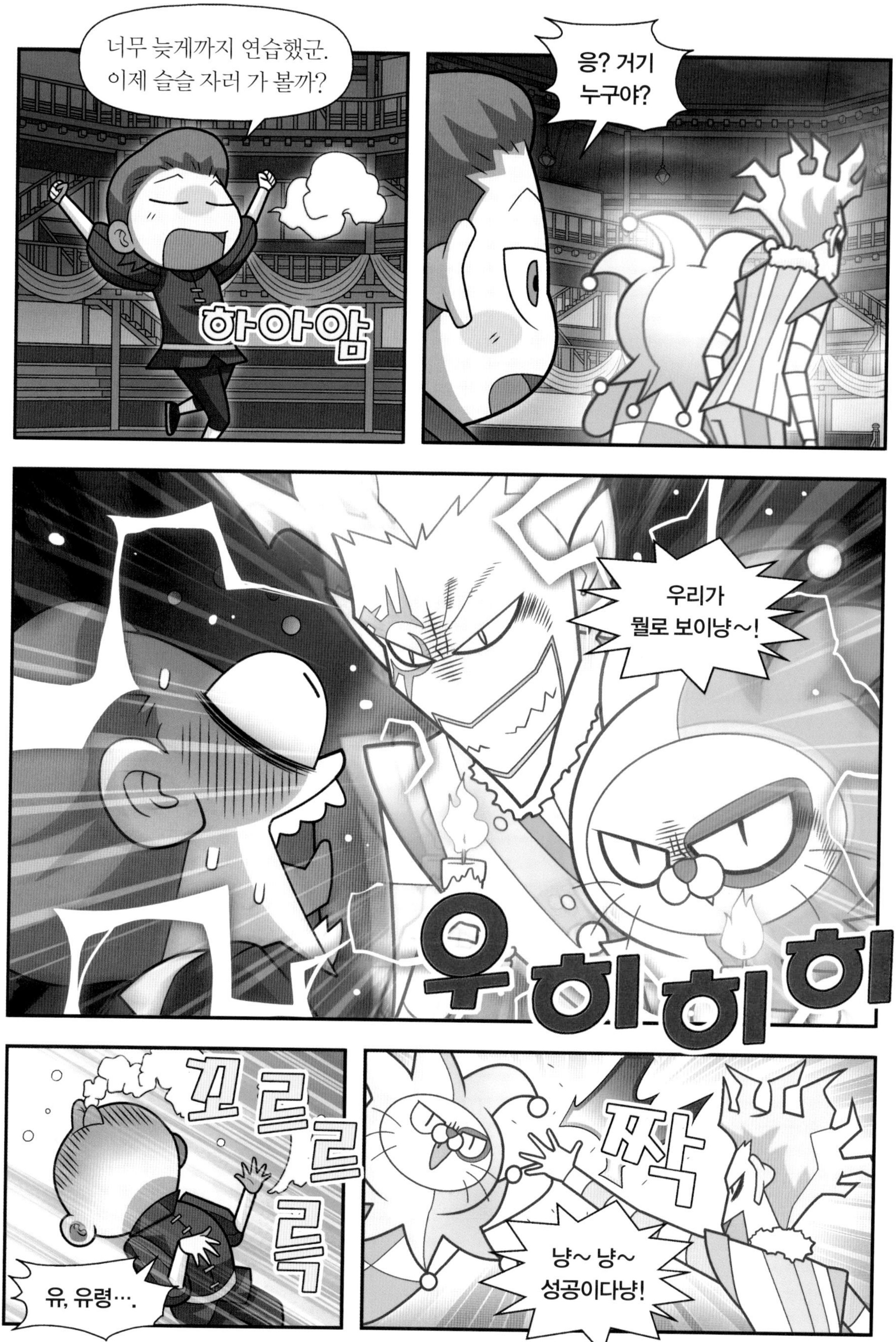

너무 늦게까지 연습했군.
이제 슬슬 자러 가 볼까?
하아암
응? 거기 누구야?
우리가 뭘로 보이냥~!
우히히히
꼬르르륵
유, 유령….
짝
냥~ 냥~ 성공이다냥!

Chapter 6

생동감 넘치는 대사

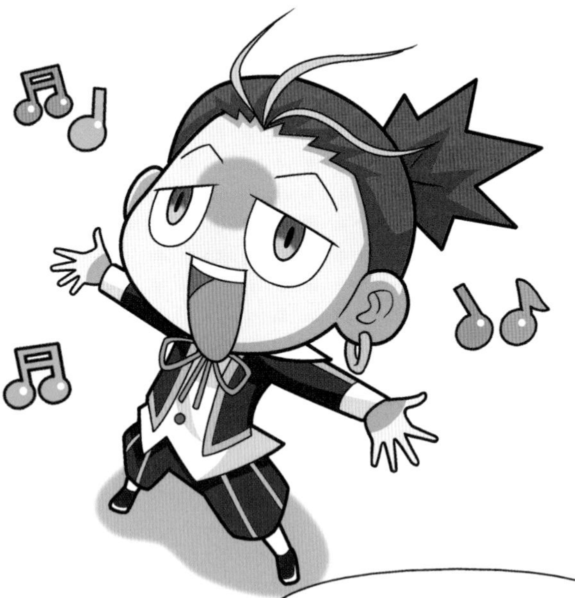

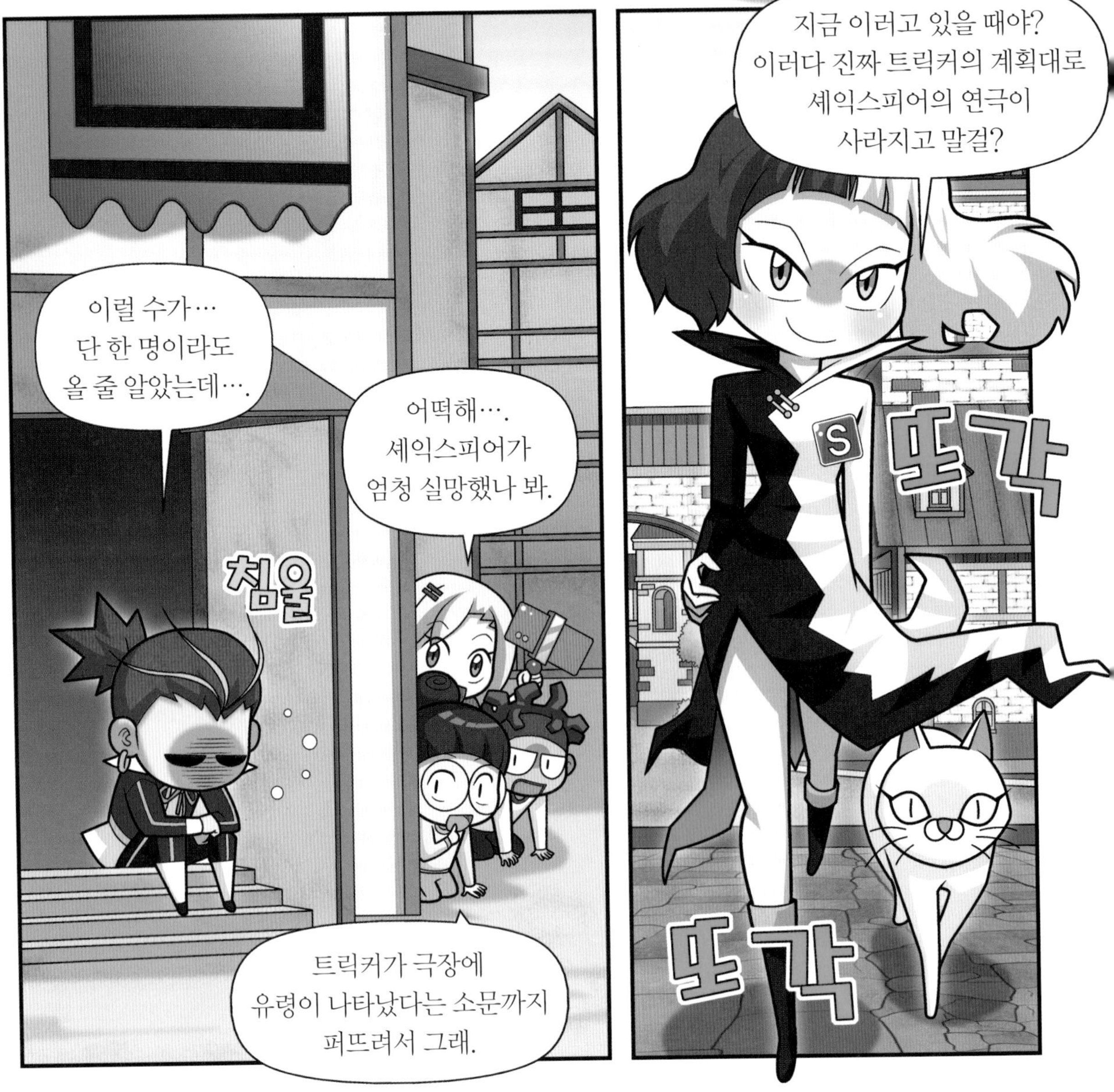

이럴 수가… 단 한 명이라도 올 줄 알았는데….
어떡해…. 셰익스피어가 엄청 실망했나 봐.
침울
트릭커가 극장에 유령이 나타났다는 소문까지 퍼뜨려서 그래.
지금 이러고 있을 때야? 이러다 진짜 트릭커의 계획대로 셰익스피어의 연극이 사라지고 말걸?
S
또각
또각

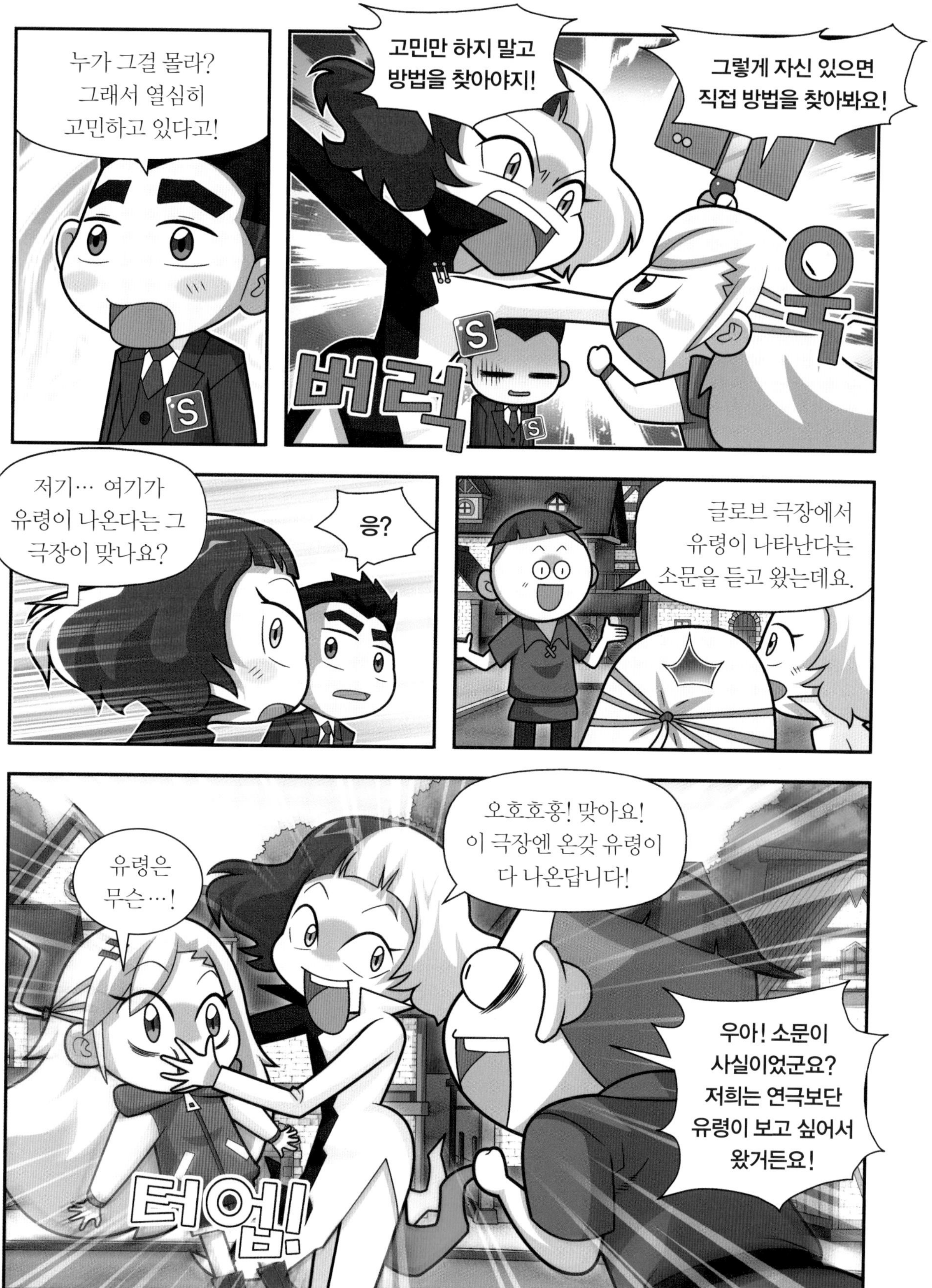

누가 그걸 몰라? 그래서 열심히 고민하고 있다고!
고민만 하지 말고 방법을 찾아야지!
그렇게 자신 있으면 직접 방법을 찾아봐요!
버럭
욱
저기… 여기가 유령이 나온다는 그 극장이 맞나요?
응?
글로브 극장에서 유령이 나타난다는 소문을 듣고 왔는데요.
유령은 무슨…!
오호호홍! 맞아요! 이 극장엔 온갖 유령이 다 나온답니다!
우아! 소문이 사실이었군요? 저희는 연극보단 유령이 보고 싶어서 왔거든요!
터업!

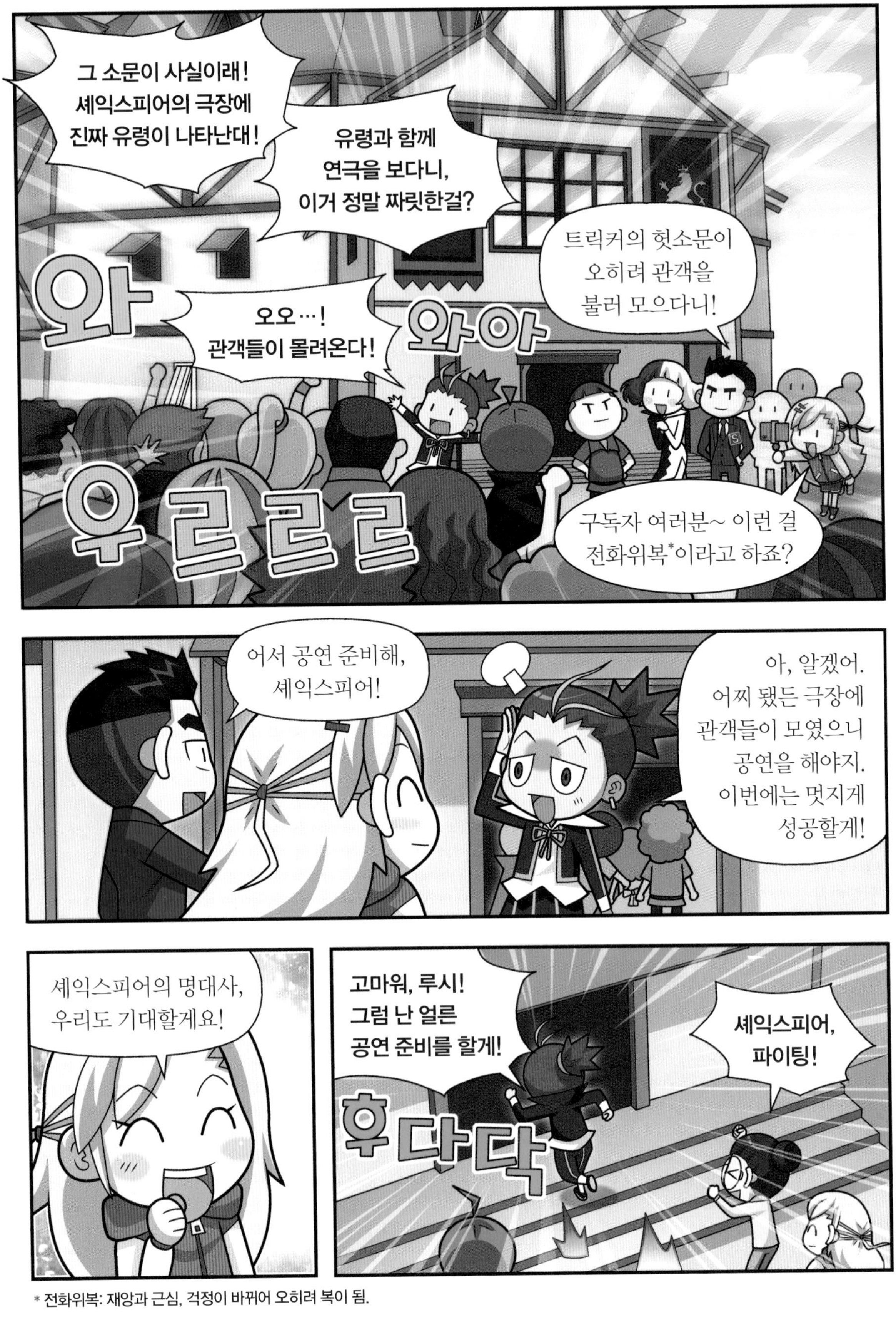
그 소문이 사실이래! 셰익스피어의 극장에 진짜 유령이 나타난대!
유령과 함께 연극을 보다니, 이거 정말 짜릿한걸?
트릭커의 헛소문이 오히려 관객을 불러 모으다니!
와
오오…! 관객들이 몰려온다!
와아
우르르르
구독자 여러분~ 이런 걸 전화위복*이라고 하죠?
어서 공연 준비해, 셰익스피어!
아, 알겠어. 어찌 됐든 극장에 관객들이 모였으니 공연을 해야지. 이번에는 멋지게 성공할게!
셰익스피어의 명대사, 우리도 기대할게요!
고마워, 루시! 그럼 난 얼른 공연 준비를 할게!
셰익스피어, 파이팅!
후다닥

* 전화위복: 재앙과 근심, 걱정이 바뀌어 오히려 복이 됨.

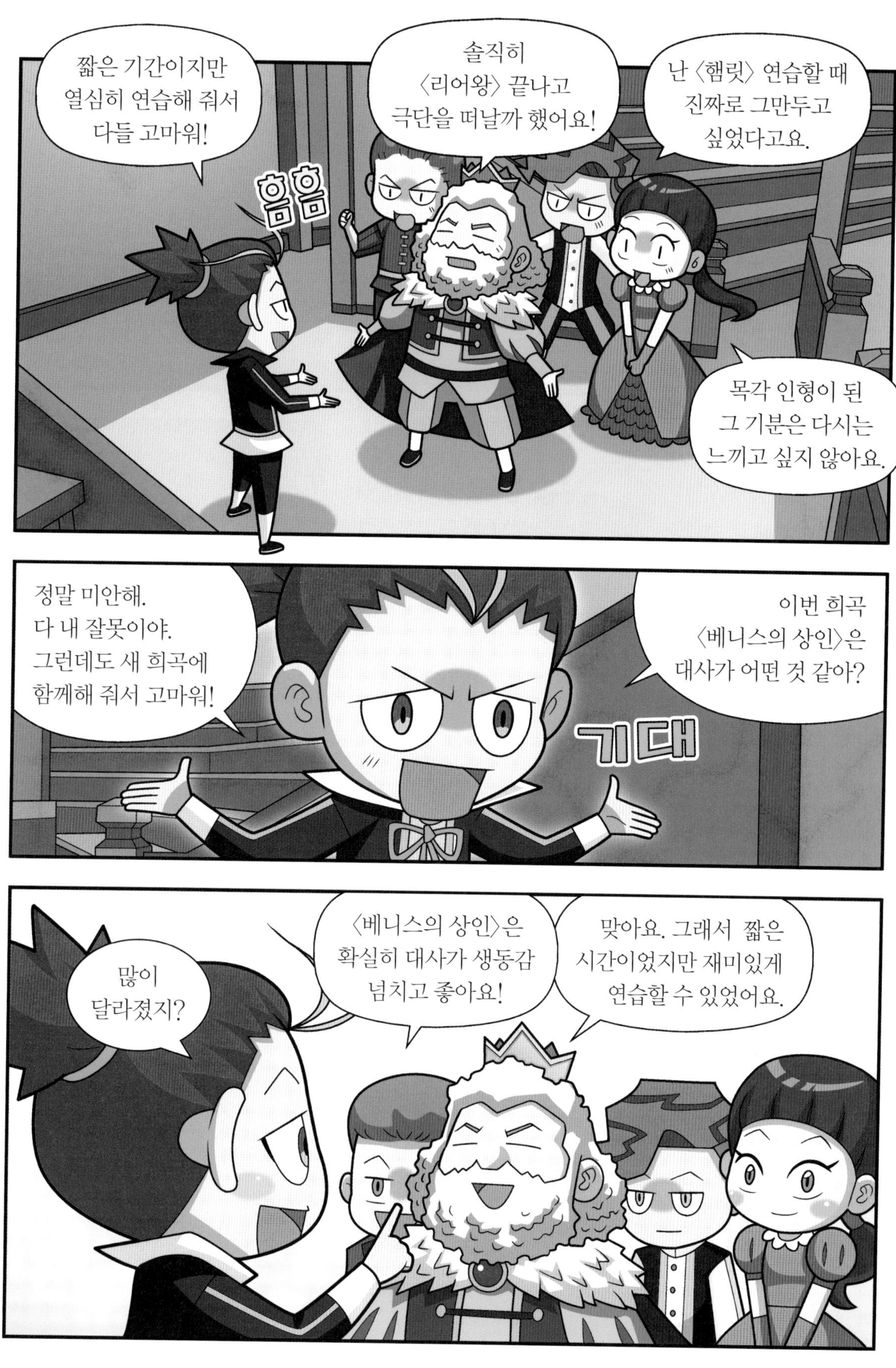
짧은 기간이지만 열심히 연습해 줘서 다들 고마워!
흠흠
솔직히 〈리어왕〉 끝나고 극단을 떠날까 했어요!
난 〈햄릿〉 연습할 때 진짜로 그만두고 싶었다고요.
목각 인형이 된 그 기분은 다시는 느끼고 싶지 않아요.
정말 미안해. 다 내 잘못이야. 그런데도 새 희곡에 함께해 줘서 고마워!
이번 희곡 〈베니스의 상인〉은 대사가 어떤 것 같아?
기대
많이 달라졌지?
〈베니스의 상인〉은 확실히 대사가 생동감 넘치고 좋아요!
맞아요. 그래서 짧은 시간이었지만 재미있게 연습할 수 있었어요.

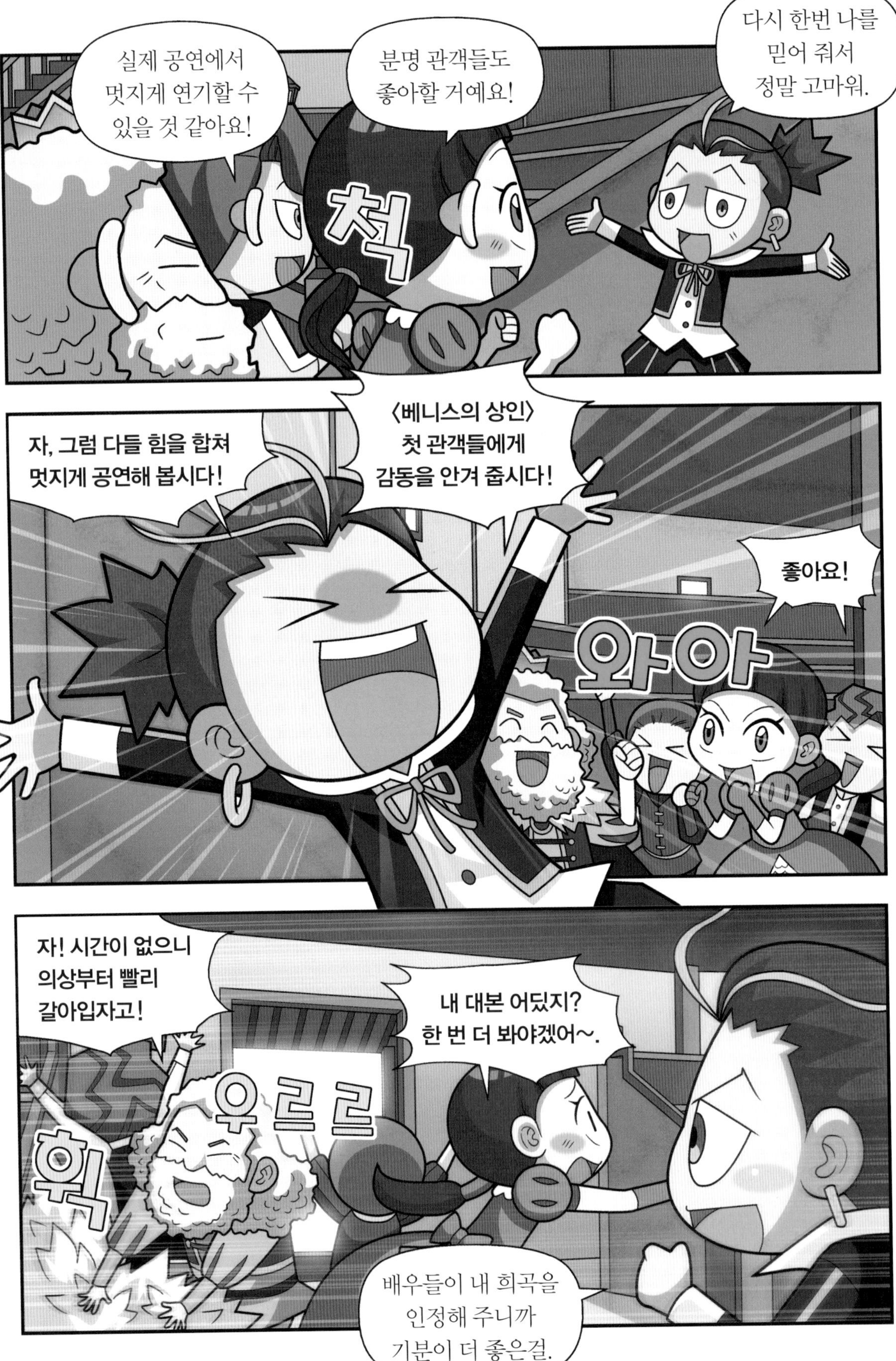
실제 공연에서 멋지게 연기할 수 있을 것 같아요!
분명 관객들도 좋아할 거예요!
척
다시 한번 나를 믿어 줘서 정말 고마워.
자, 그럼 다들 힘을 합쳐 멋지게 공연해 봅시다!
〈베니스의 상인〉 첫 관객들에게 감동을 안겨 줍시다!
좋아요!
와아
자! 시간이 없으니 의상부터 빨리 갈아입자고!
내 대본 어딨지? 한 번 더 봐야겠어~.
우르르
휙
배우들이 내 희곡을 인정해 주니까 기분이 더 좋은걸.

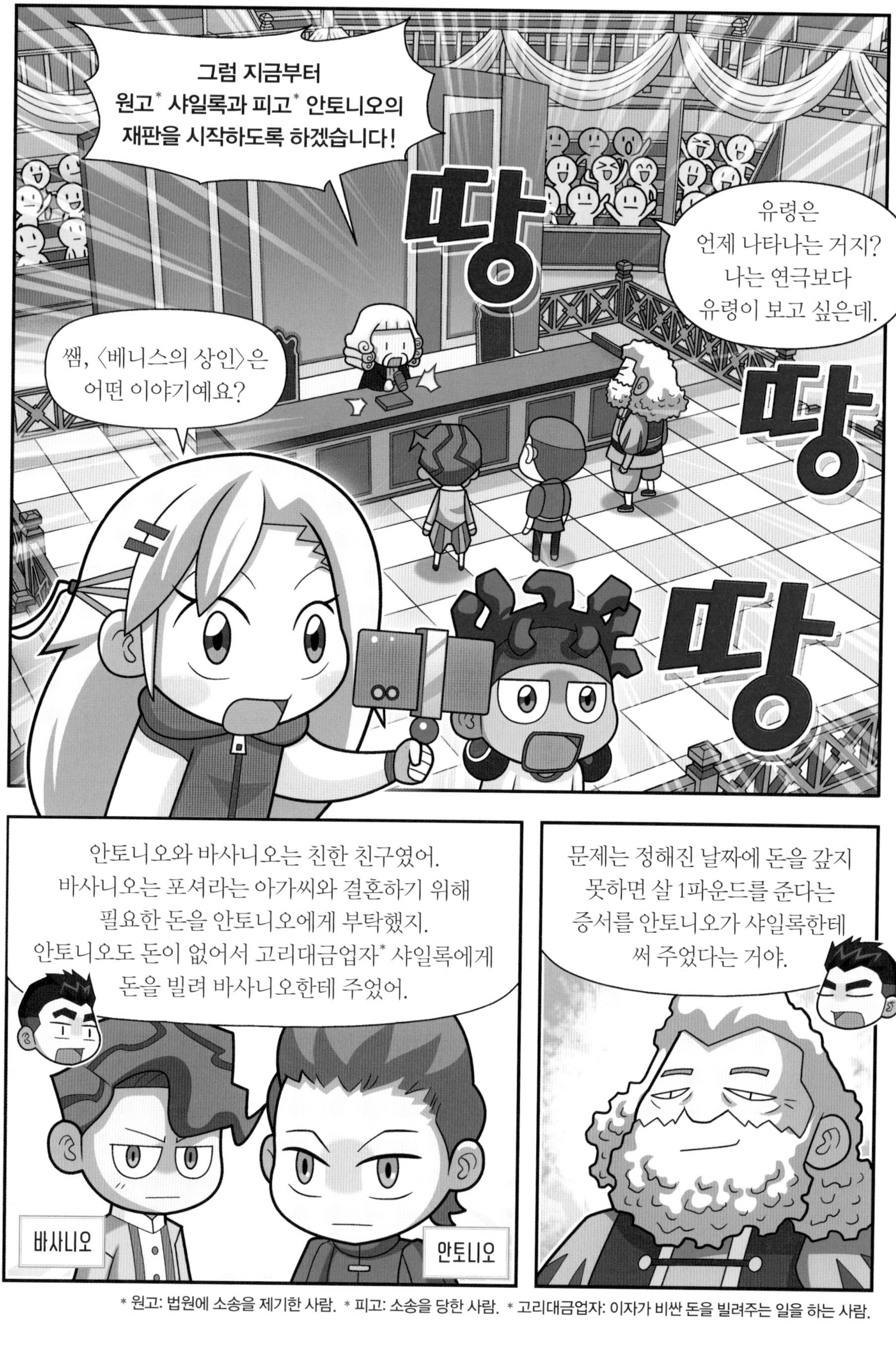
그럼 지금부터
원고* 샤일록과 피고* 안토니오의
재판을 시작하도록 하겠습니다!
땅
땅
땅
유령은
언제 나타나는 거지?
나는 연극보다
유령이 보고 싶은데.
쌤, 〈베니스의 상인〉은
어떤 이야기예요?
안토니오와 바사니오는 친한 친구였어.
바사니오는 포셔라는 아가씨와 결혼하기 위해
필요한 돈을 안토니오에게 부탁했지.
안토니오도 돈이 없어서 고리대금업자* 샤일록에게
돈을 빌려 바사니오한테 주었어.
바사니오
안토니오
문제는 정해진 날짜에 돈을 갚지
못하면 살 1파운드를 준다는
증서를 안토니오가 샤일록한테
써 주었다는 거야.

* 원고: 법원에 소송을 제기한 사람. * 피고: 소송을 당한 사람. * 고리대금업자: 이자가 비싼 돈을 빌려주는 일을 하는 사람.

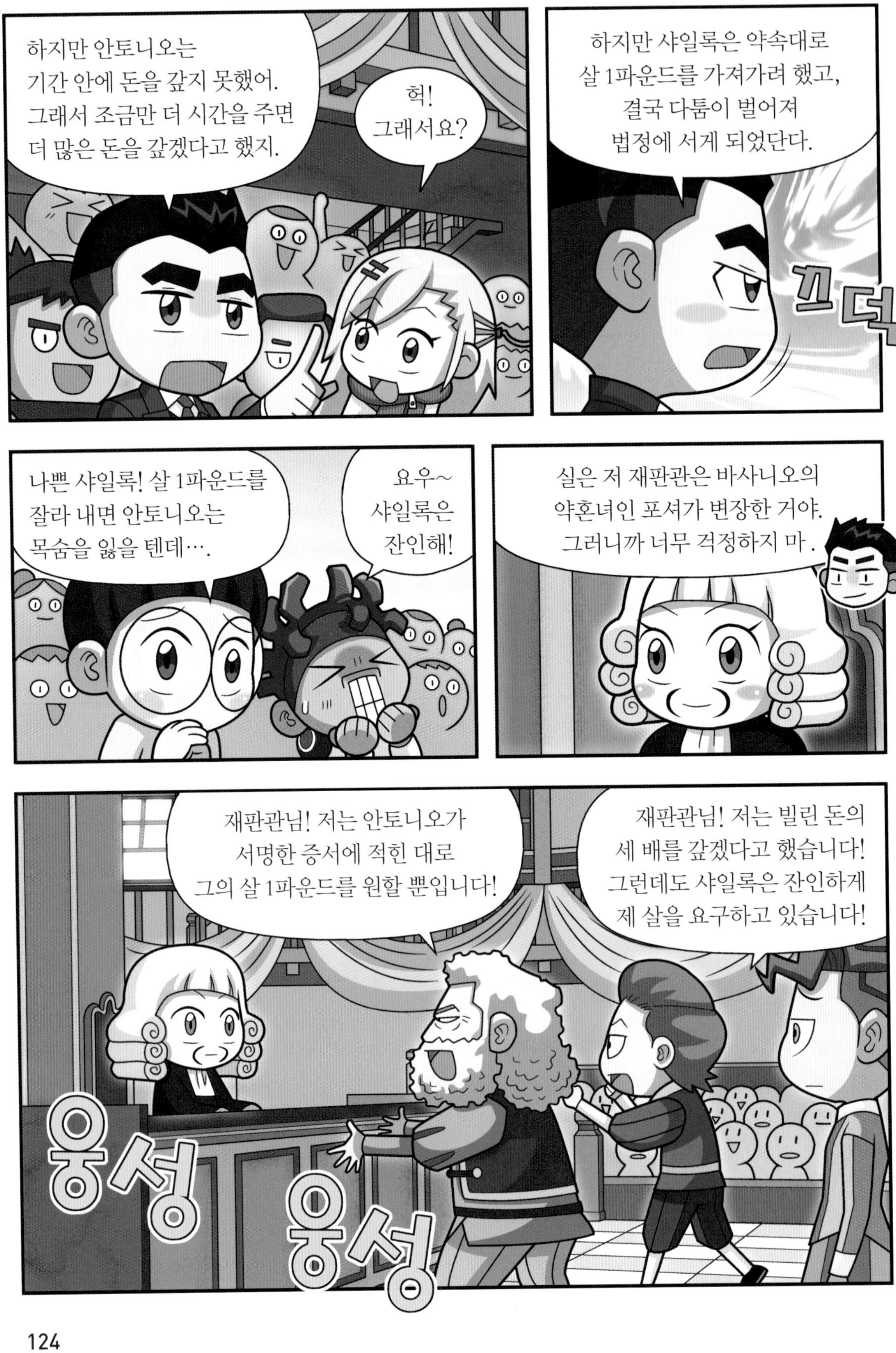

하지만 안토니오는 기간 안에 돈을 갚지 못했어. 그래서 조금만 더 시간을 주면 더 많은 돈을 갚겠다고 했지.
헉! 그래서요?
하지만 샤일록은 약속대로 살 1파운드를 가져가려 했고, 결국 다툼이 벌어져 법정에 서게 되었단다.
끄덕
나쁜 샤일록! 살 1파운드를 잘라 내면 안토니오는 목숨을 잃을 텐데….
요우~ 샤일록은 잔인해!
실은 저 재판관은 바사니오의 약혼녀인 포셔가 변장한 거야. 그러니까 너무 걱정하지 마.
재판관님! 저는 안토니오가 서명한 증서에 적힌 대로 그의 살 1파운드를 원할 뿐입니다!
재판관님! 저는 빌린 돈의 세 배를 갚겠다고 했습니다! 그런데도 샤일록은 잔인하게 제 살을 요구하고 있습니다!
웅성 웅성

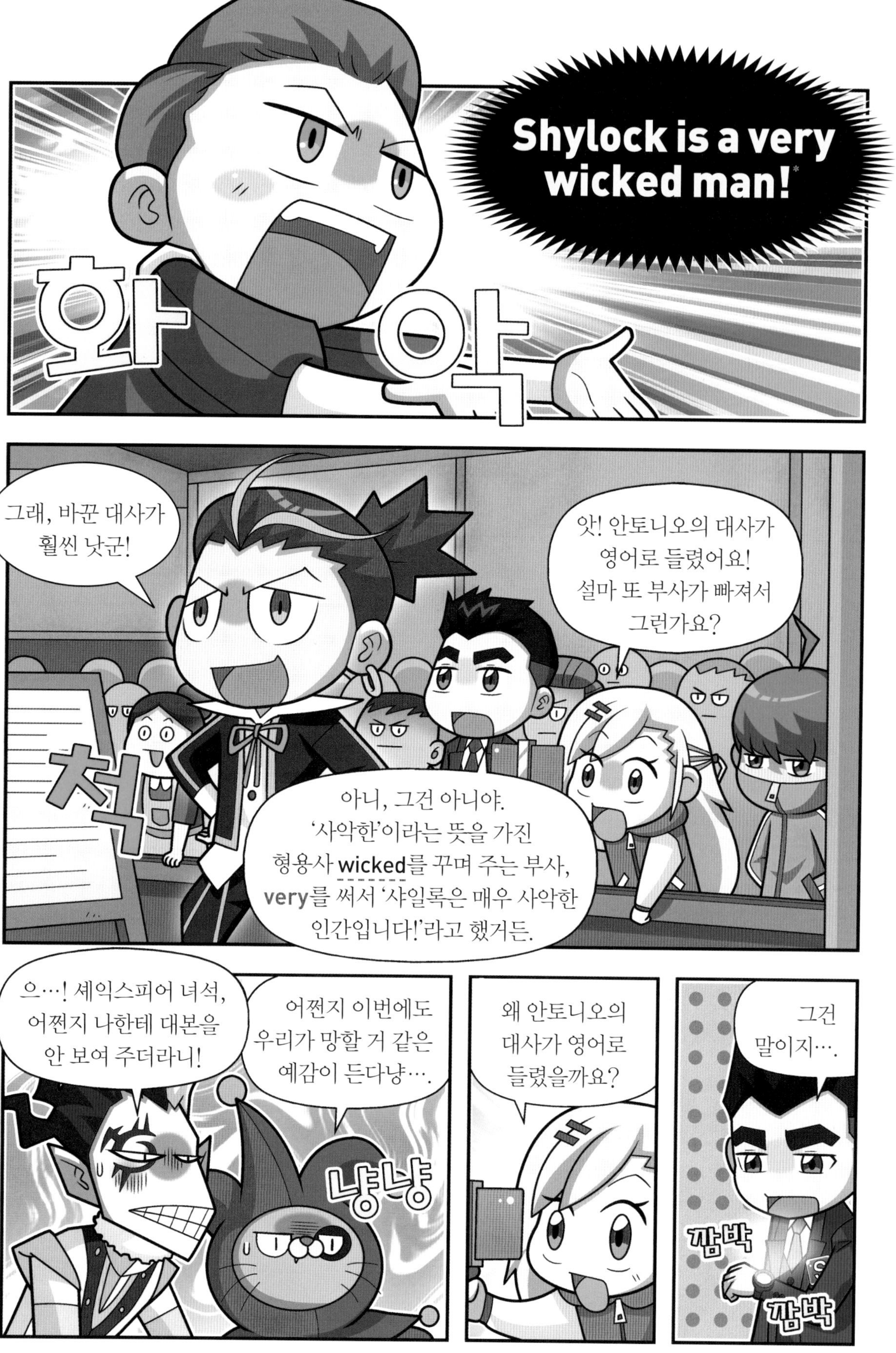
Shylock is a very wicked man!*
화악
그래, 바꾼 대사가 훨씬 낫군!
앗! 안토니오의 대사가 영어로 들렸어요! 설마 또 부사가 빠져서 그런가요?
척
아니, 그건 아니야. '사악한'이라는 뜻을 가진 형용사 wicked를 꾸며 주는 부사, very를 써서 '샤일록은 매우 사악한 인간입니다!'라고 했거든.
으…! 셰익스피어 녀석, 어쩐지 나한테 대본을 안 보여 주더라니!
어쩐지 이번에도 우리가 망할 거 같은 예감이 든다냥….
냥냥
왜 안토니오의 대사가 영어로 들렸을까요?
그건 말이지….
깜박
깜박

* 샤일록은 매우 사악한 인간입니다!

* 분홍색 단어의 발음이 궁금하다면 143쪽을 펼쳐 보세요.

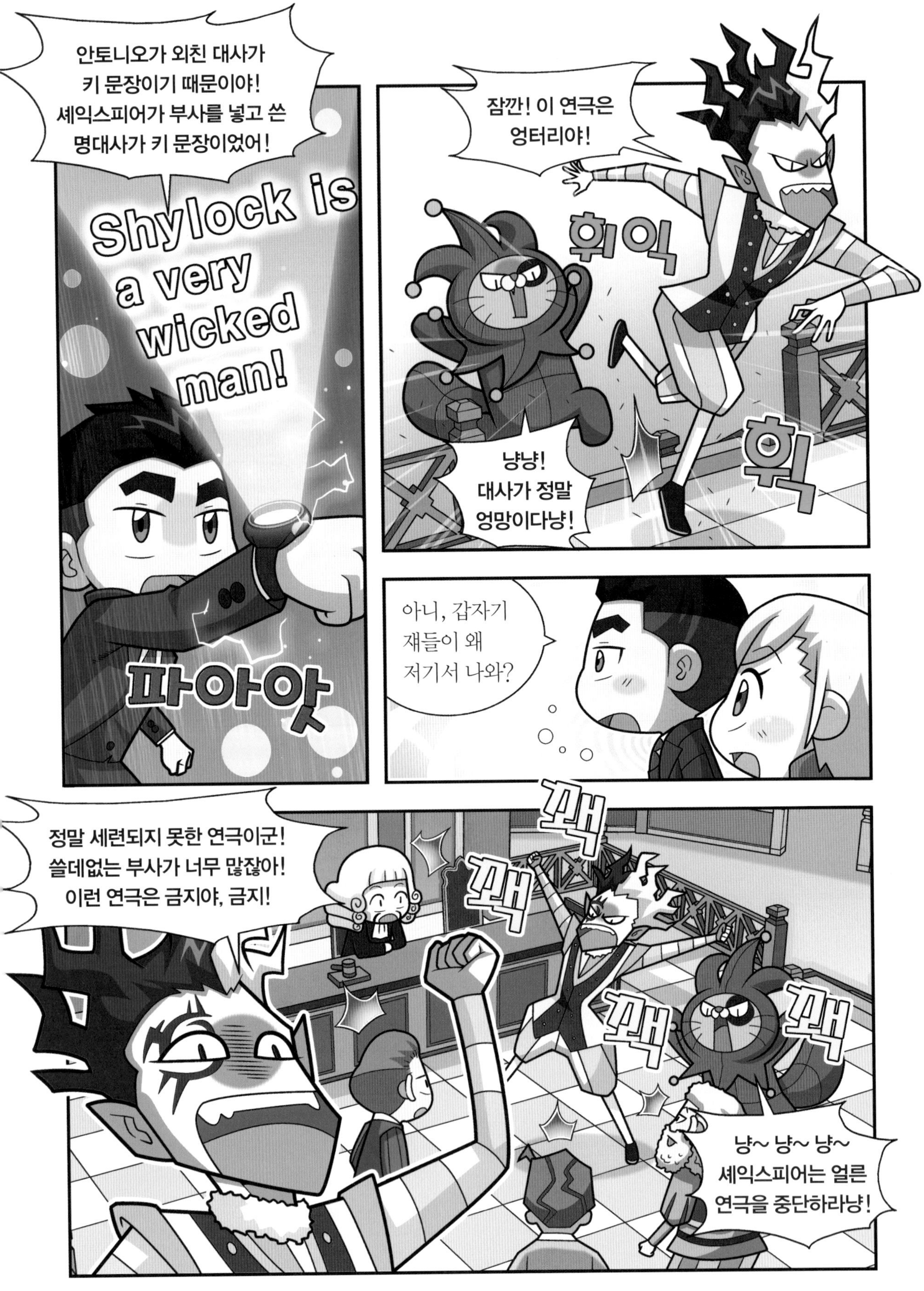
안토니오가 외친 대사가 키 문장이기 때문이야! 셰익스피어가 부사를 넣고 쓴 명대사가 키 문장이었어!
Shylock is a very wicked man!
파아앗
잠깐! 이 연극은 엉터리야!
휘익
냥냥! 대사가 정말 엉망이다냥!
휙
아니, 갑자기 쟤들이 왜 저기서 나와?
정말 세련되지 못한 연극이군! 쓸데없는 부사가 너무 많잖아! 이런 연극은 금지야, 금지!
꽥
꽥
꽥
꽥
냥~ 냥~ 냥~ 셰익스피어는 얼른 연극을 중단하라냥!

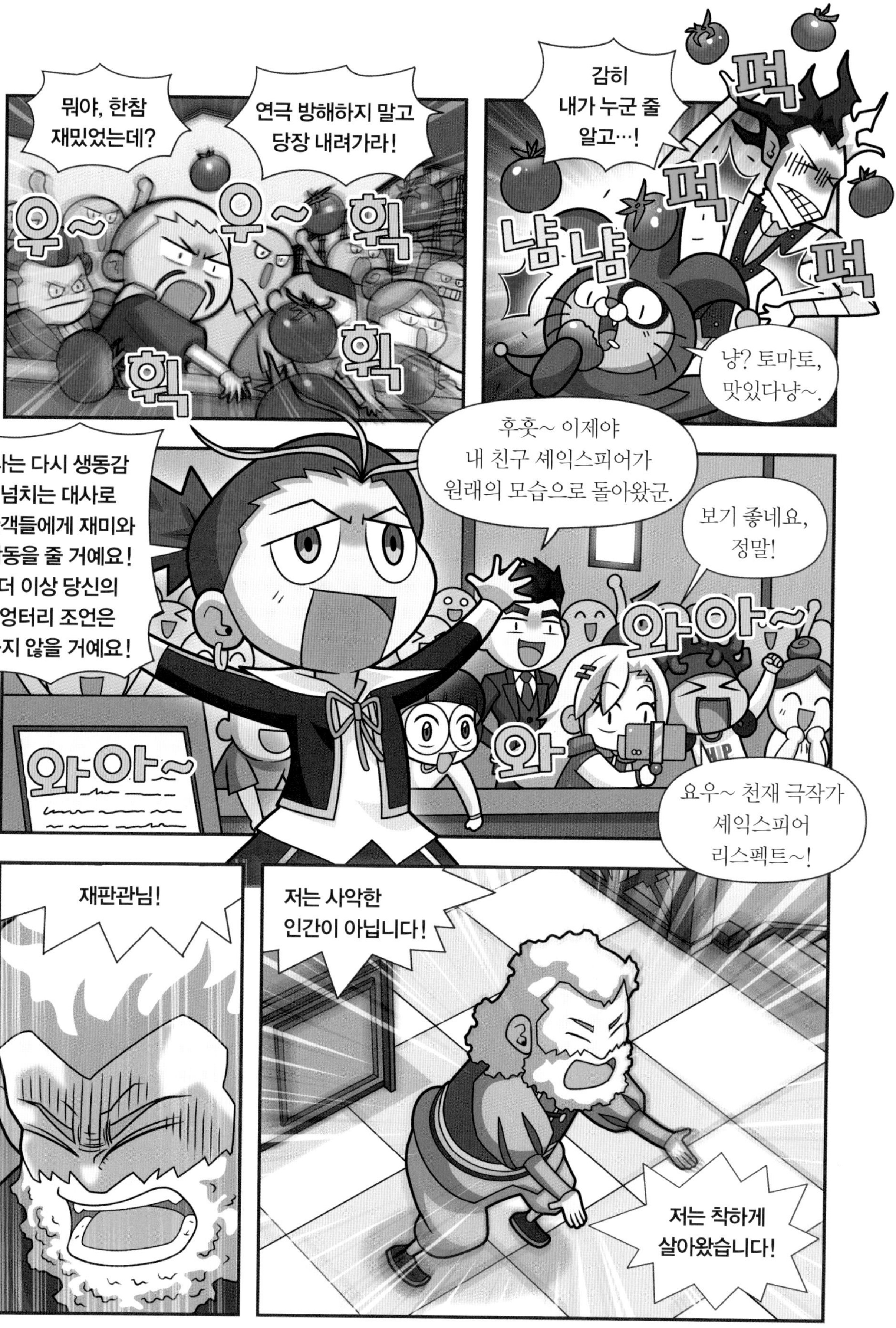
뭐야, 한참
재밌었는데?
연극 방해하지 말고
당장 내려가라!
우~
우~
휙
휙
휙
감히
내가 누군 줄
알고…!
퍽
퍽
퍽
냠냠
냥? 토마토,
맛있다냥~.
나는 다시 생동감
넘치는 대사로
관객들에게 재미와
감동을 줄 거예요!
더 이상 당신의
엉터리 조언은
듣지 않을 거예요!
후훗~ 이제야
내 친구 셰익스피어가
원래의 모습으로 돌아왔군.
보기 좋네요,
정말!
와아~
와
와아~
요우~ 천재 극작가
셰익스피어
리스펙트~!
재판관님!
저는 사악한
인간이 아닙니다!
저는 착하게
살아왔습니다!

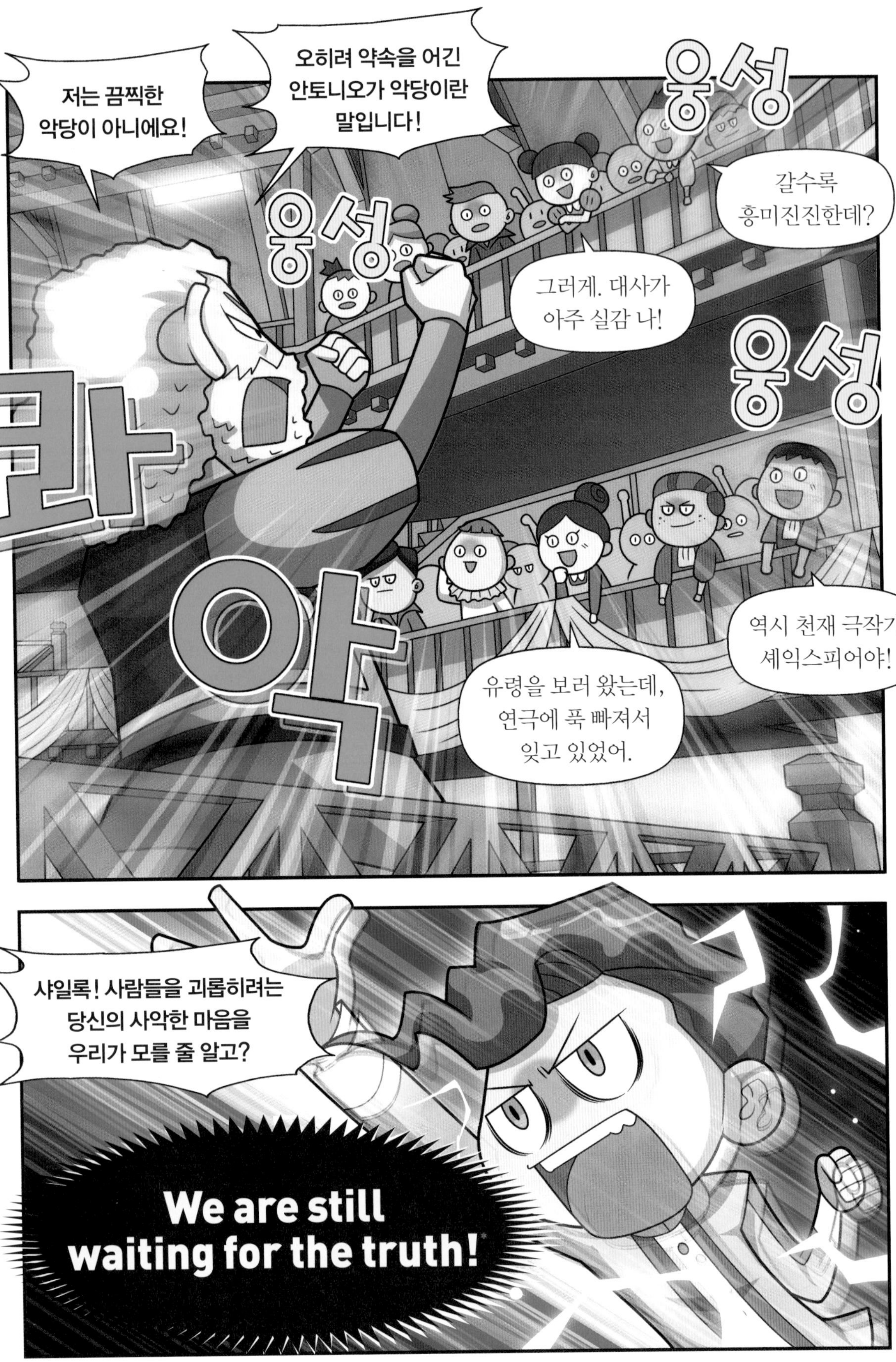
저는 끔찍한 악당이 아니에요!
오히려 약속을 어긴 안토니오가 악당이란 말입니다!
웅성
웅성
갈수록 흥미진진한데?
그러게. 대사가 아주 실감 나!
웅성
콰
악
역시 천재 극작가 셰익스피어야!
유령을 보러 왔는데, 연극에 푹 빠져서 잊고 있었어.
샤일록! 사람들을 괴롭히려는 당신의 사악한 마음을 우리가 모를 줄 알고?
We are still waiting for the truth!*

* 우리는 아직 진실을 기다리고 있어!

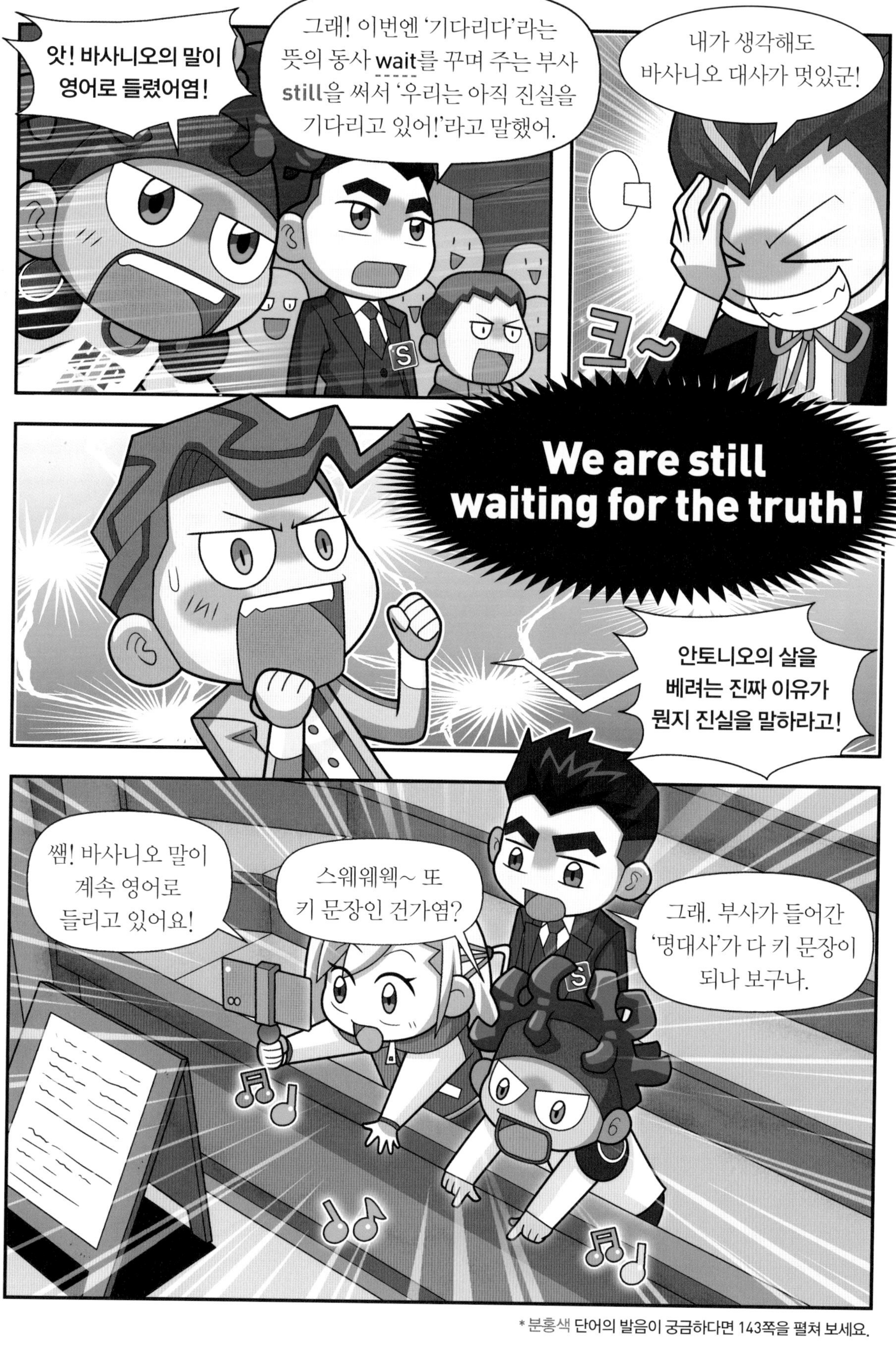

앗! 바사니오의 말이 영어로 들렸어염!
그래! 이번엔 '기다리다'라는 뜻의 동사 wait를 꾸며 주는 부사 still을 써서 '우리는 아직 진실을 기다리고 있어!'라고 말했어.
내가 생각해도 바사니오 대사가 멋있군!
크~
We are still waiting for the truth!
안토니오의 살을 베려는 진짜 이유가 뭔지 진실을 말하라고!
쌤! 바사니오 말이 계속 영어로 들리고 있어요!
스웩웩웩~ 또 키 문장인 건가염?
그래. 부사가 들어간 '명대사'가 다 키 문장이 되나 보구나.

* 분홍색 단어의 발음이 궁금하다면 143쪽을 펼쳐 보세요.

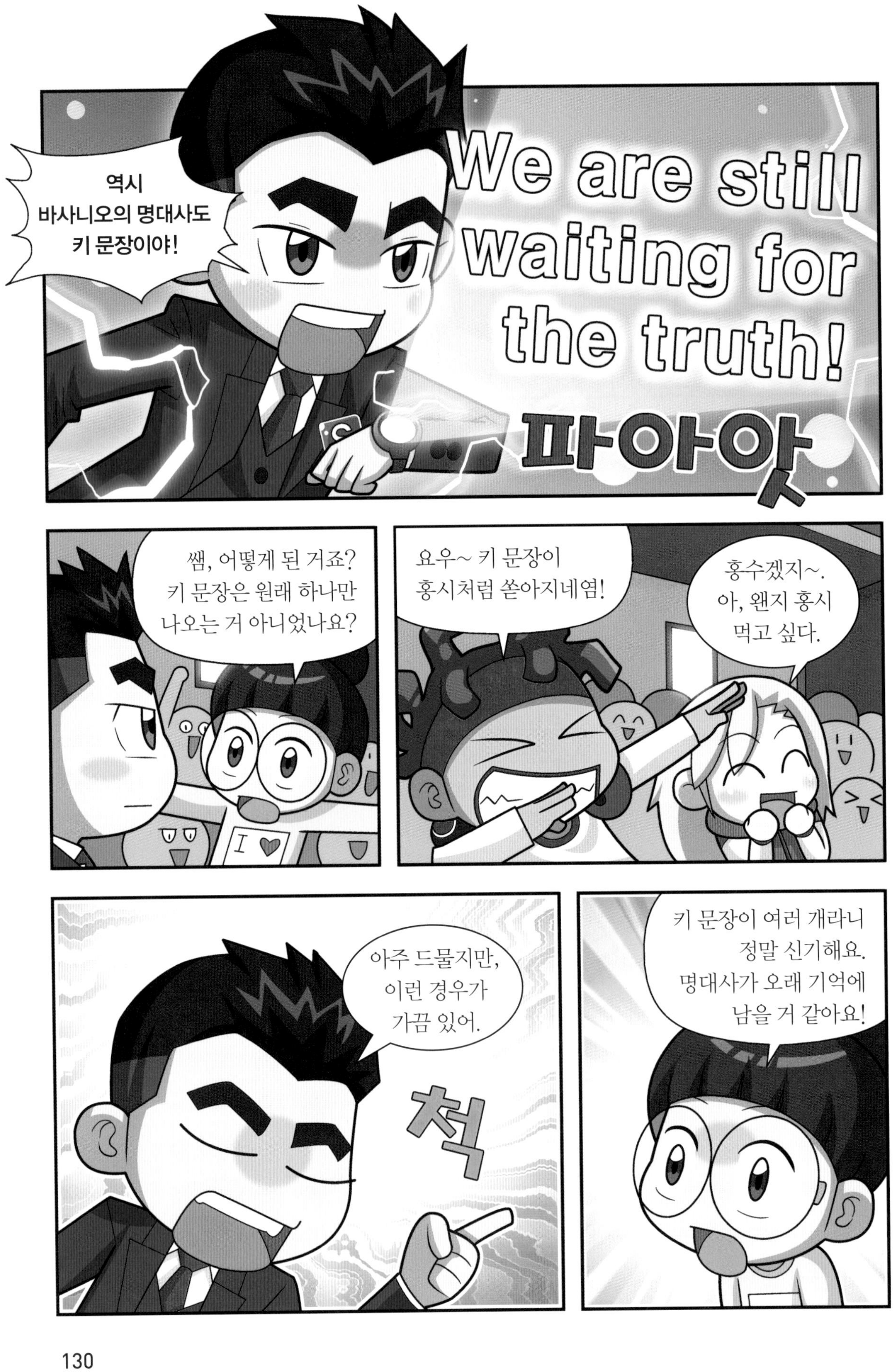
역시 바사니오의 명대사도 키 문장이야!
We are still waiting for the truth!
파아앗
쌤, 어떻게 된 거죠? 키 문장은 원래 하나만 나오는 거 아니었나요?
요우~ 키 문장이 홍시처럼 쏟아지네염!
홍수겠지~. 아, 왠지 홍시 먹고 싶다.
아주 드물지만, 이런 경우가 가끔 있어.
척
키 문장이 여러 개라니 정말 신기해요. 명대사가 오래 기억에 남을 거 같아요!

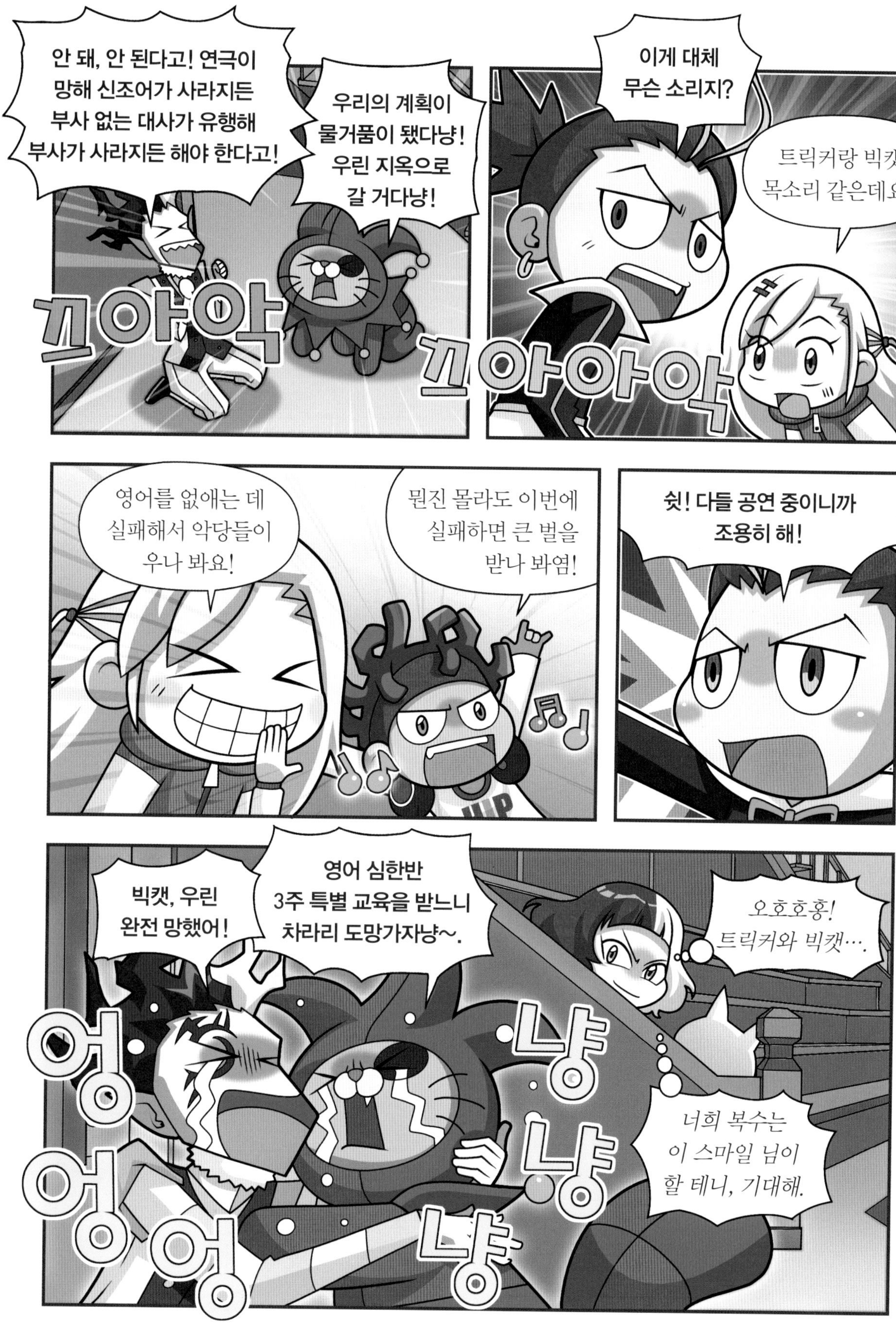
안 돼, 안 된다고! 연극이 망해 신조어가 사라지든 부사 없는 대사가 유행해 부사가 사라지든 해야 한다고!
우리의 계획이 물거품이 됐다냥! 우린 지옥으로 갈 거다냥!
끄아악
이게 대체 무슨 소리지?
트릭커랑 빅캣 목소리 같은데요?
끄아아아악
영어를 없애는 데 실패해서 악당들이 우나 봐요!
뭔진 몰라도 이번에 실패하면 큰 벌을 받나 봐염!
쉿! 다들 공연 중이니까 조용히 해!
빅캣, 우린 완전 망했어!
영어 심한반 3주 특별 교육을 받느니 차라리 도망가자냥~.
오호호홍! 트릭커와 빅캣….
너희 복수는 이 스마일 님이 할 테니, 기대해.
엉엉엉
냥냥냥

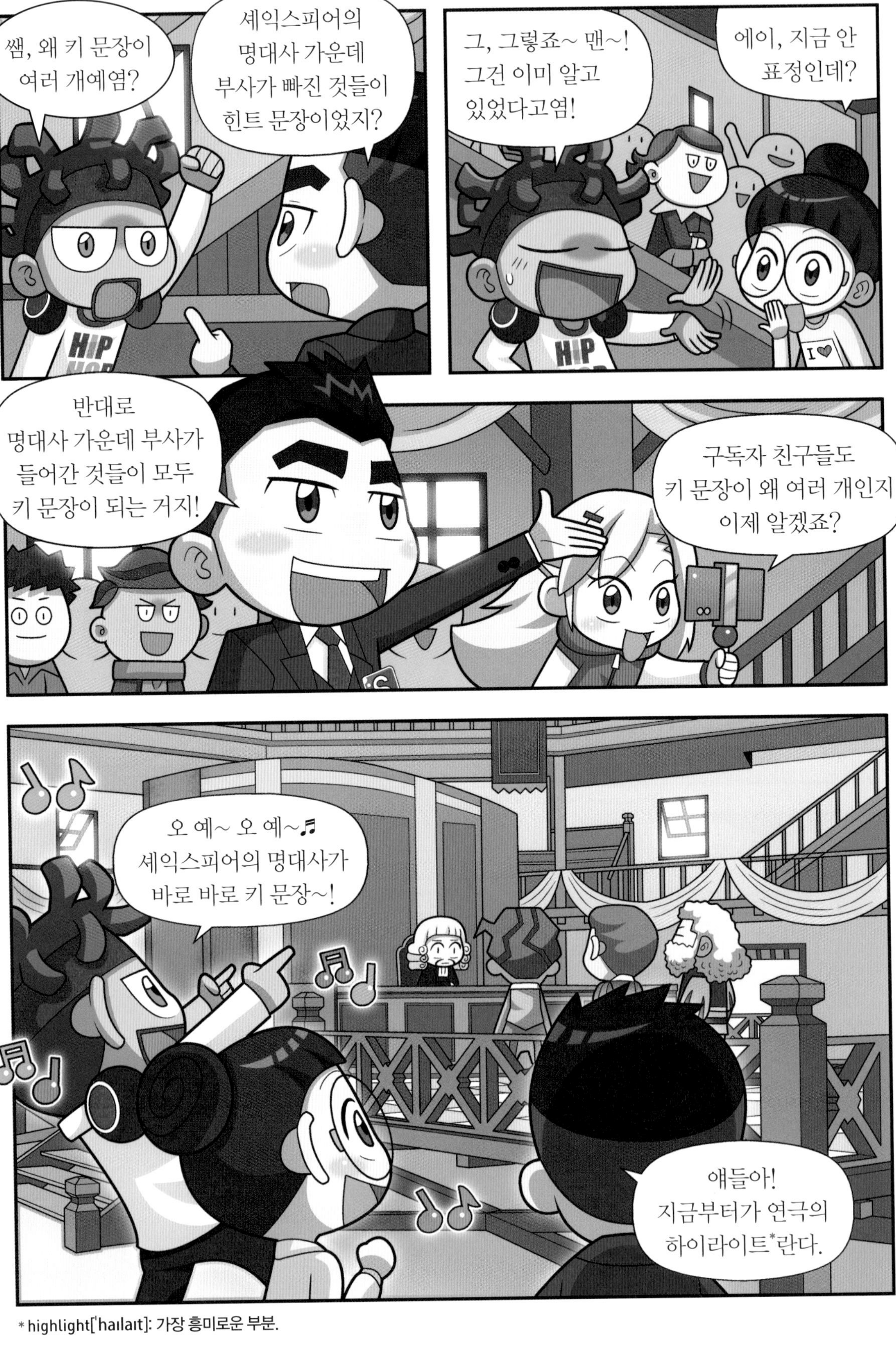
쌤, 왜 키 문장이 여러 개예염?
셰익스피어의 명대사 가운데 부사가 빠진 것들이 힌트 문장이었지?
그, 그렇죠~ 맨~! 그건 이미 알고 있었다고염!
에이, 지금 안 표정인데?
HIP
반대로 명대사 가운데 부사가 들어간 것들이 모두 키 문장이 되는 거지!
구독자 친구들도 키 문장이 왜 여러 개인지 이제 알겠죠?
오 예~ 오 예~♬ 셰익스피어의 명대사가 바로 바로 키 문장~!
애들아! 지금부터가 연극의 하이라이트*란다.

* highlight[ˈhaɪlaɪt]: 가장 흥미로운 부분.

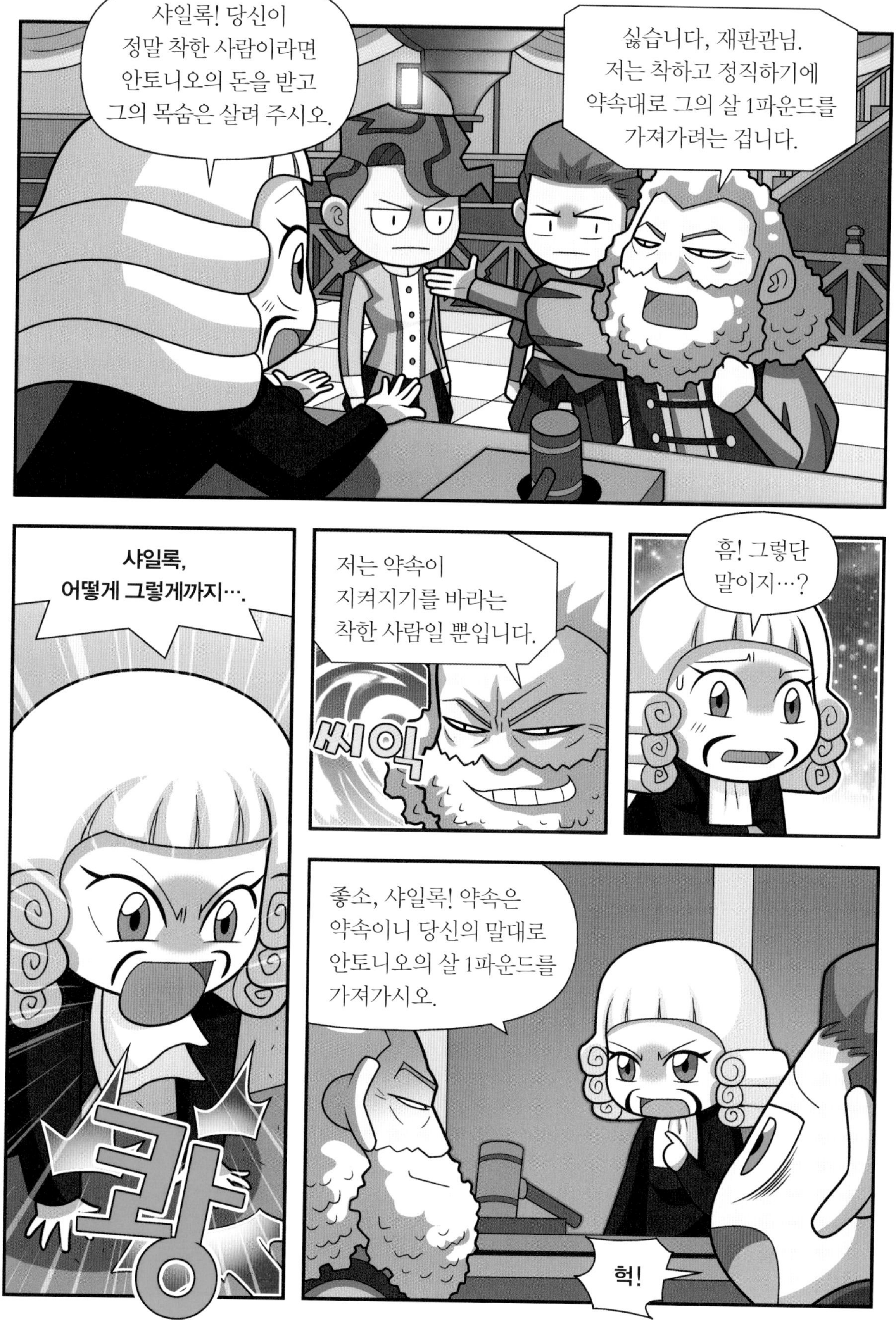
샤일록! 당신이 정말 착한 사람이라면 안토니오의 돈을 받고 그의 목숨은 살려 주시오.
싫습니다, 재판관님. 저는 착하고 정직하기에 약속대로 그의 살 1파운드를 가져가려는 겁니다.
샤일록, 어떻게 그렇게까지….
저는 약속이 지켜지기를 바라는 착한 사람일 뿐입니다.
씨익
흠! 그렇단 말이지…?
쾅
좋소, 샤일록! 약속은 약속이니 당신의 말대로 안토니오의 살 1파운드를 가져가시오.
헉!

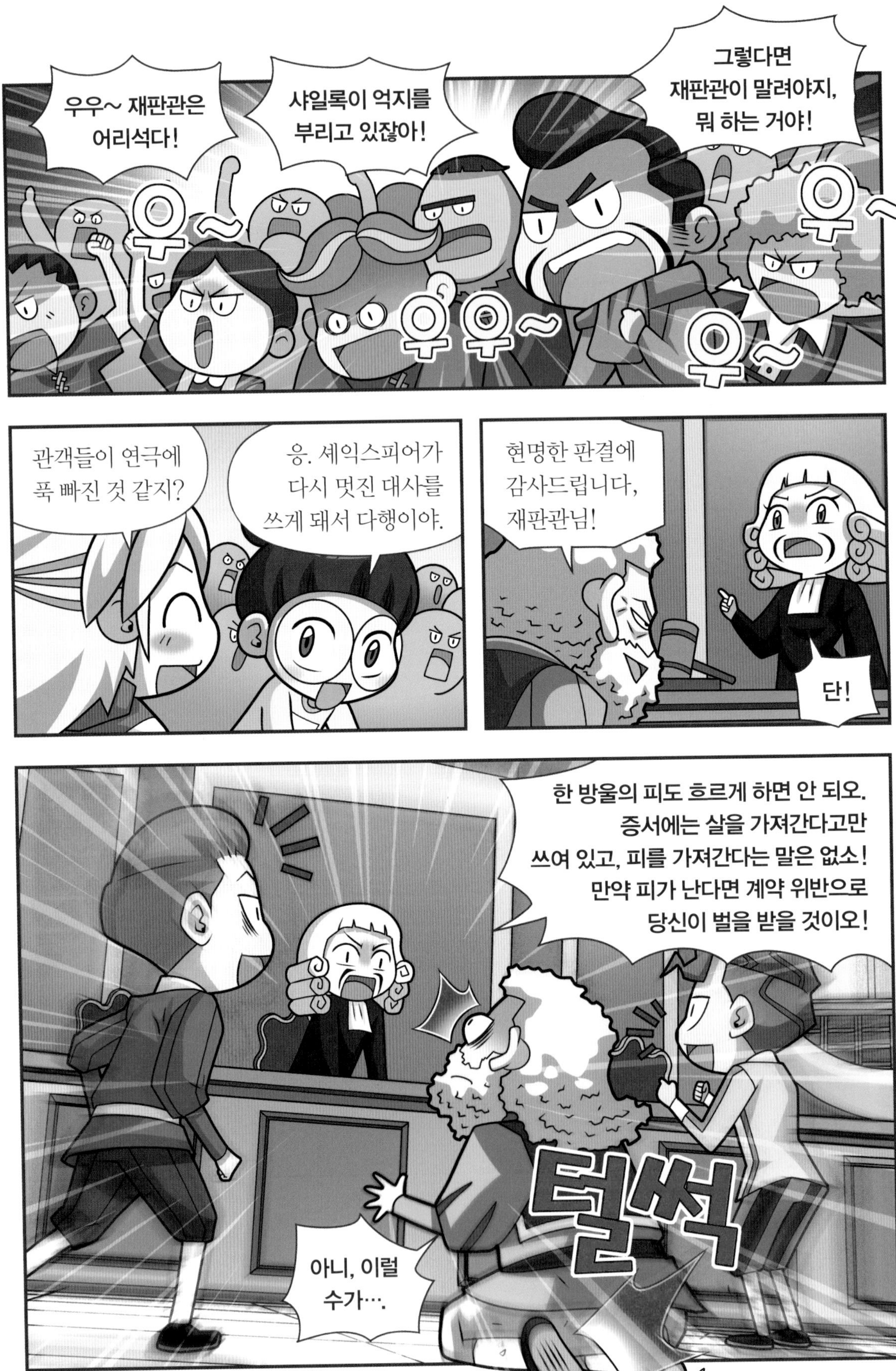

우우~ 재판관은 어리석다!
샤일록이 억지를 부리고 있잖아!
그렇다면 재판관이 말려야지, 뭐 하는 거야!
우~
우우~
우~
우~
관객들이 연극에 푹 빠진 것 같지?
응. 셰익스피어가 다시 멋진 대사를 쓰게 돼서 다행이야.
현명한 판결에 감사드립니다, 재판관님!
단!
한 방울의 피도 흐르게 하면 안 되오. 증서에는 살을 가져간다고만 쓰여 있고, 피를 가져간다는 말은 없소! 만약 피가 난다면 계약 위반으로 당신이 벌을 받을 것이오!
털썩
아니, 이럴 수가….

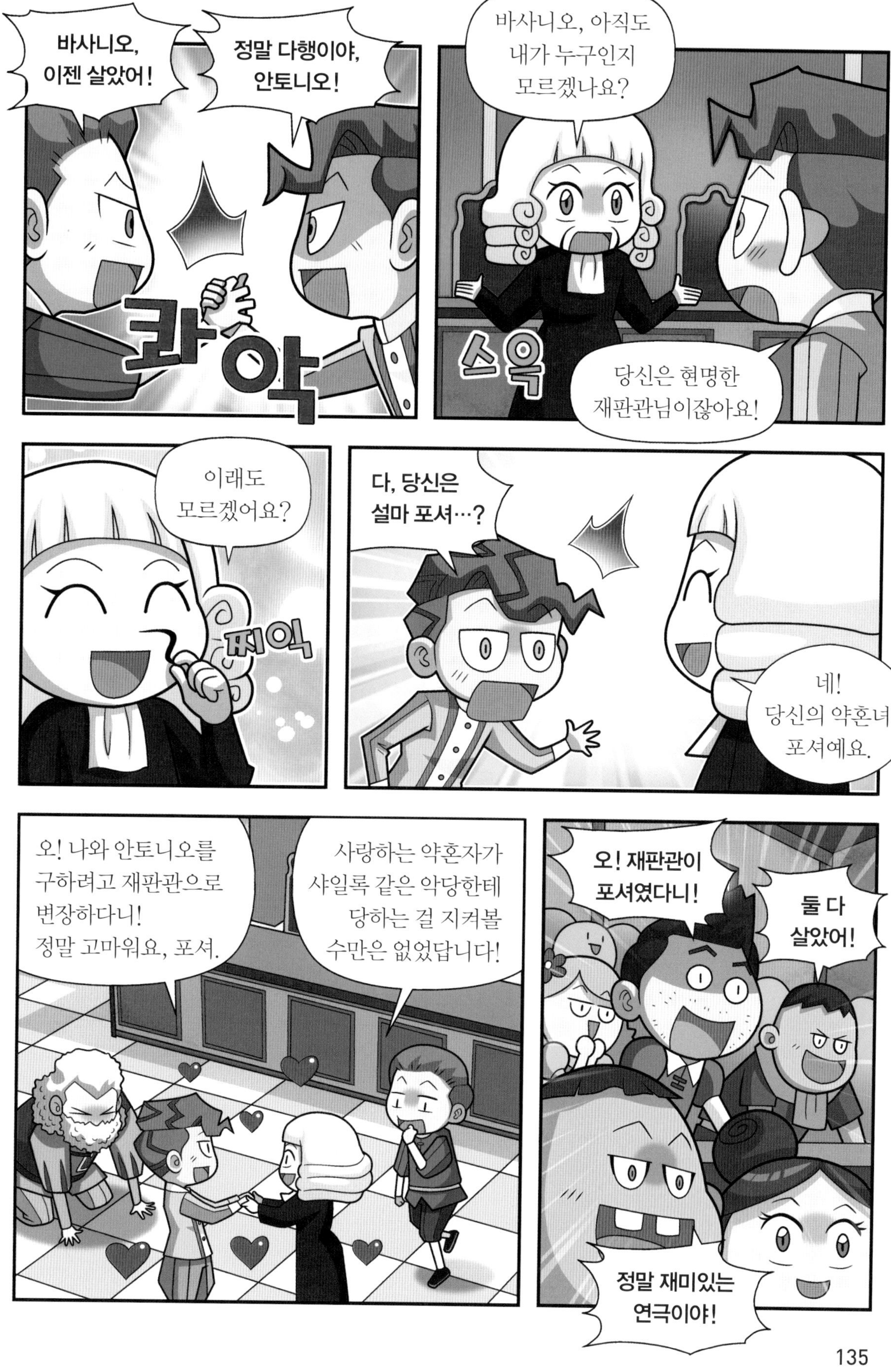

바사니오, 이젠 살았어!
정말 다행이야, 안토니오!
콰악
바사니오, 아직도 내가 누구인지 모르겠나요?
스윽
당신은 현명한 재판관님이잖아요!
이래도 모르겠어요?
찌익
다, 당신은 설마 포셔…?
네! 당신의 약혼녀 포셔예요.
오! 나와 안토니오를 구하려고 재판관으로 변장하다니! 정말 고마워요, 포셔.
사랑하는 약혼자가 샤일록 같은 악당한테 당하는 걸 지켜볼 수만은 없었답니다!
오! 재판관이 포셔였다니!
둘 다 살았어!
정말 재미있는 연극이야!

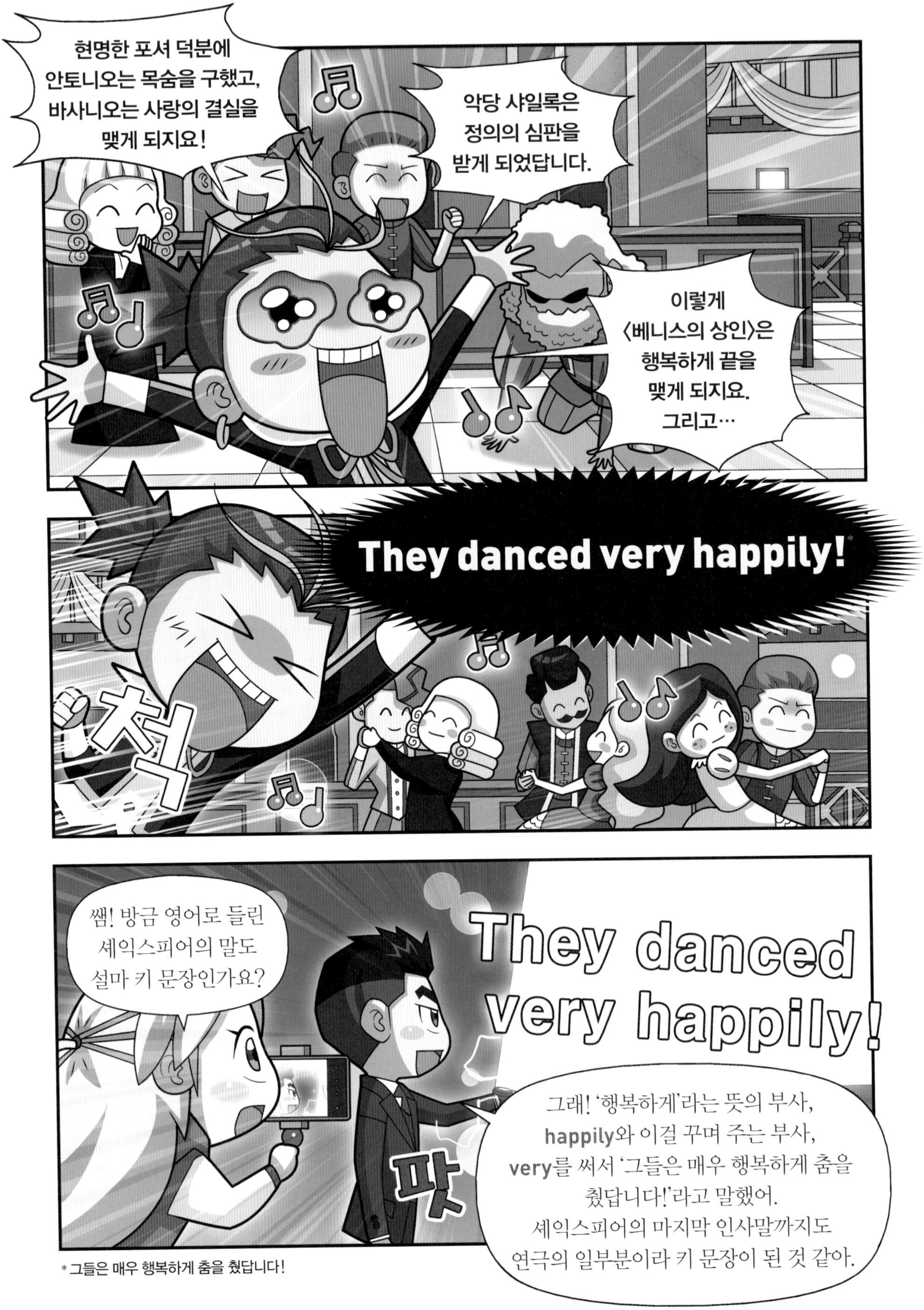

현명한 포셔 덕분에 안토니오는 목숨을 구했고, 바사니오는 사랑의 결실을 맺게 되지요!
악당 샤일록은 정의의 심판을 받게 되었답니다.
이렇게 〈베니스의 상인〉은 행복하게 끝을 맺게 되지요. 그리고…
They danced very happily!*
척
쌤! 방금 영어로 들린 셰익스피어의 말도 설마 키 문장인가요?
They danced very happily!
팍
그래! '행복하게'라는 뜻의 부사, happily와 이걸 꾸며 주는 부사, very를 써서 '그들은 매우 행복하게 춤을 췄답니다!'라고 말했어. 셰익스피어의 마지막 인사말까지도 연극의 일부분이라 키 문장이 된 것 같아.

* 그들은 매우 행복하게 춤을 췄답니다!

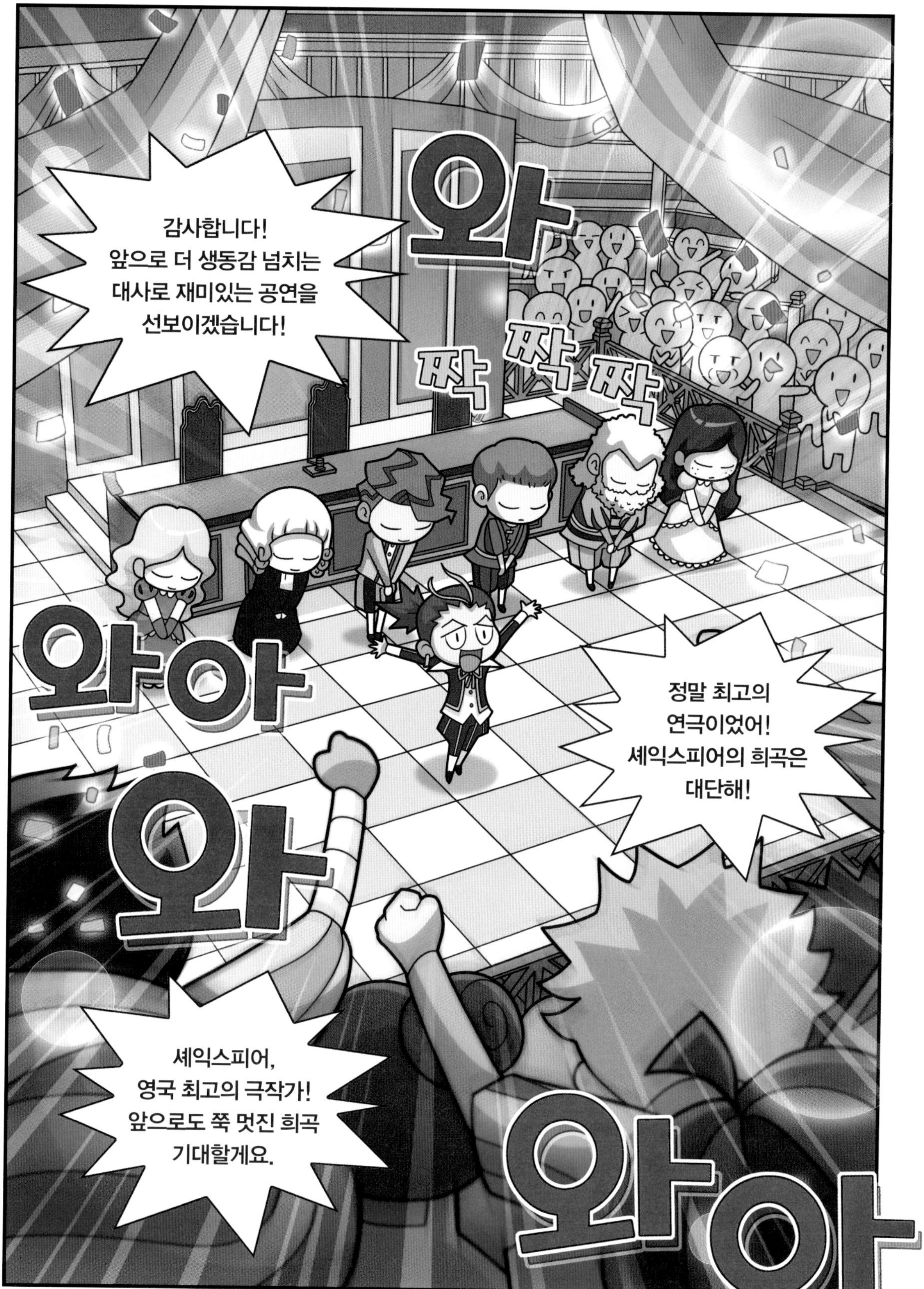
감사합니다! 앞으로 더 생동감 넘치는 대사로 재미있는 공연을 선보이겠습니다!
와
짝 짝 짝
와아
정말 최고의 연극이었어! 셰익스피어의 희곡은 대단해!
와
셰익스피어, 영국 최고의 극작가! 앞으로도 쭉 멋진 희곡 기대할게요.
와아

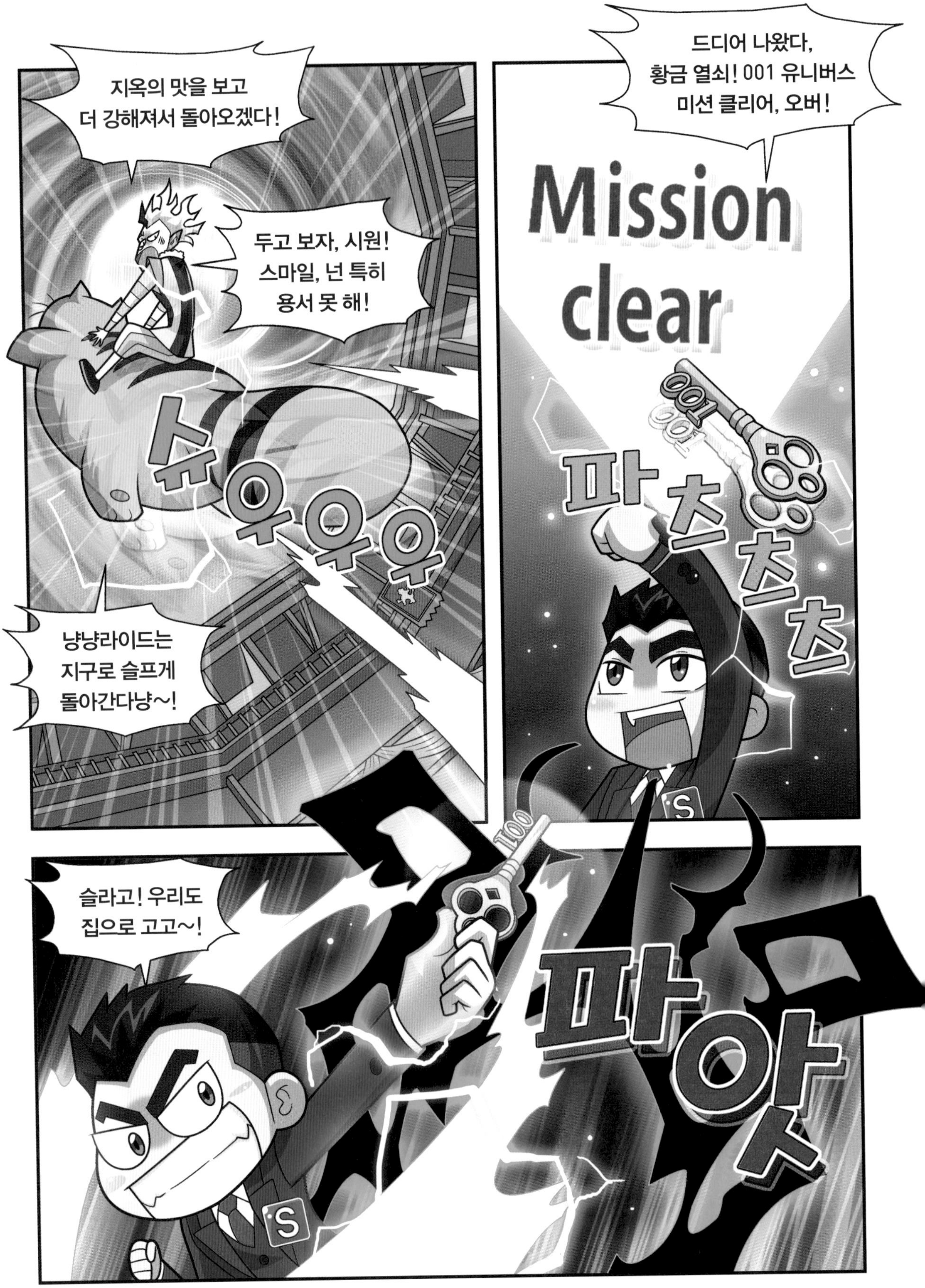
지옥의 맛을 보고
더 강해져서 돌아오겠다!
두고 보자, 시원!
스마일, 넌 특히
용서 못 해!
슈우우우
냥냥라이드는
지구로 슬프게
돌아간다냥~!
드디어 나왔다,
황금 열쇠! 001 유니버스
미션 클리어, 오버!
Mission
clear
001
파츠츠츠
슬라고! 우리도
집으로 고고~!
001
파앗

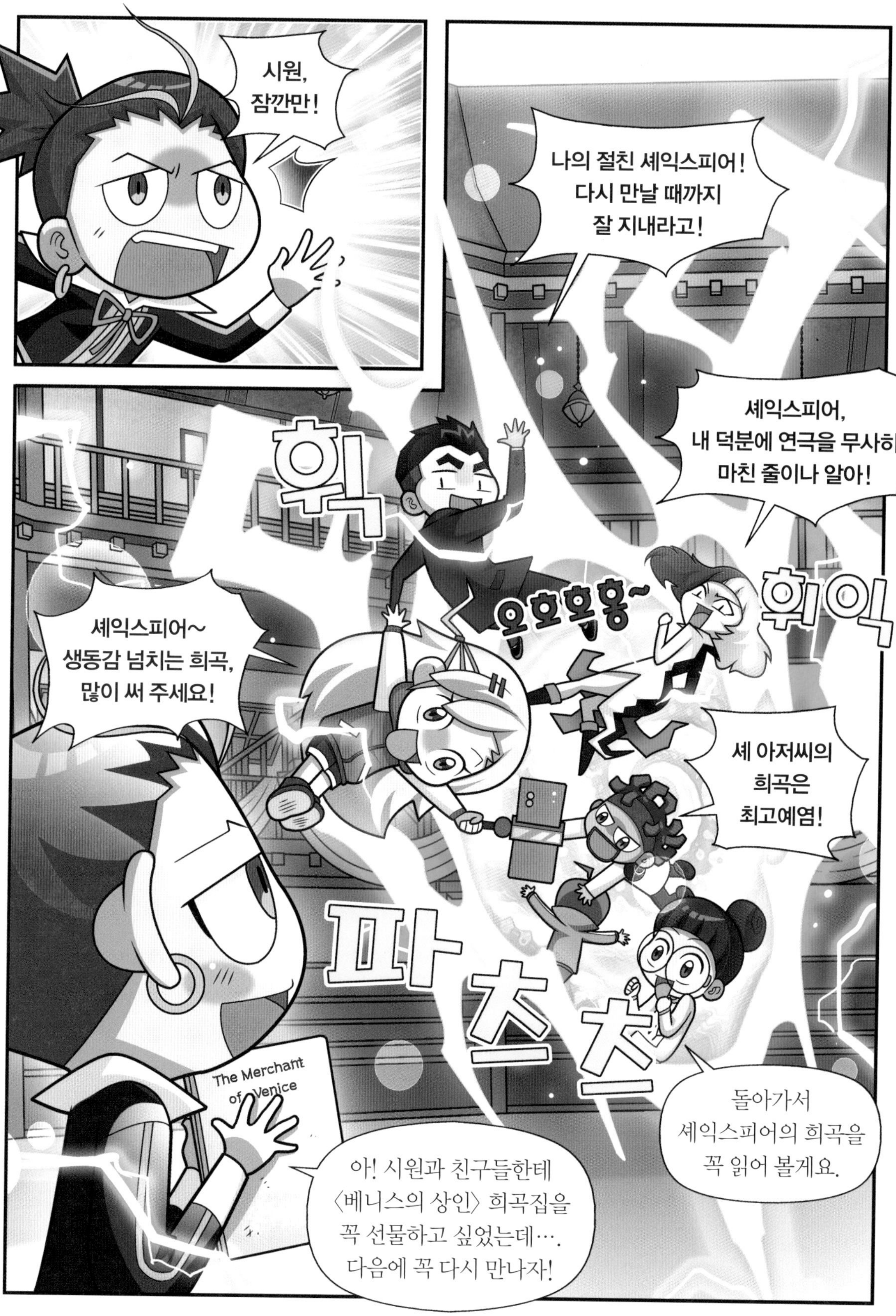

시원,
잠깐만!
나의 절친 셰익스피어!
다시 만날 때까지
잘 지내라고!
셰익스피어,
내 덕분에 연극을 무사히
마친 줄이나 알아!
훽
오호호홍~
휘익
셰익스피어~
생동감 넘치는 희곡,
많이 써 주세요!
셰 아저씨의
희곡은
최고예염!
파츠츠
The Merchant of Venice
돌아가서
셰익스피어의 희곡을
꼭 읽어 볼게요.
아! 시원과 친구들한테
〈베니스의 상인〉 희곡집을
꼭 선물하고 싶었는데….
다음에 꼭 다시 만나자!

예스어학원
수업 시간

1교시 · **단어** Vocabulary 🔊

2교시 · **문법 1, 2, 3** Grammar 1, 2, 3 ▶️

3교시 · **게임** Recess

4교시 · **읽고 쓰기** Reading & Writing

5교시 · **유니버스 이야기** Story

6교시 · **말하기** Speaking

7교시 · **쪽지 시험** Quiz

예스어학원의 수업 시간표야!
공부를 시작하기 전에
시간표 정도는 봐 둬야겠지?

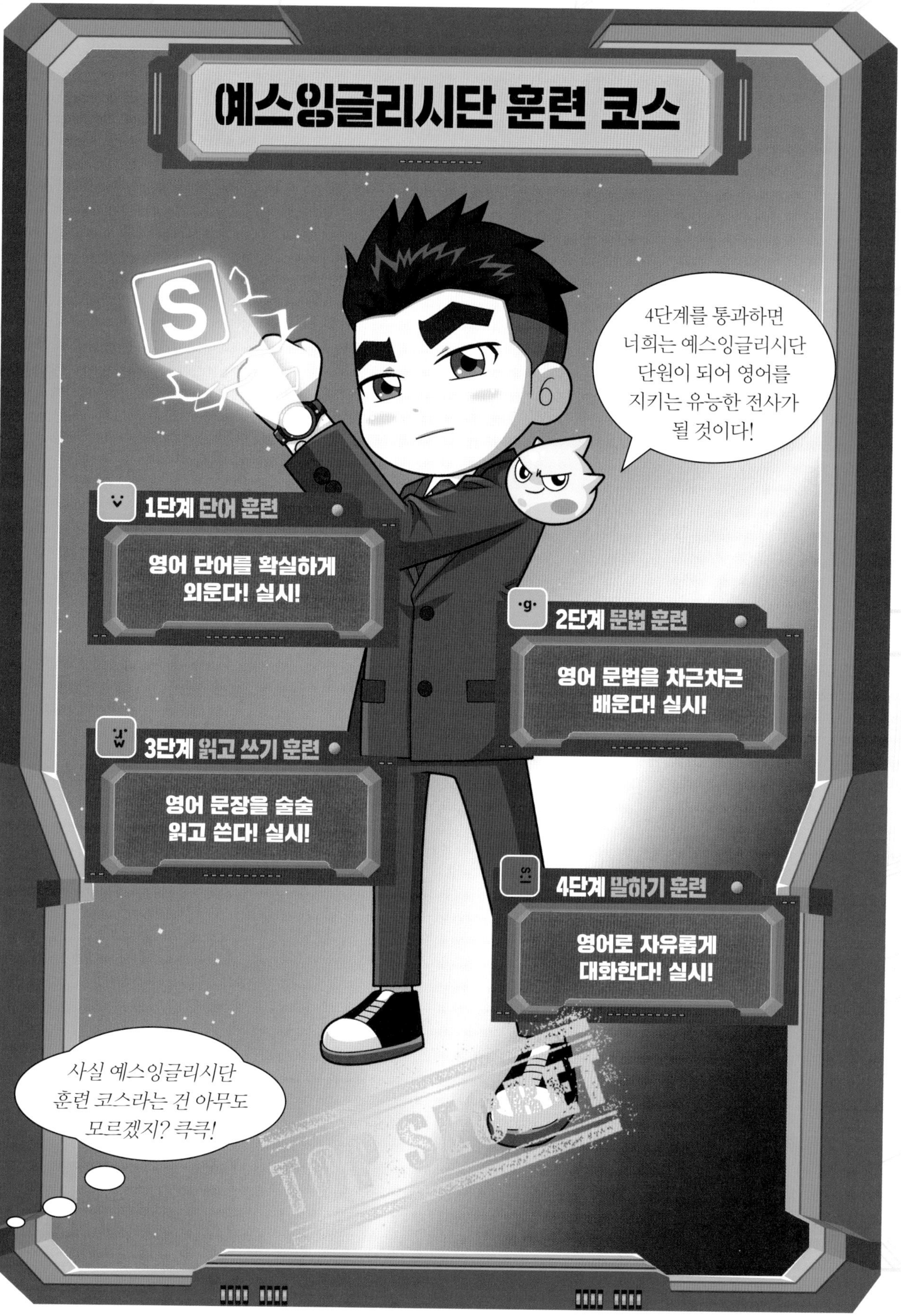
예스잉글리시단 훈련 코스
4단계를 통과하면 너희는 예스잉글리시단 단원이 되어 영어를 지키는 유능한 전사가 될 것이다!
1단계 단어 훈련
영어 단어를 확실하게 외운다! 실시!
2단계 문법 훈련
영어 문법을 차근차근 배운다! 실시!
3단계 읽고 쓰기 훈련
영어 문장을 술술 읽고 쓴다! 실시!
4단계 말하기 훈련
영어로 자유롭게 대화한다! 실시!
사실 예스잉글리시단 훈련 코스라는 건 아무도 모르겠지? 큭큭!
TOP SECRET

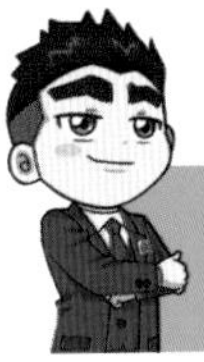

step 1. 단어 강의

영어의 첫걸음은 단어를 외우는 것에서부터 시작된단다.
단어를 많이 알아야 영어를 잘할 수 있어. 그럼 11권의 필수 단어를 한번 외워 볼까?

No.	부사	Adverb
1	끔찍하게, 몹시	awfully
2	극도로, 극히	extremely
3	항상, 늘	always
4	자주	often
5	정말로	really
6	정말, 그렇게	so
7	많이, 너무	much
8	또한	also
9	매우, 아주	very
10	아직, 그런데도	still

No.	부사	Adverb
11	행복하게, 만족스럽게	happily
12	보통, 대개	usually
13	거의	almost
14	절대 ~않는	never
15	너무, ~도	too
16	이미, 벌써	already
17	딱, 단지	just
18	한 번 더, 다시	again
19	잘, 좋게	well
20	일찍, 초기에	early

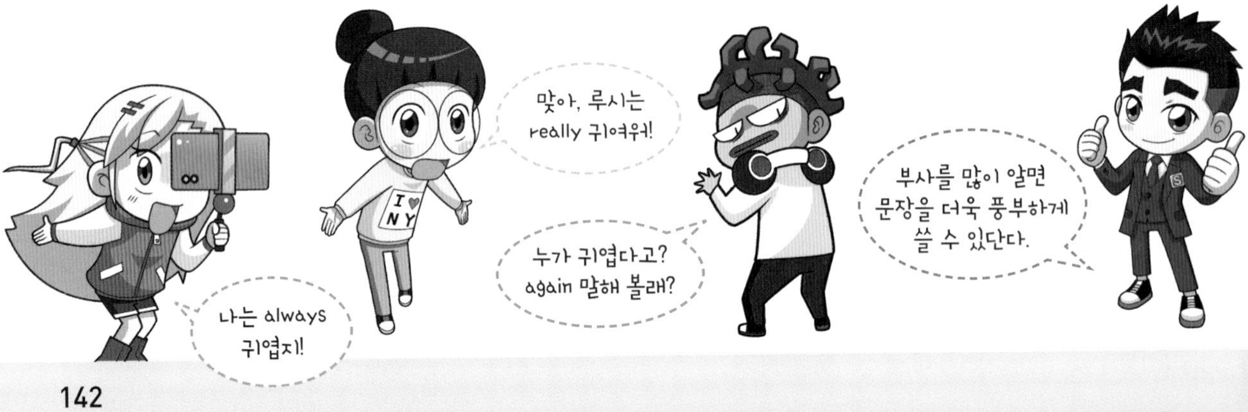
나는 always 귀엽지!
맞아, 루시는 really 귀여워!
누가 귀엽다고? again 말해 볼래?
부사를 많이 알면 문장을 더욱 풍부하게 쓸 수 있단다.

원어민 발음 듣기
QR코드를 찍어 봐!

No.	셰익스피어	Shakespeare
21	새벽	dawn
22	눈알	eyeball
23	(값이) 싼	cheap
24	질투가 심한	green-eyed
25	으스대며 걷다	swagger

No.	공연	Performance
26	집필실	writing room
27	오디션장	audition hall
28	분장실	dressing room
29	소품실	prop room
30	극장	theater

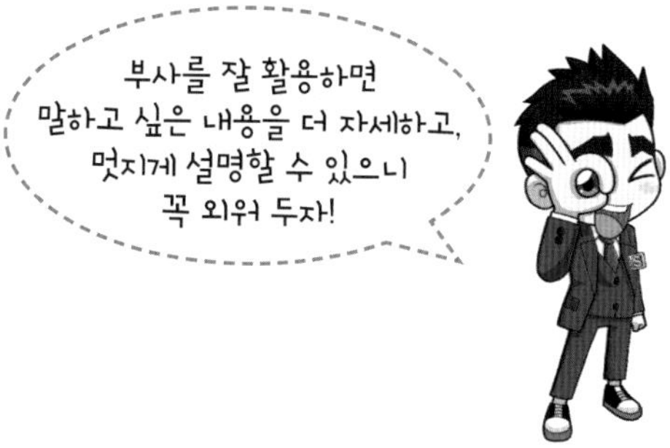

부사를 잘 활용하면 말하고 싶은 내용을 더 자세하고, 멋지게 설명할 수 있으니 꼭 외워 두자!

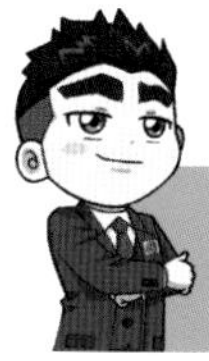

step 2. 단어 시험

단어를 확실하게 외웠는지 한번 볼까? 빈칸을 채워 봐.

- 항상, 늘 ____________________
- 한 번 더, 다시 ____________________
- 보통, 대개 ____________________
- 새벽 ____________________
- 매우, 아주 ____________________
- (값이) 싼 ____________________
- 아직, 그런데도 ____________________
- 집필실 ____________________
- 거의 ____________________
- 극장 ____________________

* 정답은 162~163쪽에 있습니다.

2교시 문법 1 • Grammar 1

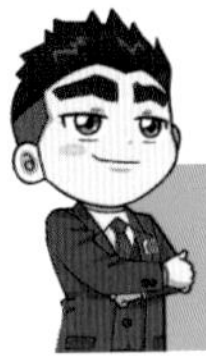

step 1. 문법 강의

부사는 동사나 형용사, 다른 부사를 꾸며 주어 문장을 더욱 풍부하게 만드는 역할을 해.
문장에서 부사는 더 정확한 정보를 주고 싶어 하므로 '언제(시간)', '어디서(장소)', '어떻게(방법)', '얼마나(정도)', '얼마나 자주(빈도)' 등을 자세하게 설명해 주지.
부사는 문장 안에서 어떤 뜻으로 쓰이느냐에 따라 종류를 나눌 수 있어.

부사의 종류	
시간	**now** 지금, **already** 이미, **yet** 아직, **later** 나중에
장소	**here** 여기에, **there** 거기에, **everywhere** 어디나
방법	**well** 잘, **quietly** 조용히, **quickly** 빨리, **aloud** 소리 내어
정도	**really** 정말로, **very** 매우, **too** 너무, **almost** 거의, **enough** 충분히, **fully** 완전히
빈도	**normally** 보통, **frequently** 흔히, **occasionally** 가끔, **seldom** 좀처럼 ~않는

부사는 대부분 형용사 끝에 '-ly'를 붙여서 만들 수 있어.
하지만 이외에도 다양한 형태를 지닌 부사가 있다는 것을 잊지 마!

시원 쌤표 영어 구구단

부사의 형태 변화		
대부분의 형용사	형용사 + ly	**sad** 슬픈 ⋯→ **sadly** 슬피, **kind** 다정한 ⋯→ **kindly** 다정하게, **beautiful** 아름다운 ⋯→ **beautifully** 아름답게
-y로 끝나는 형용사	-y ⋯→ i + ly	**happy** 행복한 ⋯→ **happily** 행복하게, **easy** 쉬운 ⋯→ **easily** 쉽게, **lucky** 운 좋은 ⋯→ **luckily** 운 좋게
형용사와 같은 형태		**late** 늦은 ⋯→ **late** 늦게, **fast** 빠른 ⋯→ **fast** 빠르게, **early** 이른 ⋯→ **early** 일찍, **high** 높은 ⋯→ **high** 높이
규칙이 없는 형태		**well** 잘, **quite** 꽤, **so** 정말

동영상 강의 보기
QR코드를 찍어 봐!

step 2. 문법 정리

부사가 들어간 문장을 살펴볼까?

부사가 들어간 긍정문

물이 너무 뜨겁다.	The water is too hot.
새들이 빠르게 날아간다.	Birds fly fast.

부사가 들어간 부정문

그녀는 요리를 잘 못한다.	She doesn't cook well.
여기에 늑대가 조금도 없다.	There are not any wolves here.
그들은 요즘 텔레비전을 좀처럼 안 본다.	They seldom watch television these days.

부사가 들어간 의문문

루시는 매우 약하니?	Is Lucy very weak?
그들은 보통 밖에서 노니?	Do they normally play outside?
리아는 피아노를 매우 잘 치니?	Does Lia play the piano very well?

step 3. 문법 대화

부사가 나온 대화를 한번 들어 봐!

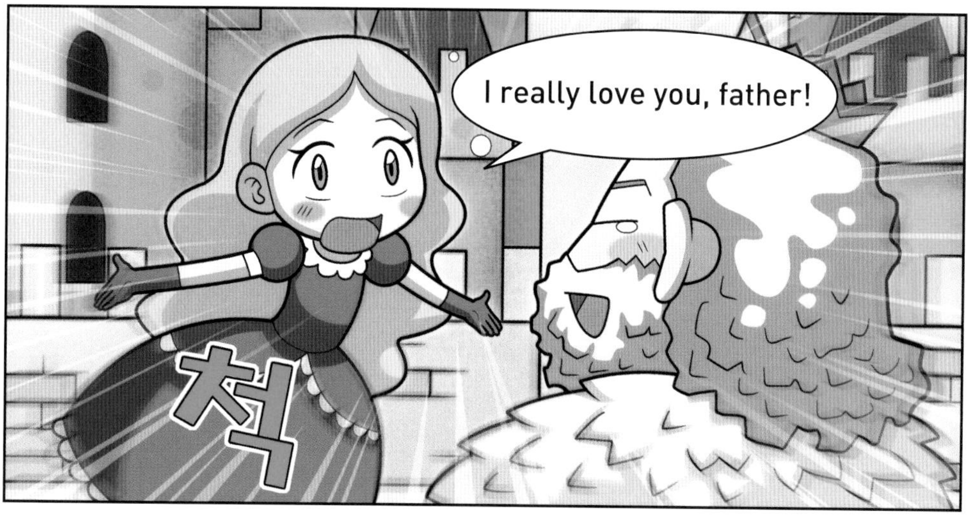
I really love you, father!
척

2교시 문법 2 • Grammar 2

step 1. 문법 강의

문장에서 부사가 무엇을 꾸며 주는지에 따라 부사의 위치가 달라져.
부사의 역할에 따라 위치가 어떻게 달라지는지 알아보자.

부사가 동사를 꾸며 줄 때는 동사 앞이나 뒤에 위치해.

부사가 동사를 꾸며 줄 때

주어	동사	부사		
I	live	happily.		나는 행복하게 산다.

주어	동사	목적어	부사	
I	know	him	very well.	나는 그를 매우 잘 안다.

주어	부사	동사	목적어	
She	really	likes	you.	그녀는 너를 정말로 좋아한다.

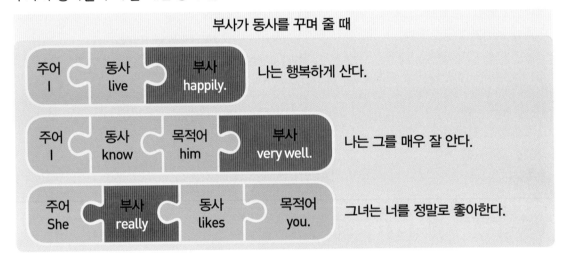

부사가 형용사를 꾸며 줄 때는 형용사 앞에 위치해.

부사가 형용사를 꾸며 줄 때

주어	동사	부사	형용사	
She	is	so	beautiful.	그녀는 정말 아름답다.

부사가 다른 부사를 꾸며 줄 때는 다른 부사 앞에 위치해.

부사가 다른 부사를 꾸며 줄 때

주어	동사	부사	다른 부사	
They	work	very	fast.	그들은 매우 빠르게 일한다.

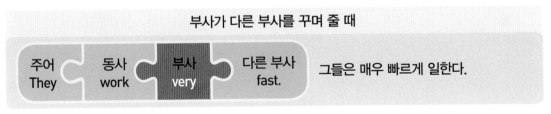

단, 부사가 문장 맨 끝이나 앞에 위치하면서 문장 전체를 꾸며 주는 경우도 있어.

동영상 강의 보기
QR코드를 찍어 봐!

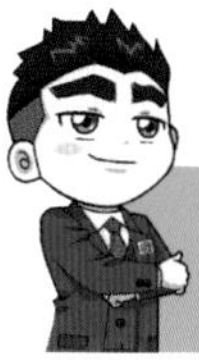

step 2. 문법 정리

부사가 들어간 문장을 살펴볼까?

부사가 동사를 꾸며 주는 문장	
그는 늦게 오지 않는다.	He doesn't come late.
나우가 빨리 달렸다.	Nau ran quickly.
우리는 휴식을 위해 가끔 만난다.	We occasionally meet for a break.
부사가 형용사를 꾸며 주는 문장	
하늘이 꽤 맑다.	The sky is quite clear.
저 이야기는 매우 흥미롭다.	That story is very interesting.
그 계획은 정말 좋아 보인다.	The plan looks so good.
부사가 다른 부사를 꾸며 주는 문장	
정말 많이 감사합니다.	Thank you so much.
그녀는 매우 빠르게 달린다.	She runs very fast.

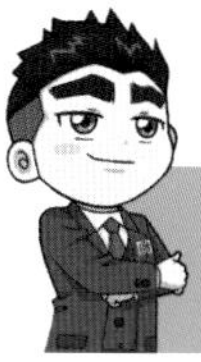

step 3. 문법 대화

부사가 형용사를 꾸며 주는 문장이 나온 대화를 한번 들어 봐!

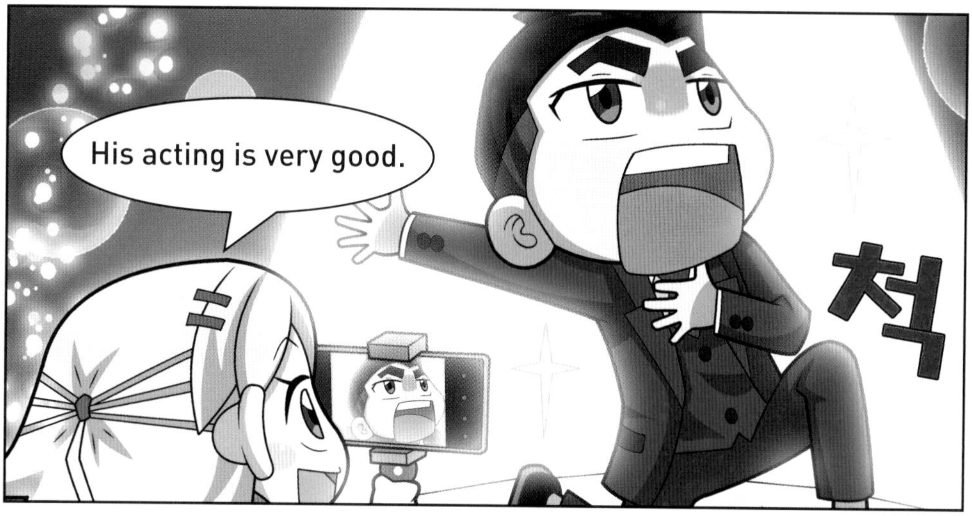
His acting is very good.
척

2교시 문법 3 • Grammar 3

step 1. 문법 강의

마지막으로 부사의 한 종류인 빈도 부사에 대해 자세히 알아보자.
빈도 부사는 어떤 일이 얼마나 자주 일어나는지 그 빈도를 나타내는 부사를 말해.
가장 대표적인 빈도 부사에는 어떤 단어들이 있는지 아래 표를 보며 익혀 볼까?

시원 쌤표 영어 구구단

0% ←------------------------------→ 100%

절대 ~않는	드물게	가끔	자주	보통	항상
never	**rarely**	**sometimes**	**often**	**usually**	**always**

빈도 부사는 Be 동사나 조동사의 뒤, 또는 일반 동사 앞에서 쓰여.

빈도 부사가 Be 동사, 조동사와 함께 쓰일 때

주어	Be 동사	빈도 부사	형용사	
He	is	always	happy.	그는 항상 행복하다.

주어	조동사	빈도 부사	동사 원형	(나머지)	
I	can	never	agree	with you.	나는 너에게 절대 동의할 수 없다.

빈도 부사가 일반 동사와 함께 쓰일 때

주어	빈도 부사	일반 동사	
She	often	walks.	그녀는 자주 걷는다.

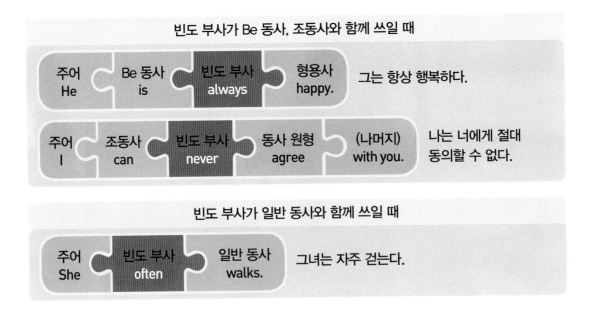

동영상 강의 보기
QR코드를 찍어 봐!

step 2. 문법 정리

빈도 부사가 들어간 문장을 살펴볼까?

빈도 부사와 Be 동사가 함께 쓰인 문장

아기들은 항상 귀엽다.	Babies are always cute.
아빠는 보통 9시에서 6시 사이에 사무실에 있다.	My dad is usually in the office between 9 to 6.
잭은 가끔 학교에 늦는다.	Jack is sometimes late for school.

빈도 부사와 조동사가 함께 쓰인 문장

그녀는 자주 나와 식사할 수 있다.	She can often eat with me.
우리는 절대 그 경기를 포기하면 안 된다.	We must never give up the game.

빈도 부사와 일반 동사가 함께 쓰인 문장

나는 보통 아침에 일찍 일어난다.	I usually wake up early in the morning.
그는 가끔 그녀의 노래를 듣는다.	He sometimes listens to her song.
겨울에는 비가 드물게 온다.	It rarely rains in the winter.

step 3. 문법 대화

빈도 부사가 나온 대화를 한번 들어 봐!

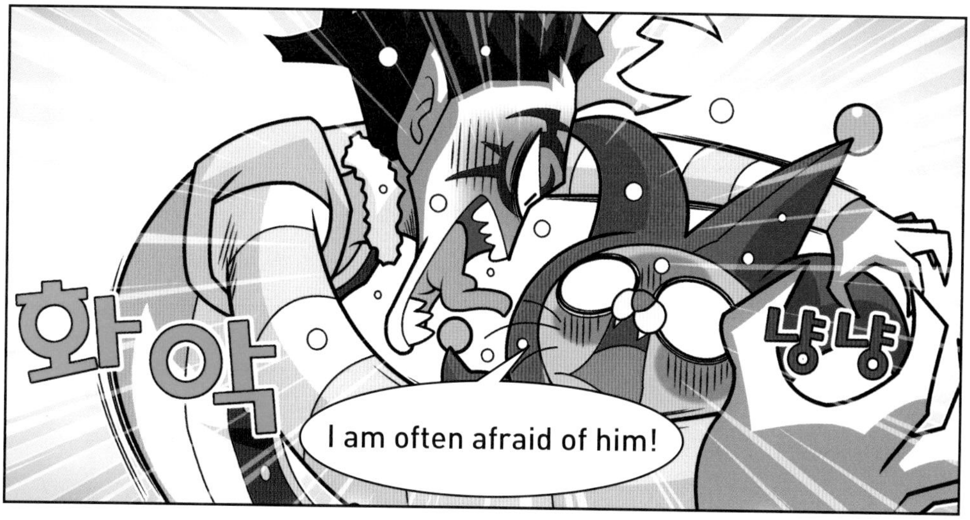
화악
냥냥
I am often afraid of him!

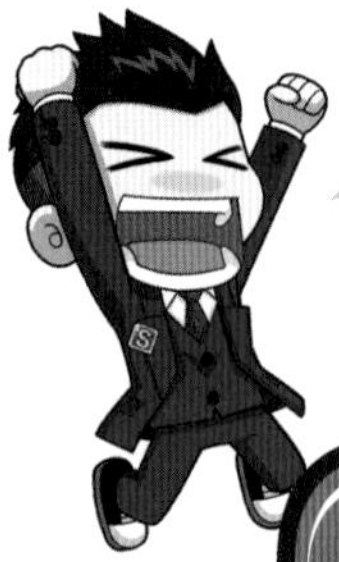

알파벳이 어떤 모양과 짝을 이루고 있어!
조금 복잡해 보이지만, 주어진 모양과 짝이 되는
알파벳을 찾으면 암호를 풀 수 있을 거야!

얘들아,
조금 어려워 보이지만
함께 풀어 보자!

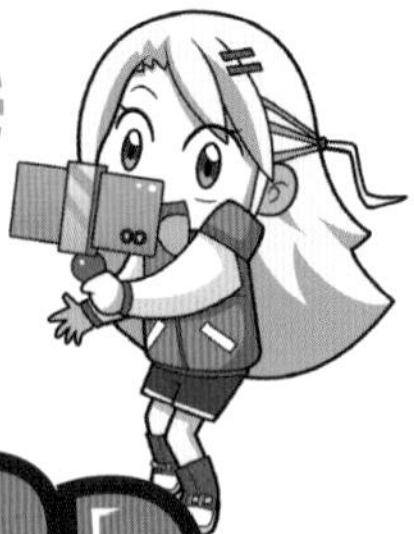

GUESS THE WORD

a	c	e	h	i	l	m	o	p	r	s	u	y
●	◇	☆	◆	■	★	▼	♠	□	♧	▲	○	♥

♧☆●★★♥ : ________　　▼○◇◆ : ________　　◆●□□■★♥ : ________

◆☆♧☆ : ________　　●★▲♠ : ________　　☆●♧★♥ : ________

I love you ▲♠ much. 나는 너를 정말 많이 사랑한다.	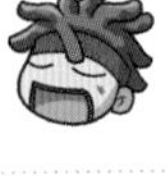
She ○▲○●★★♥ comes at 6:30. 그녀는 보통 6시 30분에 온다.	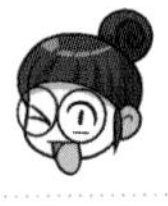
You can go there ☆●▲■★♥. 너는 거기에 쉽게 갈 수 있다.	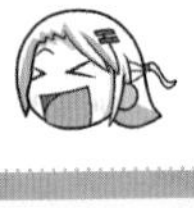

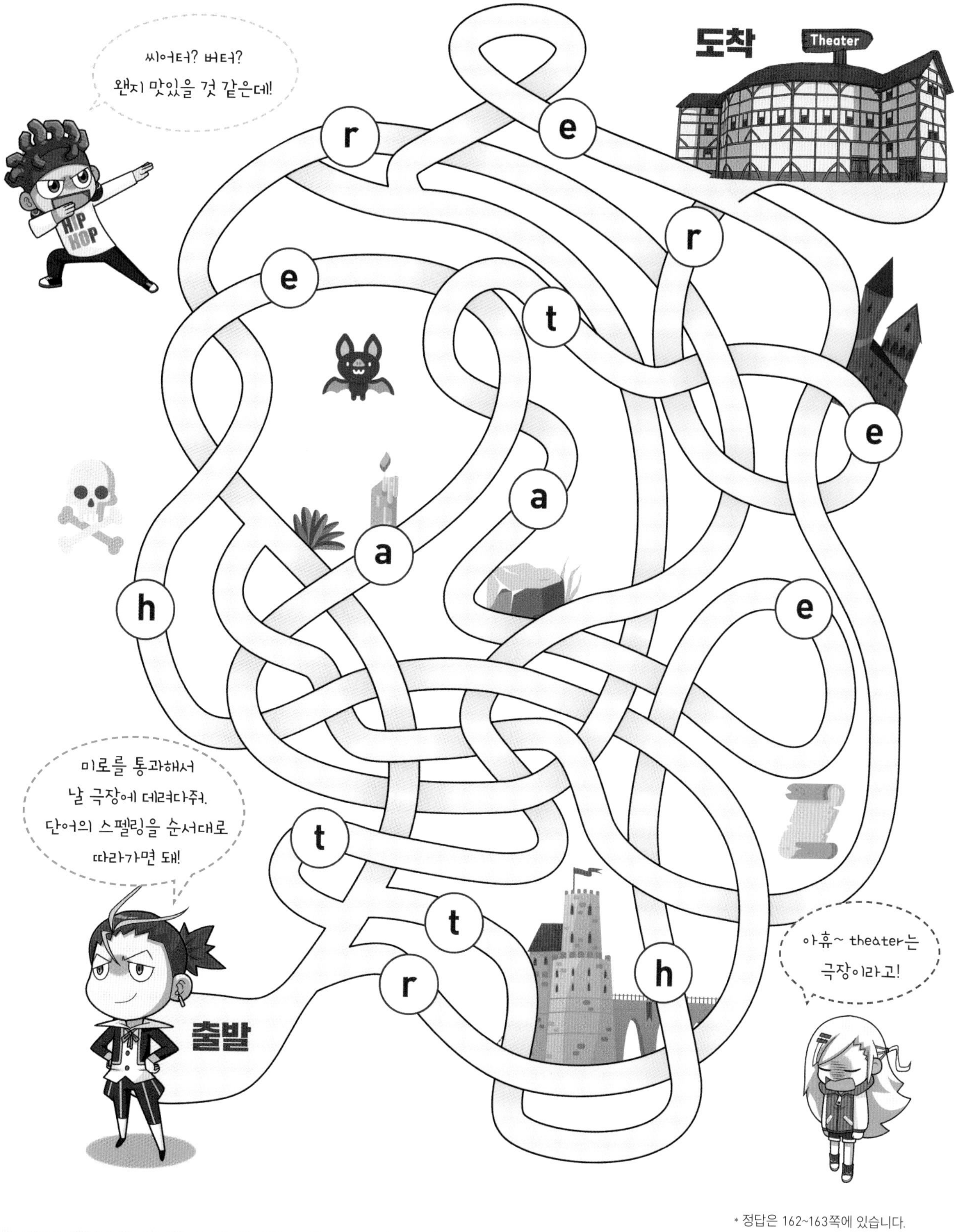
씨어터? 버터?
왠지 맛있을 것 같은데!
도착
Theater
미로를 통과해서
날 극장에 데려다줘.
단어의 스펠링을 순서대로
따라가면 돼!
출발
아휴~ theater는
극장이라고!

* 정답은 162~163쪽에 있습니다.

4교시

읽고 쓰기 • Reading & Writing

step 1. 읽기

자유자재로 영어를 읽고, 쓰고, 말하고 싶다면 문장 만들기 연습을 반복해야 하지.
먼저 다음 문장들이 익숙해질 때까지 읽어 볼까?

• 물이 너무 뜨겁다.	**The water is too hot.**
• 그는 항상 행복하다.	**He is always happy.**
• 새들이 빠르게 날아간다.	**Birds fly fast.**
• 그녀는 요리를 잘 못한다.	**She doesn't cook well.**
• 여기에 늑대가 조금도 없다.	**There are not any wolves here.**
• 그들은 요즘 텔레비전을 좀처럼 안 본다.	**They seldom watch television these days.**
• 루시는 매우 약하니?	**Is Lucy very weak?**
• 그들은 보통 밖에서 노니?	**Do they normally play outside?**
• 리아는 피아노를 매우 잘 치니?	**Does Lia play the piano very well?**
• 그는 늦게 오지 않는다.	**He doesn't come late.**
• 나우가 빨리 달렸다.	**Nau ran quickly.**
• 우리는 휴식을 위해 가끔 만난다.	**We occasionally meet for a break.**
• 하늘이 꽤 맑다.	**The sky is quite clear.**
• 저 이야기는 매우 흥미롭다.	**That story is very interesting.**

문장 만들기 연습

1회 ☐ 2회 ☐ 3회 ☐

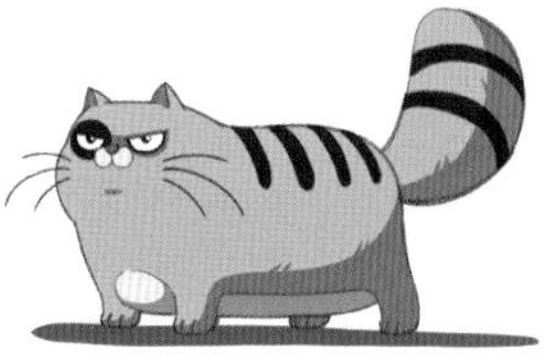

• 그 계획은 정말 좋아 보인다.	The plan looks so good.
• 정말 많이 감사합니다.	Thank you so much.
• 그것은 너무 많다.	It is too much.
• 그녀는 매우 빠르게 달린다.	She runs very fast.
• 아기들은 항상 귀엽다.	Babies are always cute.
• 아빠는 보통 9시에서 6시 사이에 사무실에 있다.	My dad is usually in the office between 9 to 6.
• 잭은 가끔 학교에 늦는다.	Jack is sometimes late for school.
• 그녀는 자주 나와 식사할 수 있다.	She can often eat with me.
• 우리는 절대 그 경기를 포기하면 안 된다.	We must never give up the game.
• 그녀는 자주 걷는다.	She often walks.
• 나는 보통 아침에 일찍 일어난다.	I usually wake up early in the morning.
• 그는 가끔 그녀의 노래를 듣는다.	He sometimes listens to her song.
• 겨울에는 비가 드물게 온다.	It rarely rains in the winter.
• 그 학생은 아직 극장 안에 있다.	The student is still in the theater.
• 그녀는 그들에게 다정하게 말하지 않았다.	She didn't speak kindly to them.
• 그는 나를 어디나 따라다닌다.	He follows me everywhere.

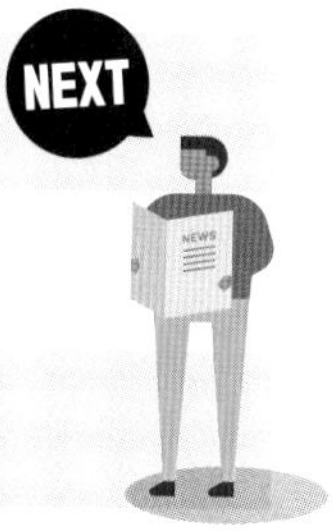
NEXT

step 2. 쓰기

익숙해진 문장들을 이제 한번 써 볼까? 괄호 안의 단어를 보고, 순서에 맞게 문장을
만들어 보자.

❶ 물이 너무 뜨겁다. (too, The, is, hot, water)

_____ .

❷ 우리는 휴식을 위해 가끔 만난다. (occasionally, a, break, meet, for, We)

_____ .

❸ 그녀는 요리를 잘 못한다. (She, cook, doesn't, well)

_____ .

❹ 하늘이 꽤 맑다. (quite, The, sky, clear, is)

_____ .

❺ 그녀는 매우 빠르게 달린다. (She, very, runs, fast)

_____ .

❻ 그는 가끔 그녀의 노래를 듣는다. (song, sometimes, listens, to, her, He)

_____ .

❼ 겨울에는 비가 드물게 온다. (It, rains, rarely, the, in, winter)

_____ .

❽ 아기들은 항상 귀엽다. (are, cute, always, Babies)

_____ .

이제 부사가 들어간 문장을 영어로 써 볼까? 영작을 하다 보면 실력이 훨씬 늘 거야.
잘 모르겠으면, 아래에 있는 WORD BOX를 참고해!

❶ 그는 항상 행복하다.

_____ .

❷ 루시는 매우 약하니?

_____ ?

❸ 그는 나를 어디나 따라다닌다.

_____ .

❹ 그 학생은 아직 극장 안에 있다.

_____ .

❺ 우리는 절대 그 경기를 포기하면
  안 된다.

_____ .

❻ 그는 늦게 오지 않는다.

_____ .

❼ 나우가 빨리 달렸다.

_____ .

❽ 그들은 보통 밖에서 노니?

_____ ?

WORD BOX

• Do	• still	• The	• normally	• play	• weak	• theater
• happy	• He	• is	• student	• game	• very	• outside
• they	• must	• Nau	• doesn't	• ran	• late	• everywhere
• never	• in	• Lucy	• quickly	• We	• give	• follows
• up	• me	• always	• come			

* 정답은 162~163쪽에 있습니다.

5교시 's' 유니버스 이야기 • Story

우리가 열한 번째로 다녀온 곳은 바로 001 유니버스란다. 영국 최고의 극작가 셰익스피어가 있는 유니버스이지. 또한 부사 유니버스이기도 해. 어떤 곳인지 좀 더 자세히 알아볼까?

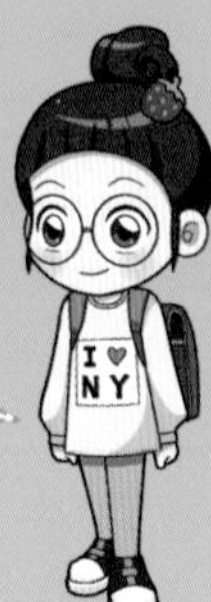
셰익스피어가 끝까지
모든 대사에서 부사를 뺐다면
001 유니버스는 어떻게
되었을까요?
I ♥ NY

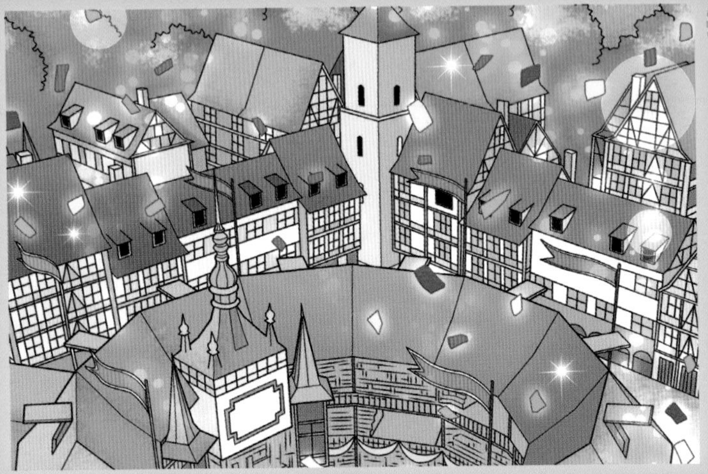

◀ 001 유니버스

위치 000 유니버스와 444 유니버스 사이

상황 영국 런던의 글로브 극장에서 셰익스피어가 부사가 빠진 밋밋한 대사로 연극을 준비하고 있음.

키 문장 "Shylock is a very wicked man!"
"We are still waiting for the truth!"
"They danced very happily!"

001 유니버스 이야기: 부사

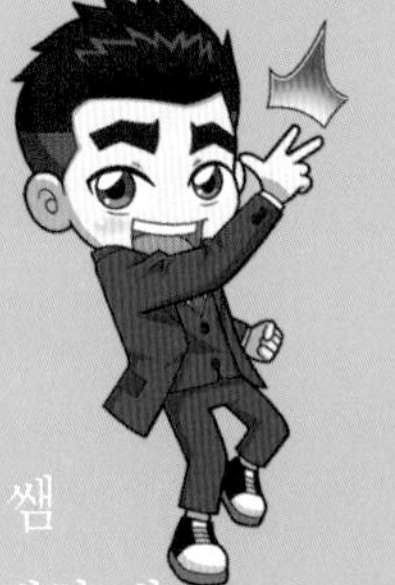
셰익스피어는 배우와 관객들에게
외면당하고, 결국 수많은
영어 신조어와 부사가 사라졌겠지?

001 유니버스는 천재 극작가 셰익스피어가 사는 곳이에요. 시원 쌤은 예스어학원으로 돌아가던 중 친구, 셰익스피어를 만나기 위해 001 유니버스로 오게 돼요. 글로브 극장에 도착한 시원 쌤은 예전과 달리 밋밋하고, 어색해진 셰익스피어의 연극에 놀라요. 알고 보니 극장을 지어 준 후원자, 트롱크 경의 말만 듣고 모든 대사에서 부사를 뺀 거였어요. 시원 쌤과 친구들의 조언에도 셰익스피어는 결국 어색한 대사 그대로 연극 〈리어왕〉을 선보여요. 실망한 관객들은 셰익스피어에게 야유를 퍼부었고, 셰익스피어는 큰 상실감에 빠지게 돼요. 보다 못한 시원 쌤과 친구들은 셰익스피어를 데리고 시장으로 가요. 그곳에서 사람들이 나누는 생생한 대화를 들은 셰익스피어는 다시 한번 생동감 넘치는 희곡을 쓰기로 해요. 그렇게 탄생한 연극 〈베니스의 상인〉에는 주인공들의 감정을 실은 부사가 들어간 대사들로 넘쳐나지요. 안토니오가 외친 "Shylock is a very wicked man!", 바사니오가 외친 "We are still waiting for the truth!", 셰익스피어가 외친 "They danced very happily!" 모두 001 유니버스의 키 문장이자, 셰익스피어의 연극에 활기를 되찾아 준 멋진 명대사예요.

우리 지구의 실제 이야기: 셰익스피어의 신조어

셰익스피어는 영국이 낳은 세계 최고의 극작가예요. 4대 비극으로 유명한 〈햄릿〉, 〈오셀로〉, 〈맥베스〉, 〈리어왕〉뿐만 아니라 〈로미오와 줄리엣〉, 〈베니스의 상인〉, 〈한여름 밤의 꿈〉 등 많은 작품을 남겼답니다. 특히 셰익스피어의 희곡은 매력적인 캐릭터와 시적인 대사를 바탕으로 수백 년이 지난 지금까지도 많은 사랑을 받고 있어요. 셰익스피어는 자신의 작품을 통해 eyeball(눈알), green-eyed(질투가 심한), swagger(으스대며 걷다) 등 수많은 '신조어'를 선보였어요. 셰익스피어가 남긴 신조어 중에는 셰익스피어가 완전히 새롭게 만들어 낸 것도 있지만, 대부분은 기존에 있던 단어들을 새로운 방식으로 응용하여 만들어 낸 것이라고 해요.

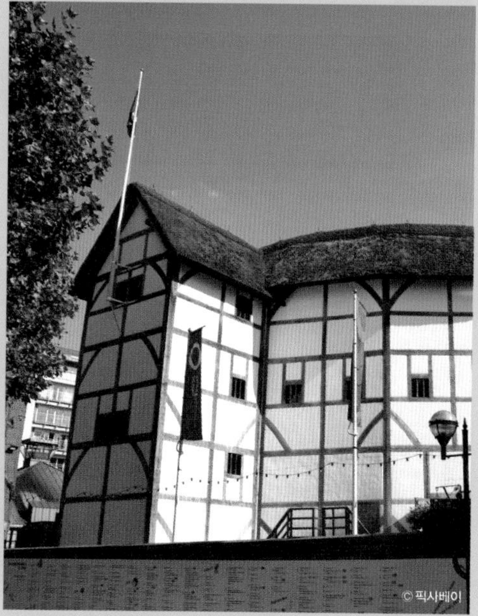
© 픽사베이

▲ 셰익스피어의 명작들이 공연된 글로브 극장

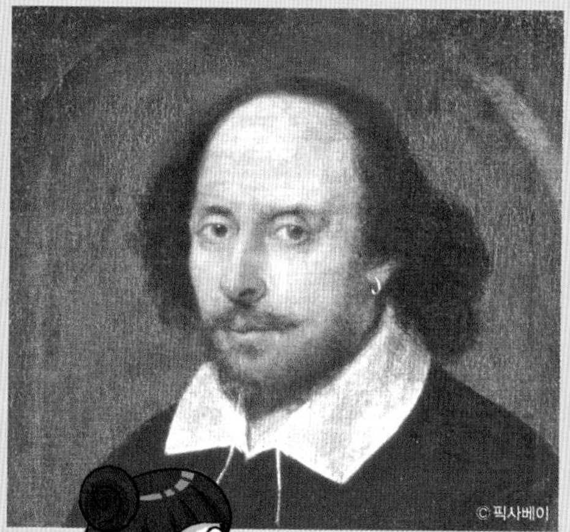
© 픽사베이

윌리엄 셰익스피어(William Shakespeare)

영국의 극작가이자 시인이에요. 희극, 비극, 사극 등 다양한 희곡부터 서양 시가인 소네트까지 훌륭한 작품을 다수 남겼어요. 셰익스피어는 상상력이 탁월하고, 작품 속에서 다양하고 풍부한 언어를 사용해 수백 년이 지난 지금까지도 세계 최고의 극작가로 평가받고 있답니다. 하지만 이런 그의 명성과는 달리 자세한 생애는 알려져 있지 않답니다.

◀ 윌리엄 셰익스피어

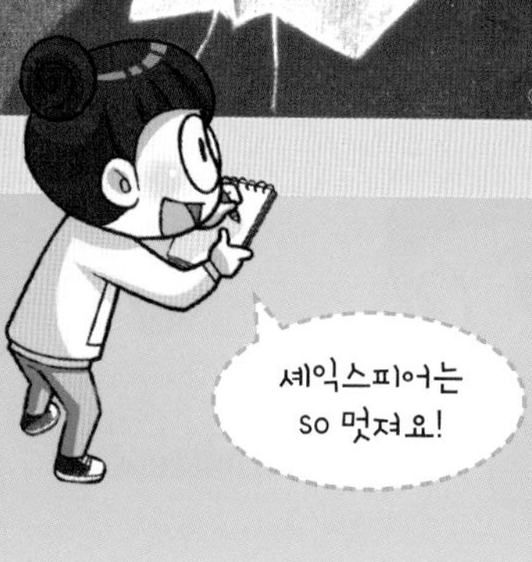
셰익스피어는
so 멋져요!

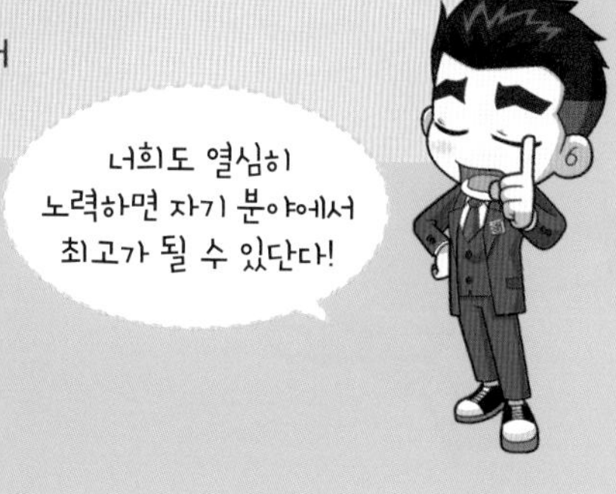
너희도 열심히
노력하면 자기 분야에서
최고가 될 수 있단다!

step 1. 대화 보기

만화에서 나오는 대사, '아이 엠 헝그리.'는 어떨 때 쓰는 걸까?

배, 배고프지? 일단 밥부터 먹으러 가자고!
아이 엠 헝그리~. 나 배고픈 거 어떻게 알았대염?
분명 뭔가 숨기는 게 있단 말이야.
우르르
아이 엠 헝그리~ 다 같이 밥 먹으러 고고씽!

step 2. 대화 더하기

'아이 엠 헝그리(I am hungry).'는 '배고프다.'라는 뜻으로 쓰여. 그렇다면 이와 비슷하지만 배고픔을 더 강하게 표현할 때 쓸 수 있는 말은 뭐가 있을까? 친구들이 하는 말을 듣고 따라 해 보렴.

I am starving.
I am dying of hunger.
I could eat a horse.
I am famished.

한눈에 보는 이번 수업 핵심 정리

여기까지 열심히 공부한 여러분 모두 굿 잡!
어떤 걸 배웠는지 떠올려 볼까?

1. 부사를 배웠어.

부사는 동사나 형용사, 다른 부사를 꾸며 주어
문장을 더욱 풍부하게 만드는 역할을 해.
부사는 대부분 형용사 끝에 '-ly'를 붙여서 만들 수 있어.

2. 부사의 위치를 배웠어.

부사가 동사를 꾸며 줄 때는 동사 앞이나 뒤에 위치해.
또 형용사나 다른 부사를 꾸며 줄 때는 형용사나 다른 부사 앞에 위치해.

3. 빈도 부사를 배웠어.

빈도 부사는 어떤 일이 얼마나 자주 일어나는지 그 빈도를 나타내는
부사를 말해. 대표적으로 always, usually, often, sometimes 등이 있어.

어때, 쉽지? 다음 시간에 또 보자!

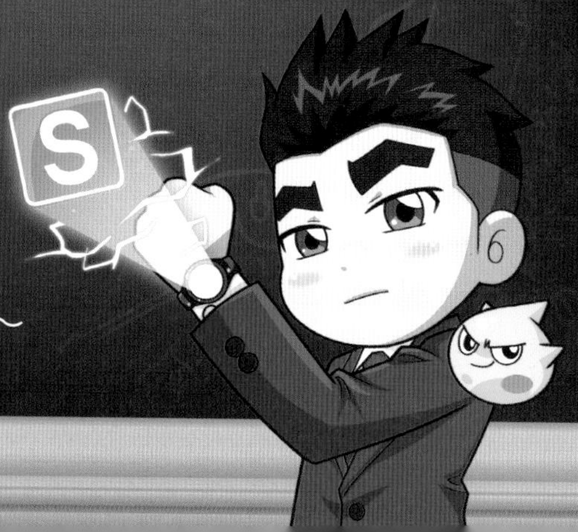
S

수업 시간에 잘 들었는지 쪽지 시험을 한번 볼까?

1. 형용사와 모양이 같은 부사가 아닌 것은 무엇일까요?

late early fast well

2. 빈도 부사가 아닌 것은 무엇일까요?

sometimes never also often

3. 공연과 관련된 단어가 아닌 것은 무엇일까요?

audition hall very dressing room theater

4. 다음 중 틀린 말은 어느 것일까요?

① 부사는 형용사에 '-ly'가 붙은 형태로 많이 쓰인다.

② 부사는 동사나 형용사, 다른 부사를 꾸며 주는 말이다.

③ 부사는 형용사를 꾸며 줄 때, 형용사 앞에 위치한다.

④ 부사는 다른 부사를 꾸며 줄 때, 다른 부사 뒤에 위치한다.

5. 다음 중 올바른 문장은 무엇일까요?

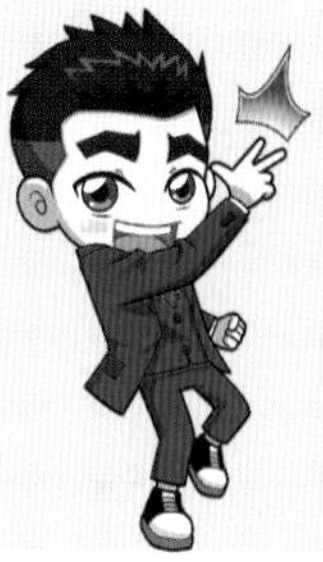

① There here are not any wolves.
② He sometimes listens to her song.
③ Does Lia play the piano well very?
④ She very runs fast.

6. 다음 중 틀린 문장은 무엇일까요?

① The student still is in the theater.
② The plan looks so good.
③ It rarely rains in the winter.
④ Birds fly fast.

7. 문장의 빈칸을 완성해 보세요.

① 하늘이 꽤 맑다.	The sky is ( ) clear.
② 그녀는 자주 걷는다.	She ( ) walks.
③ 저 이야기는 매우 흥미롭다.	That story is ( ) interesting.
④ 정말 많이 감사합니다.	Thank you ( ) much.

8. 다음 문장을 완성해 보세요.

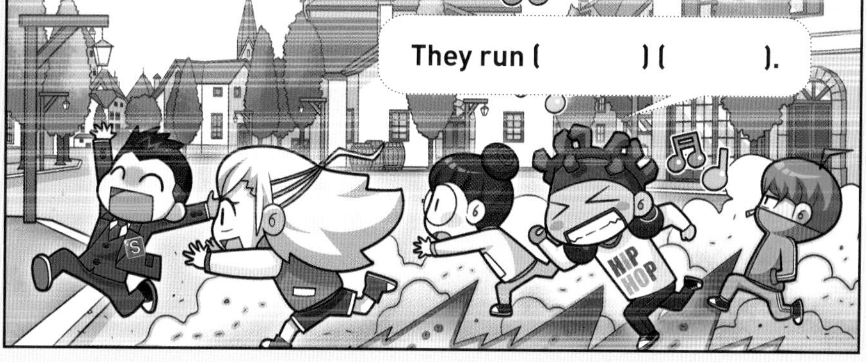
They run (   ) (   ).
HIP HOP

* 정답은 162~163쪽에 있습니다.

수업 끝! 🙂 정답 • Answer

P 143

- 항상, 늘   always
- 보통, 대개   usually
- 매우, 아주   very
- 아직, 그런데도   still
- 거의   almost

- 한 번 더, 다시   again
- 새벽   dawn
- (값이) 싼   cheap
- 집필실   writing room
- 극장   theater

P 150~151

♧☆●★★♥ : really   ▼○◇◆ : much   ◆●□□■★♥ : happily
◆☆♧☆ : here   ●★▲♠ : also   ☆●♧★♥ : early

I love you ▲♠ much. 나는 너를 정말 많이 사랑한다.	so
She ○▲○●★★♥ comes at 6:30. 그녀는 보통 6시 30분에 온다.	usually
You can go there ☆●▲■★♥. 너는 거기에 쉽게 갈 수 있다.	easily

P 154

❶ <u>The water is too hot</u>

❷ <u>We occasionally meet for a break</u>

❸ <u>She doesn't cook well</u>

❹ <u>The sky is quite clear</u>

❺ <u>She runs very fast</u> ✓

❻ <u>He sometimes listens to her song</u> ✓

❼ <u>It rarely rains in the winter</u> ✓

❽ <u>Babies are always cute</u> ✓

162

P 155

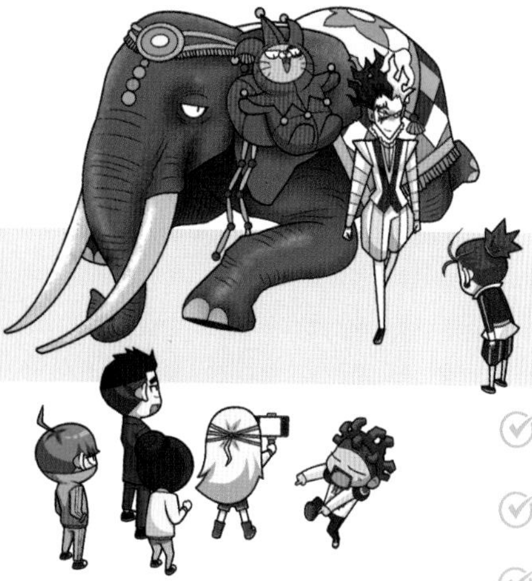

❶ He is always happy

❷ Is Lucy very weak

❸ He follows me everywhere

❹ The student is still in the theater

❺ We must never give up the game

❻ He doesn't come late

❼ Nau ran quickly

❽ Do they normally play outside

P 160

1.

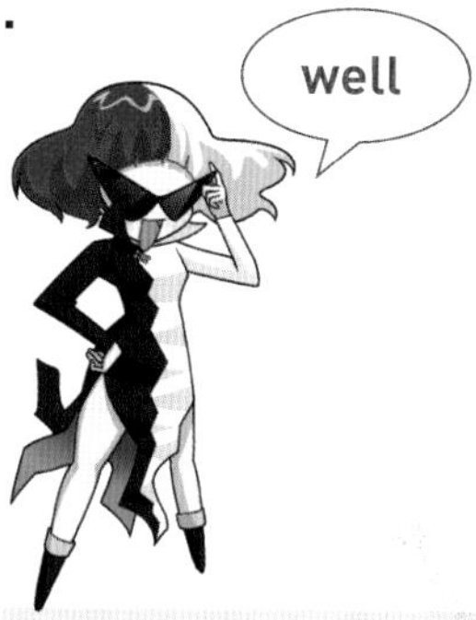
well

2.

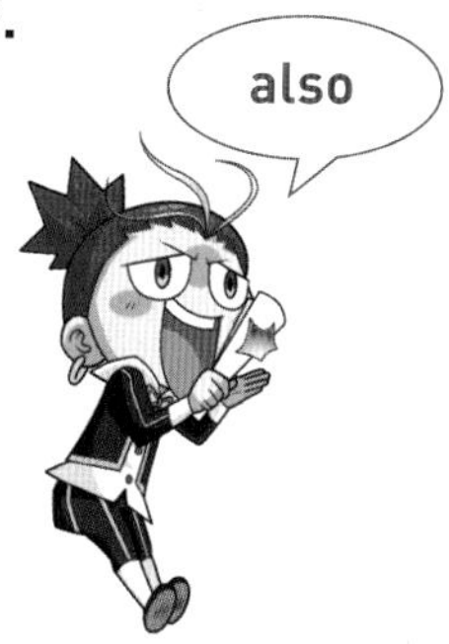
also

3.

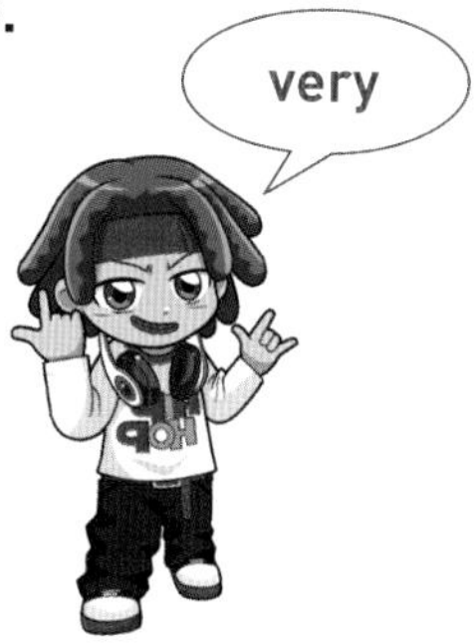
very

4. ④

P 161

5. ②

6. ①

7. ❶ (quite)
❷ (often)
❸ (very)
❹ (so)

8. (very) (fast)

다음 권 미리 보기

지령서

노잉글리시단 얼굴에 먹칠만 하는 행동 대장 트릭커!
이번에도 영어를 없애는 데 실패하면
더 이상의 용서는 없다는 걸 명심해라!
다음 목적지는 248 유니버스다! 당장 떠나라!

WARNING

목적지: 248 유니버스
위치: 444 유니버스랑 가까운 곳
특징: 새로운 빌런 '계획 요정'이 나타나
     하버드 대학교를 마구 휘젓고 있다.

보스가 주는 지령

248 유니버스의 하버드 대학교는 자율적인 학교 분위기로
스스로 공부하는 학생들도 아주 많지.
만약 이 학생들이 누군가의 뒤만 졸졸 따라다니게 된다면
어떻게 될까? 아마도 내 계획대로만 된다면
하버드 학생들은 의지를 잃고, 수동적인 인간이 되어
영어의 발전에 더 이상 도움을 주지 못할 것이다!
아, 참! 요즘 넘버원어학원에 매력적인 빌런 후보가 아주 많더군.
잘 활용해서 계획을 꼭 성공시켜라!

노잉글리시단
Mr. 보스

추신: 이번에도 계획에 실패한다면 영어 심한반의
특별 교육만으로는 끝나지 않을 것이다!
엄청난 벌을 내릴 테니 정신 바짝 차리도록!

새 친구 등장.jpg

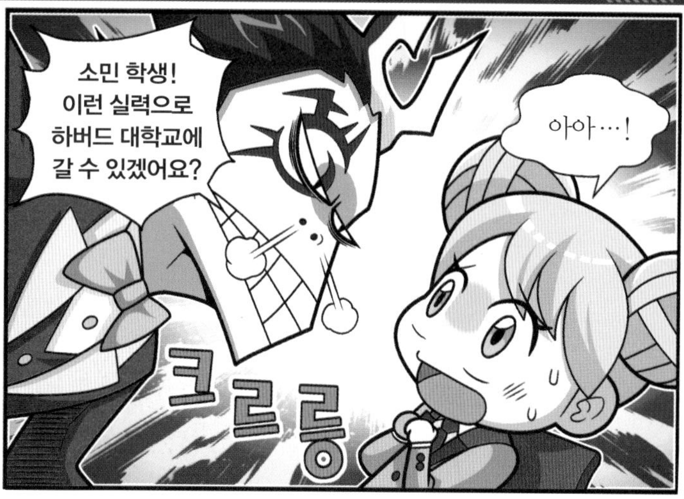
소민 학생!
이런 실력으로
하버드 대학교에
갈 수 있겠어요?
아아…!
크르릉

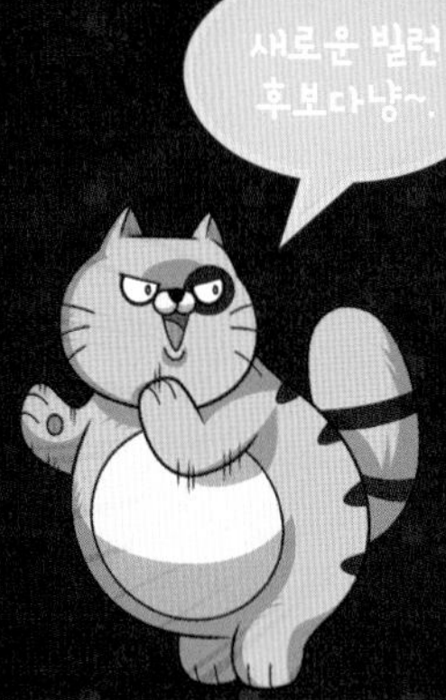
새로운 빌런
후보다냥~.

리아의 긴급 출동.jpg

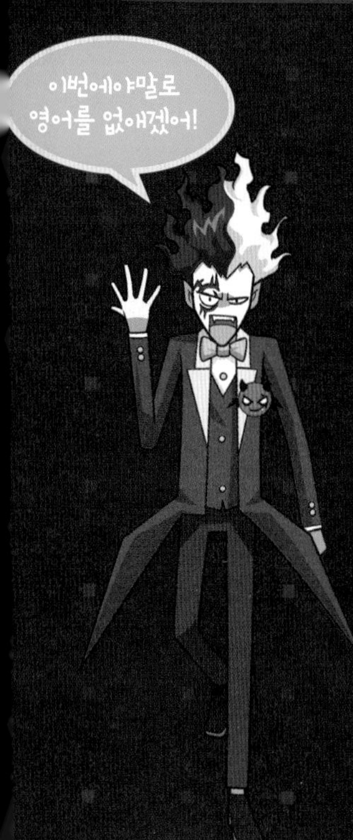
이번에야말로
영어를 없애겠어!

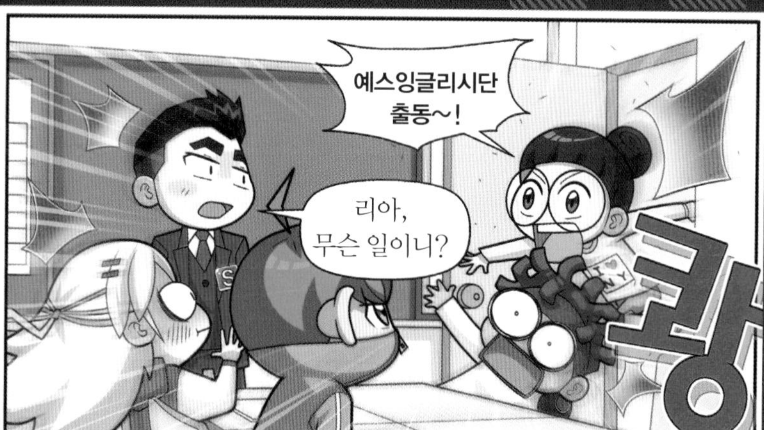
예스잉글리시단
출동~!
리아,
무슨 일이니?
쾅

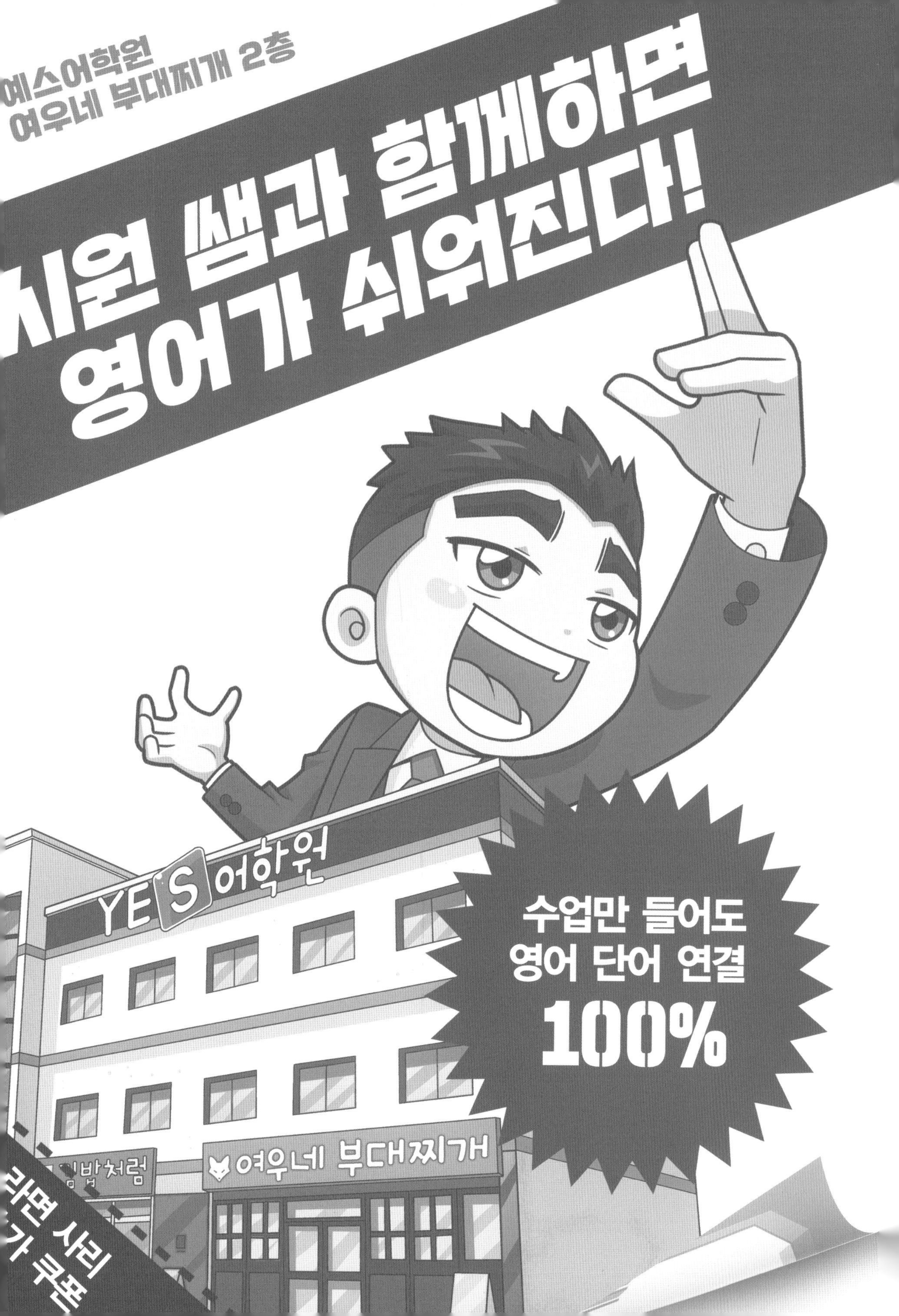

예스어학원
여우네 부대찌개 2층
지원 쌤과 함께하면
영어가 쉬워진다!
YES어학원
수업만 들어도
영어 단어 연결
100%
밥처럼
여우네 부대찌개
라면 사리
가 쿠폰

예스잉글리시
신입 단원 모집

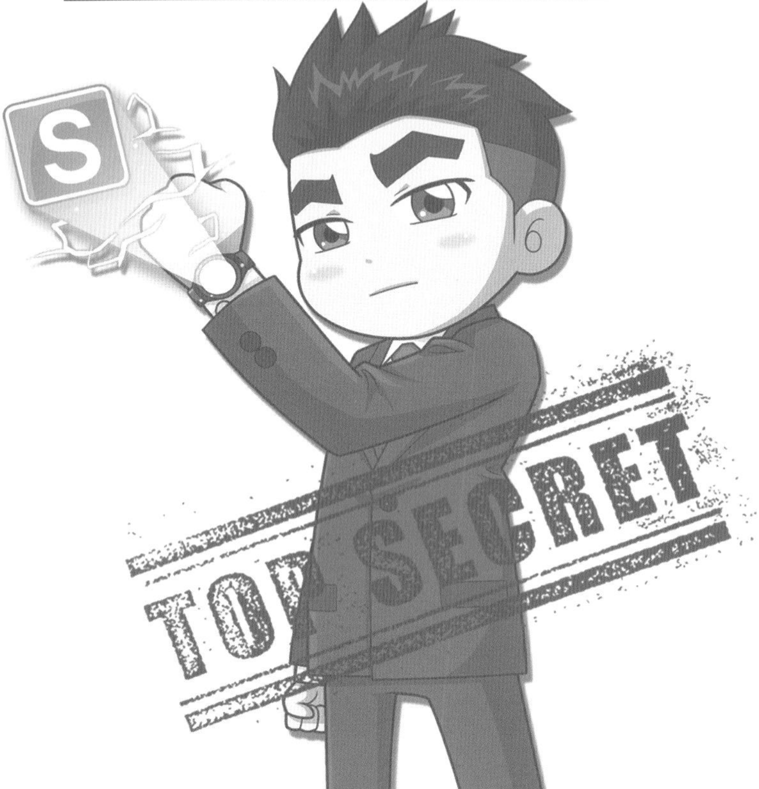
S
TOP SECRET

코드 네임 : 에스원 요원과
영어 유니버스를 구하라!

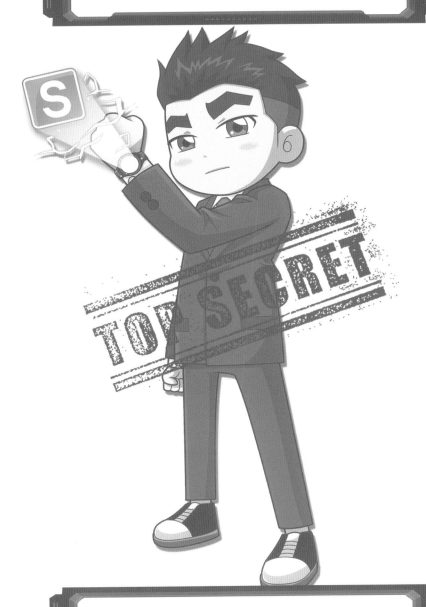